THE REGISTER

OF

THOMAS DE CANTILUPE

BISHOP OF HEREFORD

(A.D. 1275—1282).

TRANSCRIBED BY THE

REV. R. G. GRIFFITHS, VICAR OF CLIFTON-ON-TEME,

WITH AN

INTRODUCTION

BY THE

REV. W. W. CAPES, CANON OF HEREFORD.

Hereford:
WILSON AND PHILLIPS, PRINTERS, EIGN STREET.

1906.

PREFACE.

The Register of Bishop Cantilupe had been already transcribed, as a labour of love, by the Rev. R. G. Griffiths, before there was any definite scheme of publication. In the accomplishment of this work he wishes to acknowledge with grateful thanks the great assistance which he has received from Prebendary Hingeston-Randolph, the Editor of the Exeter Registers, to whom he is indebted for his ability to decipher many obscure and difficult portions of the Register, and to whose mature experience the accuracy of the text is due.

The Index is also the work of the Transcriber.

The transcript reproduces the original text with the irregularities and variations of spelling which are especially frequent in case of the personal and local names. These are printed as they stand without any mark to call attention to the inconsistencies of usage. The Register is ill-arranged and some copies of earlier documents are stitched between the pages. Towards the end of it the writing is often indistinct and portions of the text have been torn off or worn away.

It was thought that most readers would prefer to have the modern forms of place-names given in the English abstracts, where they could be ascertained, but this has been done at the cost, to some extent, of uniformity of style, and the risk of possible error due to the lack of familiar acquaintance with a diocese whose boundaries have been shifted in the course of time.

The Editor has to thank Viscount Dillon, who has kindly explained some obscure terms in a passage dealing with Medieval armour, and several friends who have given help in determining such references as required full local knowledge.

Notes have been added with a very sparing hand, as it was not desirable to increase the bulk of the work.

ERRATA.

Page 49.	Line 6, read	"Much"	for	"Great."
,, 67.	,, 19, ,,	"at"	,,	"of."
,, 71.	,, 29, ,,	"preceptum"	,,	"perceptum."
,, 99.	,, 2 & 3, ,,	"Wichford"	,,	"Wichenford."
,, 116.	,, 20, ,,	"1277"	,,	"1276."
,, 120.	,, 20, ,,	"Domini"	,,	"Dominie."
,, 138.	,, 9, ,,	"Reginald"	,,	"William."
,, 141.	,, 30, insert	"1276"	after	"April 25."
,, 142.	,, 18, ,,	"1278"	,,	"May 7."
,, 153.	,, 4, omit	"and his seneschal."		

promptam ad beneplacita voluntatem. Venerabilem cetum vestrum cur[i]aliter requirendum duximus et rogandum ut dilectos fratres nostros, eos videlicet, qui super decanatum contendunt, et procuratores ipsorum, auctoritate nostra monere et efficaciter inducere curaretis ut arma decetero adinvicem non moverent, nec per suos moveri permitterent, nec aliquid facerent ex quo possent iminere pericula corporum aut eciam animarum, set aliquam de consilio amicorum formam providerent ydoneam et honestam, per quam clerus et populus civitatis et decanatus pacifice regi posset. Et licet prefati contendentes in forma predicta per nos moniti fuerint, ut accepimus, et inducti, ipsi tamen accumulantes, ut dicitur, cotidie mala malis, populo et clero scandalum semper majus ac majus iniciunt dum unus alium et econtra, ac eorum quilibet, fautores alterius excommunicat, incessanter amicorum usu se et sibi faventes, non absque sacrilegii crimine, impugnando. Ex quo accidit quod auctoritas Ecclesie vilipenditur, nec de sacerdote curatur amplius quam de scurra. Et potest probabiliter formidari quod in ea civitate infra breve tempus multi fiant quasi heretici, in qua prius fuerant boni et stabiles Christiani. Quid illi dicturi erunt qui contencionibus et exemplis malis tot precipitant in errorem, contra quos clamat ad Deum de terra sanguis afflictorum et delinquencium subditorum. Non attendunt quod tot mortibus digni sunt quot perdicionis exempla ad subditos transmiserunt. Nos, qui curam dictorun litigatorum ac cleri et populi a Superiore recepimus, pro scandalis et enormitatibus supradictis adeo contristamur quod, quando ad memoriam ea perfecte reducimus, a fletu non possumus interioris hominis continere. Vos itaque tocius cordis instancia iterato requirimus et rogamus quatinus, predictis litigatoribus et subditis pio nobiscum compacientes affectu, ipsos contendentes rogare monere velitis et inducere cum effectu, ut ab excommunicacionibus, impugnacionibus violentis, et aliis gravaminibus mutuis, ex quibus scandala oriuntur, Dei et Sancte Marie patrone nostre intuitu, et nostra parte, desistant, ut Ecclesia et Civitas sint in pace, et ne nos circa premissa manum cogamur apponere graviorem. Quid autem super premissis feceritis, et qualiter dicti litigatores vobis responderint, et qualiter consulatis quod ulterius procedamus si nostris monicionibus per vos factis parere contempserint, nobis per litteras vestras fideliter intimetis. Valeatis in Domino Jesu Christo. Datum apud Prestebury, iiij Idus Augusti, anno Domini M°CC°LXX° quinto.

competentem provideant per quam clerus et populus civitatis et decanatus in pace regatur, et libertates Ecclesie non ledantur. Scientes quod, si predictis monicionibus nostris parere contempserint, nos ad corrigenda premissa manum curabimus graviorem apponere, Domino annuente, eos tam per censuram Ecclesiasticam cohercendo quam brachium seculare, si necesse fuerit, invocando. Qualiter autem mandatum nostrum fueritis executi, et qualiter dicti duo nostris monicionibus responderint, nobis quam cito expedire videritis rescribatis. Valeatis in Domino. Datum apud Windesore, xv Kalendas Augusti, anno Domini M°CC°LXX° quinto.

July 29.—Mandate to the Seneschal to hold a court at Prestbury to inquire if Peter de Brompton and Roger de Hyntesham were seized of twenty-five acres at Sevenhampton before the death of Bishop John, and if so, to give them possession of the land.

CLOPPELE.—Magistro Johanni de Bradeham, Senescallo suo, salutem. Cum dileccione sincera mandamus vobis quatinus faciatis curiam nostram de Prestebury quamcito poteritis summoneri; et ad idem manerium personaliter accedentes, per liberos et legales homines, per quos rei veritas melius sciri potest, diligenter inquiratis utrum dominus Petrus de Bromptone et Rogerus de Hyntesham fuerunt seisiti in dominico suo ut de feudo, ante obitum bone memorie Johannis, Herefordensis Episcopi, de xxv acris terre et prati cum pertinenciis in Sevenhamptone, quas quidem xxv acras dictus Episcopus emit a Radulfo Musard de Asshe, et quas idem Episcopus eisdem Petro et Rogero dedit, et eos inde seisivit ante mortem suam, ut dicunt. Et si rem inveneritis ita esse, tunc volumus et mandamus quod permittatis dictos P[etrum] et R[ogerum] libere seisina sua gaudere, et de fructibus dicte terre disponere pro suo libito voluntatis. Si vero de predicta seisina eorum per inquisicionem non constet, tunc dicte terre fructus colligi faciatis, et in domo aliqua sub testimonio et custodia duorum vel trium legalium hominum reponi faciatis et salve custodiri, donec vobis aliud super hoc dederimus in mandatis. Datum apud Schyreburne, iiij Kalendas Augusti, anno supradicto.

Aug. 10.—Renewed appeal to the Chapter to abate the evils of the disputed election, and to advise as to the steps which should be taken.

HERRFORDE.—Viris venerabilibus et discretis fratribus et amicis carissimis dominis, Capitulo Herefordensi, Thomas, etc., salutem et clesie nostre Herefordensis ad suam collacionem, sede vacante, spectare, eandem domino Henrico filio Garini, sede vacante, contulerit; nos volentes Regie dignitati deferre et attendentes quod vobis aut nobis seu Ecclesie nostre multum in hoc vel in aliis vult per eum prejudicium generari, equanimiter toleramus et tanquam frater vester et concanonicus consulimus et rogamus quatinus dictum Henricum ut extunc ad officium Penitenciarii admittatis in forma qua prefectos per Episcopos Herefordenses pro tempore ad idem officium admittere solebatis. Valeatis in Domino Christo. Datum apud Wyndesore, xvij Kalendas Augusti, anno predicto.

July 18.—The Elect deplores the scandals and animosities caused by the two rival claimants to the Deanery, each of whom has appointed a Subdean; he begs the Chapter to use its influence with them that he may not have to resort to stringent measures.

HEREFORDE.—Capitulo Herefordensi salutem. Quanti dolores, quot angustie, que tormenta nostra interiora conturbent nec vobis lingua disserere nec per scripturam possumus explanare. Ecce enim, dum in pace credidimus existere locum nostrum, lites nobis enormes, scandala plurima, et contenciones multifarie sunt in promptu. Et a quibus deceret in civitate fontem justicie scaturire, ex illis, ut dicitur, insurgunt jurgia et nascitur occasio delictorum. Sicut enim nobis nuper fideli fuit, ut credimus, relacione suggestum, sub venerabilibus fratribus illis duobus qui videlicet super Decanatu contendunt, membra civitatis nostre nutare cernuntur, dum duo[1] capita se habere conspiciunt, qui ambo nostros subditos excommunicant et suspendunt, immo pocius omni qua possunt confusione confundunt, et uterque eorum sibi fecit, contra antiquas Ecclesie consuetudines, subdecanum.[2] Ex quibus timeri possunt perjuria, animarum pericula, et poterit successu temporis fides periclitari, et dabitur semper major ac major malignis materia delinquendi. Quocirca fraternitatem vestram attente requirimus et rogamus quatinus predictos duos taliter contendentes et procuratores ipsorum vice nostra moneatis et efficaciter inducatis ut arma non moveant, nec per suos moveri permittant, nec pacem Ecclesie ullo modo perturbent, vel aliquid faciant per quod periculum corporum aut eciam animarum valeat iminere, set de consilio amicorum aliquam formam

---

1—The two rival claimants were John de Aquablanca and Giles de Avenbury; v. Introduction.

2—No Subdean is recognised in the Constitution of the Chapter, but the delegate of the Dean in his local jurisdiction, though not a member of the Chapter, was styled Subdean in ancient documents.

Registrum Thome de Cantilupo, Episcopi Herefordensis, A.D., 1275=1282.

Fol. 1.   REGISTRUM DE SPIRITUALIBUS ANNO DOMINI M°CC°LXX° QUINTO.

July 10, 1275.—The custody of the Church of Brampton Bryan is committed to Robert de Lacy, acolyte, presented by the Prior of the Hospital of St. John of Jerusalem in England. Mandate to the Bishop's Official to induct him.

BRAMPTONE BRIAN.—Vj Idus Julii, anno Domini M°CC°LXX° quinto, commorans apud Bradewelle, commisit Dominus Thomas Electus Herefordensis Roberto de Lacy, acolito, presentato per fratrem Josep[1] de Cauncy, tunc Priorem Hospitalis Sancti Johannis Jerusalem in Anglia, custodiam[2] ecclesie de Bramptone Brian usque ad Festum Sancti Michaelis proximo sequens; et mandavit Officiali suo, magistro Luce de Bre, quod eum faciat induci in possessionem ejusdem nomine custodie per eum ad quem ea res pertinet. Datum apud Bra[d]welle, vj Idus Julii.

July 10.—Letters dimissory granted to Robert de Lacy, acolyte, that he may be ordained subdeacon by any Bishop of the Province of Canterbury.

Thomas, miseracione divina Electus Herefordensis, dilecto sibi in Christo Roberto de Lacy, acolito, salutem in salutis auctore. Tuis supplicacionibus inclinati ut a quocumque Episcopo Provincie Cantuariensis te ordinare volente ordinem subdiaconatus recipere valeas, et in suscepto ordine ministrare, tibi tenore presencium indulgemus. Datum apud Bradewelle, vj Idus Julii, anno Domini M°CC°LXX° quinto.

July 16.—The Elect commends to the Chapter Henry Fitz Waryn, appointed by the King, during the vacancy of the See, to the office of Penitentiary of the Cathedral.

HEREFORDE.—Viris venerabilibus et discretis fratribus suis et amicis in Christo carissimis dominis, Capitulo Herefordensi, Thomas, etc., salutem et sinceram in Domino caritatem. Cum Dominus noster E[wardus], Rex Anglie illustris, credens penitenciariam Ec-

---
1—Josep and Jerusalem have here no case-endings, cf Ann. de Dunst. p. 258 (Rolls).
2—The *custodia* of a Church, or *commenda*, had been lately limited to six months by the Second Council of Lyons.

Aug. 10.—Acknowledgment of the receipt from the Chapter of two mitres, a pastoral staff, and a ring left by preceding Bishops for the use of their successors in office. All are to be returned at his death, unless the Abbot of Reading shall have claimed the staff.

Fol. 2b.   HEREFORDE.—Omnibus Christi fidelibus presentes litteras inspecturis Thomas, etc., salutem in Domino. Noveritis nos recepisse a venerabilibus fratribus nostris, Capitulo Herefordensi, unam mitram preciosam, quam Dominus H[enricus] quondam Rex Anglie dedit Petro Episcopo et Capitulo predicto, ad usus ipsius Petri quamdiu viveret; et unam aliam mitram, que fuit Radulfi Episcopi; et unum baculum pastoralem, qui fuit Johannis Episcopi; et unum annulum, qui fuit Egidii Episcopi; precario a predicto Capitulo quamdiu vixerimus possidenda. Que omnia eidem Capitulo per executores nostros reddi promittimus infra mensem a die obitus nostri. Ita tamen quod, si Abbas de Radinges[1] evincat dictum baculum pastoralem, nos aut executores nostri ad eum reddendum minime teneamur. In cujus rei, etc. Datum apud Prestbury, iiij Idus Augusti, anno Domini M°CC°LXX° quinto.

Aug. 10.—Appeal to the civic authorities of Hereford to respect the ancient rights and privileges of the Bishop and the Chapter.

HEREFORDE.—Viris providis et discretis amicis in Christo carissimis, ballivis ac aliis civibus Herefordensibus, Thomas, etc., salutem, etc. Cum Episcopi et Decani Herefordenses, qui fuerunt pro tempore, ac ejusdem loci Capitulum, et eorum tenentes in civitate et suburbio Herefordie, multas libertates et liberas consuetudines habuerint, et eis in pace sint usi multorum Regum temporibus ab antiquo, quidam ipsius incole civitatis nobis, hominibus nostris, Decano et Capitulo ac eorum hominibus, multa, ut dicitur, gravamina inferunt, et afficiunt multis injuriis contra predictas libertates, eas quatenus in ipsis est non absque sacrilegii crimine infringendo, et eciam contra composiciones prius initas veniendo. Quocirca universitatem vestram, quam pre aliis sincera affeccione diligimus, attente requirimus et rogamus, vos in Domino exhortando, quatinus permittatis libere nos, senescallos, ballivos, et alios homines nostros, ac venerabiles fratres nostros, Decanum et Capitulum Ecclesie nostre, dictis libertatibus et liberis consuetudinibus in pace gaudere; non inferentes, nec inferri permittentes, nobis, Capitulo, seu nostris, dampnum aliquod, impedimentum, molestiam, seu gra-

[1]—Bishop John le Breton was greatly in debt at his death. The staff may have been mortgaged, but no explanation can be found.

vamen. Et si per eos, qui sub Majore et ballivis in officio sunt, vel alios, aliquid contra predicta fuerit forisfactum, illud faciatis ad preces nostras sine difficultatis obstaculo emendari, ut vobis, sicut devotis Ecclesie filiis, perpetuo teneamur ad specialia merita graciarum. Voluntatem vestram super premissis nobis per latorem presencium nuncietis. Datum apud Prestebury, iiij Idus Augusti, anno Domini M°CC°LXX° quinto.

Aug. 11.—The Prior of Gloucester is asked to send certain pieces of armour and garments deposited in his charge, and is thanked for his care of them and others.

DE ARMIS.—Viro religioso venerabili et discreto domino Priori Gloucestrie Thomas, etc., salutem et promptam ad beneplacita voluntatem. Super eo quod res nostras custodiendas curialiter recepistis grates vobis referimus speciales. Quia vero quibusdam ex eis egemus ad presens, discrecionem vestram presentibus exoramus quatinus unum par coopertoriorum de ferro ad equum, quinque loricas, duos haubercions, duas ferreas coyfas,[1] unum par manicularum de ferro, duo paria caligarum de ferro, duo bombacima,[2] unum sambezionum,[3] duos capellos ferreos, v bacinos,[4] vj colarios magnos,[5] et duos parvos, unum par de quissonibus,[6] quatuor paria gemilariorum[7] et tria estrumelariorum,[8] dilecto nobis Willelmo de Chylteham, ballivo nostro de Bromyard, exhibitori presencium tradatis. In cujus rei testimonium presentes litteras vobis mittimus ad warrantum. Valeatis in Domino. Datum apud Kemeseye, iij Idus Augusti, anno Domini M°CC°LXX° quinto. Alias res nostras, que penes vos sunt, salve custodiatis, si placet, donec aliud a nobis mandatum receperitis in hac parte.

Aug. 15.—Licence of non-residence for five years to Canturmus, the Rector of Eastnor, that he may join the Crusade. He may farm out the produce meantime.

ESTENOURA.—Thomas, miseracione divina Herefordensis Ecclesie minister humilis dilecto in Christo magistro Canturmo, Rectori ecclesie de Estenora, salutem et sinceram in Domino caritatem. Cum zelo fidei ac devocionis accensus, signo vivifice crucis assumpto, proposueris in terre sancte subsidium proficisci, nos tuis justis postulacionibus benignum impercientes assensum, ut facilius et efficacius valeas reddere Domino votum tuum, obligandi seu

---

1—*ferreas coyfas*, hoods of chain mail.
2—*bombacima*, doublets of stiffened cotton.
3—*sambezionum*, quilted garment, *gambeson*.
4—*bacinos*, helmets.
5—*colarios*, gorgets.
6—*quissonibus*, thigh-plates.
7—*gemilariorum*, knee-caps, *genouillière*.
8—*estrumelariorum*, greaves, *trumelière*.

ponendi et tradendi ad firmam fructus, redditus et proventus dicte ecclesie tue, usque ad quinquennium, tenore presencium liberam tibi concedimus facultatem, proviso quod interim dicte ecclesie facias per ydoneum vicarium deserviri, et quod animarum cura in ipsa nullatenus negligatur. In cujus rei, etc. Datum apud Doderhulle in Festo Assumpcionis Beate Marie, anno Domini M°CC°LXX° quinto. Et sciendum quod dictus Canturmus dabit vel faciet dari annis singulis per tempus predictum dimidiam marcam argenti pauperibus parrochianis ecclesie de Estenoura per testimonium Archidiaconi Herefordensis vel ejus Officialis.

Sept. 5.—Institution to the Vicarage of Tenbury of Roger de Tenbury, presented by the Proctor of the Abbot and Convent of Lyre.

THEMEDEBURY.—Nonis Septembris apud Chartham Rogerus de Themedebury, capellanus, ad presentacionem fratris Randulfi de Romuleyo, Procuratoris religiosorum virorum Abbatis et Conventus de Lyra, verorum patronorum vicarie ecclesie de Themedebury, Procuratoris in Anglia Generalis, est canonice per Dominum Thomam, Herefordensem Electum, institutus in dicta vicaria; et juravit quod in ea perpetuo residebit personaliter.

Sept. 10.—Collation of Alan de Creppinge to a canonical house vacated by Roger de Bosbury.

HEREFORDE.—Thomas, miseracione divina Herefordensis Episcopus, dilecto filio magistro Alano de Creppinge salutem. Habitacionem domorum, que fuerunt olim magistri Petri de Langun et postea magistri Rogeri de Bosebury in Herefordia, ad nostram donacionem spectancium, precario vobis concedimus, donec presentem graciam duxerimus revocandam. In cujus rei, etc. Datum apud Cantuariam, iiij Idus Septembris, Consecracionis nostre anno primo, anno Domini M°CC°LXX° quinto.

Sept. 10.—Mandate to the Official and bailiffs to protect the property of William de Conflens, Archdeacon of Hereford, during his term of non-residence.

Fol. 3b.   ARCHIDIACONUS HEREFORDENSIS.—Universis presentes litteras inspecturis Thomas, etc., salutem in Domino sempiternam. Cum dilecto nostro Gulielmo de Conflens,[1] Archidiacono Herefordensi, licenciam dederimus morandi in scolis aut in Curia Romana per

1.—In MS. *Confleiis*.

triennium, nos volentes eidem graciam facere specialem, omnes res, possessiones suas et beneficia, que in dyocesi nostra optinet, exnunc suscipimus in speciali custodia, proteccione, et defensione nostra; mandantes et precipientes Officiali nostro, qui pro tempore fuerit, et omnibus ballivis et servientibus nostris, ut ipsi Gulielmo aut hominibus, seu eciam Procuratoribus aut officialibus suis, qui pro tempore fuerint, dampnum aliquod seu injuriam non inferant aut gravamen. Et si quid eisdem forisfactum seu injuriatum fuerit, id, quantum in eis est, faciant emendari. In cujus rei testimonium dicto Gulielmo has litteras nostras fieri fecimus patentes sigilli nostri munimine roboratas. Datum die Martis proxima post Festum Nativitatis Beate Marie, anno Domini M°CC°LXX° quinto.

Licence of non-residence to William de Conflens for three years, while at his studies or the Papal court or his native place.

ARCHIDIACONO HEREFORDENSI.—Thomas, etc., Gulielmo de Conflens, Archidiacono Herefordensi, salutem, graciam, et benediccionem. Ut per triennium scholasticis valeas ubi volueris insistere disciplinis, aut in Curia Romana seu in partibus tuis[1] de quibus oriundus existis si opus tibi fuerit conversari, ac interim fructus, redditus, et proventus prebende tue Herefordensis et ecclesie Dukestone[2] et Archidiaconatus tui predicti, sicut consuevisti, percipere valeas, tenore presencium liberam tibi concedimus facultatem; proviso quod interim ipsis prebende, ecclesie, et Archidiaconatui facias per idoneos vicarios seu officiales deserviri, ita quod debitis non fraudentur obsequiis et animarum cura in eis nullatenus negligatur. In cujus rei, etc.

Sept. 11.—Mandate to the Canon on duty to induct Henry de Woodstock to the prebend of Preston, vacated by the Bishop, and to install him in the Cathedral.

Thomas, etc., Ebdomodario[3] ejusdem Ecclesie salutem, etc. Cum prebendam de Preston, quam in Ecclesia Herefordensi tenuimus, nunc vacantem, dilecto nobis in Christo domino Henrico de Wodestoke nuper contulerimus intuitu caritatis, vobis mandamus quatinus dictum Henricum vel ejus Procuratorem in corporalem possessionem memorate prebende et omnium pertinencium ad eandem vice nostra et auctoritate inducatis, locum et stallum in Capitulo et Choro ei

Fol. 4.

1—Probably in Savoy, at a place named Conflens, at the confluence of two rivers.
2—Now Dixton, near Monmouth.
3—Hebdomadary was, in Hereford as elsewhere, a name for the Canon who was on duty for the week. When non-residence became common the term distinguished the Canon in residence, who took the place of the Dean in his absence. The word is variously spelt in the MS.

assignantes. Datum apud Carteham iij Idus Septembris, anno Domini M°CC°LXX° quinto.

Sept. 7.—Custody of the Chapel of Shipton committed to John de Ayno, acolyte, presented by the Priory of Wenlock.

SKYPTONE.—Septimo Idus Septembris commissa est Johanni de Ayno, acolito, ad capellam de Scyptone per Priorem et Conventum de Wenlac presentato, custodia ejusdem capelle usque ad proximum sequens Natale Domini.

Aug. 27.—Letter of Llewelyn, Prince of Wales, affirming his long possession of three villages claimed by the Bishop-elect, but promising, when more at leisure, further inquiry as to his rights.

DE LEULINO.—Venerabili in Christo Patri, Domino Thome, Dei gracia Herefordensi Electo, suus si placet amicus, L[eulinus], Princeps Wallie, Dominus Snaudonie, salutem et reverenciam cum honore. Litteras vestras recepimus continentes, quod nos tres villas ad manerium ecclesie vestre vestrum de Northledebury pertinentes, prout vobis suggeritur, tenemus minus juste occupatas; quare nobis per easdem litteras supplicastis dictas tres villas vobis benigne per nos restitui. Nos, vero, justas peticiones vestras devote exaudire volentes, vobis tenore presencium innotescere volumus quod, cum dicte tres ville a diu retroactis temporibus sub dominio nostro extiterunt, ad alicujus suggestionem eas restituere de jure non tenemur, prout nobis videtur; set vobis in hac parte deferre[1] volentes, expeditis arduis negociis quibus ad presens occupamur, inquiri faciemus ad quos dicte ville spectare debeant, et secundum quod receperimus in inquisicione supradicta, habito prudentum consilio, operari properabimus[2] quatenus secundum Deum et justiciam expedire viderimus. Vos, eciam, si placet, indempnitati Ecclesie vestre ita prospicere velitis quod jus nostrum in aliquo non ledatur. Valeat Paternitas vestra benedicta et diu in Domino. Datum apud Sechtone vj Kalendas Septembris, anno Domini M°CC°LXX° quinto.

Reply, declining to accept any decision of Llewelyn's Seneschals in the inquiry promised by him.

LEULINO.—Nobili viro et Principi Magnifico, Domino Leulino, Principi Wallie, Thomas, etc., salutem, amiciciam, et honorem. Nuper vobis supplicavimus per nostras litteras, humiliter et devote,

1—In MS. *defferre*.   2—In MS. *properavimus*.

ut tres villas ad manerium nostrum de Northledebury a tempore cujus non extat memoria pertinentes, quas tenetis contra justiciam occupatas, nobis et Ecclesie nostre dignaremini reddere sine lite. Super quo taliter respondistis quod inquisicionem super villis hujusmodi faceretis et nobis ac Ecclesie nostre justiciam impendere curaretis. Et, licet vos, sicut decet, pro viro fidedigno et justo in omnibus habeamus, inquisicioni tamen per vestros Senescallos faciende jus nostrum supponere nec volumus nec audemus. Set nunc iterum, sicut prius, Serenitatem vestram, omni affeccione qua possumus, exoramus quatinus dictas tres villas nobis et Ecclesie nostre, ob honorem vestrum et anime vestre periculum evitandum, velitis, si placet, reddere cum effectu; scientes quod, quamvis contra contencionem corporalem cum armis materialibus nolimus movere pro eis, non tamen poterimus continere quin jura Ecclesie nostre, secundum constituciones ecclesiasticas, in dictis villis et aliis alienata illicite vel retenta, sicut melius expedire viderimus, revocemus, homines dictarum villarum et alios [contra]dictores et rebelles procurando per censuram ecclesiasticam, si oporteat, coerceri.

Sept. 16.—Letter of Archbishop Kilwardby urging Llewelyn to restore the villages claimed by the Bishop and warning him that a sentence of spiritual censures, passed by the Magnates and Prelates of England, against the violators of ecclesiastical rights, had been confirmed by the Pope.

CONTRA LEULINUM. — Frater Robertus, permissione divina Cantuariensis Archiepiscopus, tocius Anglie Primas, Nobili viro et amico karissimo, Domino L[eulino], Principi Wallie et Domino Snaudonie, salutem et Sanctam Ecclesiam Matrem vestram devocione debita revereri. Intelleximus, non modicum admirantes, quod vos tres villas, videlicet, Astone, Muletone, et Chestroke, spectantes ad Episcopatum Herefordensem, detenuistis et occupatis a diu, et adhuc contra justiciam detinetis, in ipsius Episcopi et sue Ecclesie magnum prejudicium et anime vestre grave periculum, quod deberetis precipue et super omnia formidare. Et, quia inter ceteras Suffraganeorum nostrorum Ecclesias in quarum quiete quiescimus et turbacione turbamur ad presens specialiter afficimur ad prefatam Herefordensem Ecclesiam racione persone [p]residentis eidem, quam a multo tempore[1] diversitate morum et virtutum commendabilium novimus insignitam, quamque ipsius probitates et merita, non solum nobis, set eciam ceteris omnibus, reddiderunt hactenus graciosam; vestram discrecionem

1—In MS. *tempus.*

Episcopi Herefordensis. 11

rogamus, monemus attencius, et in Domino exhortamur quatinus vestre consciencie salubriter consulentes, villas predictas cicius et absque difficultatis obstaculo restituatis Episcopo memorato, ad quem, racione sue Ecclesie dicuntur pertinere de jure. Noveritis autem, quod de voluntate et beneplacito bone memorie Domini H[enrici], Regis Anglie, et omnium Optimatum ipsius, ab universis Prelatis Archiepiscopis et Episcopis regni ejusdem, lata est dudum sentencia postmodum per Sedem Apostolicam confirmata, in omnes et singulos qui maliciose scienter Ecclesias dicti regni privaverint vel spoliaverint suo jure cujusmodi. Sentenciam bullatam habemus et eam vobis vel vestris ostendere poterimus tempore oportuno. Propter quod expedit et consulimus ut vobis sollicius caveatis ne, per ulteriorem detencionem predictarum villarum seu quarumcumque Ecclesiasticarum possessionum per vos indebite detentarum, in prefatam sentenciam incidatis; in quam si propter premissa forsitan incideritis, Judicem Deum habetis. Advertatis eciam quod Ecclesiasticorum bonorum spoliacio non solum periculosa et dampnabilis judicatur, set dampnabilior ipsorum detencio et pertinax perseverancia in delecto. Ne, igitur, Mater Ecclesia in vos tanquam in filium degenerem, ultricem manum extendat, celeriter restituatis ablata et injuste detenta, ipsam decetero in juribus et possessionibus, sicut vir Catholicus, pro posse vestro conservantes illesam. Denique consimilem monicionem et exhortacionem vobis facimus pro Fratre nostro karissimo Episcopo Assavensi. Valeatis. Datum apud Maufeud xvj Kalendas Octobris, anno Domini MºCCºLXXº quinto.

Fol. 5.

Sept. 12.—Indulgence of twenty days granted to all who, being penitent and confessed, pray at Boughton-under-Blean for the soul of the late Rector, Richard de Meopham.

INDULGENCIA.—Omnibus Christi fidelibus ad quos presentes littere pervenerint, Thomas, etc., salutem, etc. Cum sit sancta ac salubris cogitacio preces fundare pro defunctis ut a peccatorum suorum nexibus mereantur absolvi, nos, de Omnipotentis Dei misericordia, gloriose Virginis Marie genitricis ejus, Beati Etheleberti Martiris, et omnium Sanctorum meritis confidentes, omnibus parochianis nostris, et aliis quorum Diocesani hanc nostram Indulgenciam ratam habuerint, vere penitentibus, contritis, et confessis, qui ecclesiam Beati Petri de Boctona Archiepiscopi visitaverint et pro anima pie memorie Ricardi de Mapaham,[1] quondam Rectoris ejusdem ecclesie,

1—Archdeacon of Oxford and Dean of Lincoln, sent in 1263 with Simon de Montfort in the name of the Barons to the Parliament of France—(Gervase Cont. II. 224, Rolls).

cujus corpus in ipsa ecclesia requiescit, et pro animabus omnium fidelium defunctorum ibidem et ubique in Christo quiescencium, oracionem Dominicam cum Salutacione Beate Marie Virginis devote dixerint, viginti dies de debita sibi penitencia misericorditer relaxamus. In cujus rei, etc. Datum apud Boctona, ij Idus Septembris, anno Domini M°CC° septuagesimo quinto, Pontificatus nostri primo.

Sept. 26.—Appointment of Bardus de Podio Bonisii[1] and Edmund de Warefelde as the Bishop's Proctors in the Papal Court in the suit of Peter de Langone.

PROCURATORIUM.—Noverint universi quod nos, Thomas, etc., constituimus, facimus, et ordinamus dilectos nobis in Christo magistrum Bardum de Podio Bonisii et Edmundum de Warefelde, conjunctim [et] divisim, sub alternacione, Procuratores nostros in causa quam magister Petrus de Langone movet contra nos in Curia Romana super prebenda de Prestone in Ecclesia Herefordensi ad agendum, defendendum,[2] excipiendum, repplicandum, litem contestandum, in animam nostram jurandum tam de calumpnia quam de veritate dicenda, ponendum et articulandum, posicionibus et articulis respondendum, testes et instrumenta producendum, obiciendum crimina et defectus, interloqutoriam et diffinitivam sentenciam audiendum, appellandum, appellaciones prosequendum, et ad omnia alia facienda que nos facere possemus si presentes essemus. Damus eciam isdem, vel alteri eorum, specialem potestatem alium vel alios Procuratorem seu Procuratores substituendi, omnia supradicta in Curia memorata, et substitutum seu substitutos, cum expedire viderint, revocandi; ratum habituri et gratum quicquid dicti Procuratores, vel unus eorum, aut substituti seu substitutus ab ipsis, nomine nostro fecerint in premissis, ita quod quo ad dictos principales Procuratores nostros non sit condicio melior occupantis. Pro ipsis eciam Procuratoribus et substituto seu substitutis ab ipsis sub ypoteca rerum nostrarum judicatum solvi promittimus. In cujus rei, &c. Datum apud Schyreburne vj Kalendas Octobris, anno Domini M°CC°LXX° quinto.

Fol. 5b.

1—He received a pension from Archbishop Peckham for like services—(Register III., 1003, Rolls). The Bardi were a well known banking firm at Florence. With *de Podio Bonisii* cf *de Podio lonicii* (Bronescomb's Reg. 368) and *de Podio bastonis* (Papal L. I. 612). *Podium=Poggio=Puy*.
2—In MS. *deff*.

Sept. 26.—*Confidential instructions to Edmund de Warefelde directing him to keep the proxy in reserve, and show it to no one unless there appear urgent need to take other action, and to beware of Burgundians and Canons of Hereford. Bankers of Lucca have the record.*

EDMUNDO DE WAREFELDE.—Thomas, etc., magistro Eadmundo de Warefelde, salutem, etc. Procuratorium inter nos alias preloqutum, de nobis et magistro Bardo confectum, vobis mittimus custodiendum, de vestra fidelitate fiduciam reportantes; ita quod nulli viventi tradatur a vestris manibus nec monstretur; set nec Bardo, nisi talem necessitatem videritis quod causa et ejus processus periclitentur, aut persone nostre pro tempore quo tenuimus prebendam de qua agitur videritis manifeste periculum iminere. Volumus tamen quod vos et Bardus, non faciendo mencionem de isto procuratorio, adinvicem de ista materia conferatis, ut sciatis a Bardo, qui merita cause novit, quid senserit de eadem, et quid vos et ipse B[ardus], ac alii amici nostri in Curia, senserint in hac parte; et que relacione digna fiunt in Curia hiis diebus nobis amore nostro scribatis, cum oportunitatem habueritis nunciorum. Ad hec, si contingat in Curia aliquem contra nos impetrare[1] directe, vellemus habere Gloucestriam vel Wygorniam vel Bristolliam saltim pro loco, et Abbatem Sancti Petri Gloucestrie, vel Priorem Wygornie, pro judicibus; et, si aliquis contra nos impetret indirecte, non transeat nisi prius caucione[2] confecta; et advertatis semper de Burgundis,[3] et de quocunque Canonico Herefordensi. Cauciones, si vos contingat habere, nobis per intervenientes inter alia transmittatis. Processum cause predicte habent mercatores Lucani; quibus scribimus pro processu vobis tradendo. Vosque ipsum processum recipiatis ab ipsis, si sit necesse; illum nemini viventi tradentes sine nostra littera speciali, nec eum eciam ostendentes nisi urgens necessitas, ut supradicitur, vos compellat; nec illum processum amore nostro, nisi subsit causa necessitatis predicta, repetatis a manibus mercatorum; set si necesse non fuerit remaneat processus in manibus eorumdem. Datum apud Schyreburne, vj Kalendas Octobris, anno predicto.

Sept. 21 or 22.—*Memorandum that a proxy was sent to Edmund de Warefelde by Adam de Fyleby, from Drayton.*

Memorandum quod Dominus Episcopus mandavit unum pro-

1—*I.e.* succeed in having a case referred to judges delegated for the purpose.
2—Security that the plaintiff will prosecute his claim in Court.
3—Peter de Langone was a Burgundian, as were other Canons put in by Bishop Peter d'Aquablanca. *v.* Introduction.

curatorium de Drayetone magistro A [de] de Fyleby,[1] ut per Petrum de Urbe Veteri portaretur Edmundo de Warefelde, Procuratori Domini in Curia ad impetrandum, contradicendum, etc.; cujus data apud Drayetone x vel xj Kalendas Octobris.

Sept. 23.—Memorandum that a like commission was issued from Wokingham.

Item memorandum quod dictus Eadmundus [de Warefelde] in omnem eventum habuit a Domino simile procuratorium ad id faciendum in Curia, sub data apud Wokingeham ix Kalendas Octobris, dicto anno.

Letter to the Dean of S. Paul's complaining of the violent conduct of the Seneschal, R. de Cornerche, at Barling towards the Bishop's bailiff.

DECANUS SANCTI PAULI LONDONIARUM.—Viro venerabili et discreto H [erveio de Borham], Decano Sancti Pauli Londoniarum, Thomas, etc., salutem, etc. Non potest aliquis cicius decipi quam quod sibi mandentur pax, tranquillitas, concordia, ac amicicia, et earum opposita opere compleantur. Ecce vero cum sub pacis quiete manere credebamus, saltim usque ad vicinum nostrum adventum Londonias sicut vestre et Capituli Londoniensis nobis nuper misse littere continebant, per Ballivum nostrum de Barlinge[2] et alios nobis est gravi suggestione monstratum quod magister R. de Cornerche, nominans se non domini Decani nec Capituli set tantum domini Henrici Senescallum, primo venit apud Barlinge, consecracionis nostre munere vix optento, et priusquam de alicujus jure discussum esset, et cepit fidelitates hominum manerii, precepta statuit et edicta, in nostri prejudicium et gravamen; et [est monstratum] quod dictus Senescallus, dictis gravaminibus—nisi majora pretenderet—non contentus, nuper cum multitudine arma portancium rediit iterato; et quod prius, ut videbatur ei, non fecerat tunc complevit; novum statuens Ballivum ibidem, et dictis hominibus injungens quod essent illi soli Ballivo in omnibus intendentes; quodque deterius est, nostrum Ballivum, ut potuit reclamantem, violenter juribus ejiciens et expellens, propter quod fiebat magnus tumultus in populo, nobis super hiis omnibus minime premunitis, ac bona nostra in Curia et extra sequestrans; ita quod bonorum administracio haberi non potest ad nostrum com-

---

1—Afterwards Archdeacon of Shropshire and cited by Archbishop Peckham for misconduct (Reg. II. 526). A proctor of Archbishop Walter Giffard complains of the *protervitas* of Adam de Fileby and his character well known in the Roman Curia (Reg. 10).
2—The Bishop appears to have had private property in Barling, a manor of St. Paul s.

modum faciendum; super quibus omnibus et singulis non sufficimus admirari, nec, si juratum esset nobis, credere possumus quod hujusmodi gravamina de vestra consciencia emanarent. Vos igitur in quem tota nostra fiducia est et fuit, deliberetis et ordinetis si placet, quod, erroribus saltim sicut poterunt revocatis, usque ad nostrum adventum in brevi Londonias, omnia stent in pace, quam super omnia preoptamus; ita quod status noster interim, si placet, conservetur illesus, nullum prejudicium nobis fiat, et quod Ballivus noster de rebus nostris ibidem ad commodum nostrum valeat ordinare, et in nostro adventu tractemus adinvicem si volueritis, quod finaliter fieri debeat in hac parte. Non est enim aliquis Archiepiscopus aut Episcopus in Anglia, vel alius in jure peritus, nisi ex causa racionabili sit suspectus, cui non possemus (si haberemus necesse) supponere nos ad judicandum per omnia scriptum nostrum. Si vero pro aliquo rogatu nostro dicti errores non fuerint revocati, moveri non debetis, nec eciam admirari, si jus nostrum prosequamur in forma qua viderimus expedire; quod tamen, ut sciatis, contra vos maxime faciemus inviti. Valete per tempora diuturna.

Sept. 26.—Instructions to bankers of Lucca to transfer documents to the Bishop's Proctors and to hold in reserve seven marks to be used as he may direct.

MERCATORIBUS LUCANIS.—Thomas de Cantilupo, etc., Bandino et sociis suis, mercatoribus Lucanis, in Curia Romana commorantibus, salutem, etc. Intelleximus quod Johannes de Clare, clericus noster, et magister Bardus de Podio Bonisii, tunc Procurator noster in Curia, in recessu de Lugduno,[1] processum cujusdam cause quam in Curia habuimus vobis tradiderunt, custodiendum et restituendum nostro Procuratori legitimo ad Curiam venienti. Nos igitur dilectum nostrum magistrum Edmundum de Warefelde legitimum nostrum Procuratorem ad Curiam destinantes, vos rogamus attente quatinus dictum processum prefato Edmundo, cum ad vos venerit pro eodem, liberetis. Ad hec vij marcas sterlingorum, quas ex tradicione dicti Johannis de Clare penes vos habetis, unde vestram litteram optinemus, in deposito teneatis quousque eas ad aliqua negocia in Curia assignaverimus, et de hujusmodi assignacione per nostras litteras vobis constet. Valete. Datum Shyreburne, vj Kalendas Octobris, anno Domini M°CC°LXX° quinto.

[1]—After the Second Council of Lyons.

Sept. 26.—Appointment of John de Kemsey to act as Proctor in proceedings against the Dean and Chapter of S. Paul's relating to Barling.

PROCURATORIUM DE BARLINGE.—Pateat universis ad quos pervenerit hec scriptura quod nos Thomas, Dei gracia Herefordensis Episcopus, facimus et ordinamus dilectum nobis Johannem de Kemseya, clericum, exhibitorem presentis pagine, Procuratorem nostrum ad appellandum nomine nostro ad quem vel ad quos viderit expedire, et temporibus atque locis quibus viderit expedire, a diversis gravaminibus et injuriis nobis a domino Herveo Decano, et Capitulo Sancti Pauli Londoniarum illatis, sicut pro loco et tempore docere poterimus evidenter, et ad prosequendum appellacionem interpositam cum effectu, et ad alia facienda que ad appellacionem hujusmodi pertinere noscuntur; ratum habituri quicquid dictus Johannes nomine nostro fecerit in hac parte. In cujus rei, etc. Datum apud Schyreburne vj Kalendas Octobris, anno Domini M°CC°LXX° quinto.

Oct. 3.—Mandate to the Bishop's Official to hold the usual inquiry respecting the Church of Hope Bowdler, to which Robert Stapeltone has been presented by Sir Eudo la Zouche.

LITTERE INQUISICIONIS.—Thomas, etc., Officiali suo, salutem, etc. Presentavit nobis dilectus filius, nobilis vir dominus Eudo la Zouche, Robertum de Stapeltone, clericum, ad ecclesiam de Hopebolers, vacantem, et ad presentacionem [suam] spectantem, ut dicit. Quocirca vobis mandamus quatinus an dicta Ecclesia vacet, qualiter vacet, a quo tempore ceperit vacare, quis sit ejus verus patronus, quis ultimo presentaverit ad eam, cujus estimacionis existat, an sit pensionaria, an litigiosa, an presentatus alias beneficiatus sit, et in Sacris Ordinibus constitutus, et de aliis ipsius meritis ac ceteris articulis debitis et consuetis, inquisicionem faciatis in pleno loci capitulo diligentem. Et quid acceperitis per eandem nobis per vestras litteras patentes sigillo vestro inclusas fideliter intimetis. Datum apud Shyreburne iiij Nonas Octobris, anno Domini M°CC°LXX° quinto.

Oct. 9.—Collation of Henry de Wodestoke to the prebend of Preston.

Fol. 7.　　HENRICUS DE WODESTOKE.—Thomas, etc., domino Henrico de Wodestoke, clerico, salutem, etc. Prebendam de Prestone, quam in Ecclesia Herefordensi tenuimus, vobis cum suo onere conferimus intuitu caritatis. In cujus, etc. Datum apud Wyndlesoram vij Idus Octobris, anno Domini M°CC°LXX° quinto.

Oct. 16.—Mandate to the Seneschal to excuse the attendance of John le Parker at the Manor Courts of Bromyard till Easter, and to let him have five oaks, if they were given him, as alleged, by Bishop John, and are already felled.

DE JOHANNE LE PARKER.—Thomas, etc., magistro Johanni de Bradeham, Senescallo suo, graciam et benediccionem. Quia ad instanciam dilectorum filiorum, magistrorum A. de Fileby, H. de Neuwerc, et domini W. de Rydmarle, Canonicorum Herefordie, relaxavimus dilecto filio Johanni le Parker sectam quam nobis debet ad Curiam nostram de Bromyard usque ad proximo sequens Pasca, vobis mandamus quatinus dictum Johannem de dicta secta quietum esse faciatis usque ad terminum supradictum. Et quia intelleximus quod bone memorie Dominus Johannes, predecessor noster, dicto Johanni donavit octo quercus dum viveret in bosco nostro de Bromyard, quarum quinque sunt prostrate, ut dicit, vobis mandamus quatinus, si per fideles nostros hec inveneritis vera esse, dictas quinque quercus, sicut prostrate sunt, eidem Johanni habere faciatis. Datum Londoniis, xvij Kalendas Novembris, anno Domini M°CC°LXX° quinto.

Oct. 17.—Institution to the Vicarage of Aymestrey of Thomas of Leominster, presented by the Abbot and Convent of Wigmore. Mandate to the Official to induct.

INSTITUCIO VICARIE DE AYLMONDESTRE.—Thomas, etc., Thome de Lemenestre, presbitero, salutem, etc. Ad presentacionem religiosorum virorum, Abbatis et Conventus de Wygemore, verorum patronorum vicarie ecclesie de Aylmondestre, te ad ipsam vicariam admittimus et canonice instituimus in eadem, ac de ipsa per nostrum anulum investimus. In cujus, etc. Datum Londoniis, xvj Kalendas Novembris, anno Domini M°CC°LXX° quinto.

Mandatum est Officiali Herefordensi quod inducat dictum Thomam in corporalem possessionem predicte vicarie.

Oct. 18.—Mandate to the bailiff of Hereford not to distrain for arrears of rent due from John de Caytone.

DE JOHANNE DE CAYTONE.—Mandatum est ballivo Herefordensi quod nullam faciat districcionem super dominum Johannem de Caytone racione redditus per ipsum debiti de tempore Johannis Episcopi, nec pro eo qui a retro est de tempore ultime vacacionis Episcopatus Herefordensis, et quod peticionem redditus quem debet Domino de tempore suo ponat in respectum usque ad Natale

Domini proximo sequens. Datum Londoniis, xv Kalendas Novembris, anno predicto.

Oct. 21.—Letter to Edmund de Warefelde informing him that Henry de Woodstock has undertaken to defend the suit for the prebend of Preston to which he has been collated, and directing that the record of the proceedings be entrusted to Bardus of Poggibonzi as Proctor for Henry de Woodstock. A copy of the letter sent to Bardus is enclosed.

Fol. 7b.

EDMUNDUS DE WAREFELDE.—Thomas, etc., dilecto Procuratori suo, magistro Edmundo de Warefelde, salutem cum dileccione sincera. Scribimus magistro Bardo, Procuratori nostro, in forma inferius annotata,—Thomas, miseracione divina Episcopus Herefordensis, dilecto Procuratori suo, magistro Bardo de Podio Bonisii, salutem cum dileccione sincera. Quia prebendam de Prestone in Ecclesia Herefordensi, super qua inquietavit nos P. de Langone, dilecto amico, domino Henrico de Wodestocke, illustris Regine Anglie Cancellario et clerico speciali, cum suo onere contulimus intuitu caritatis; qui cause super ipsa mote defensionem in se sponte suscepit, et nos pro futuris temporibus, quantum ad ea que causam contingunt, indempnes servare fideliter repromisit; discrecionem vestram affectuose requirimus et rogamus quatinus dicti Henrici velitis esse in causa predicta diligens Procurator, sicut noster nostri gratia hactenus extitistis, summo opere procurantes ut nos racione dicte cause nec dampnum nec periculum incurramus. Cum enim dictam prebendam nec possideamus nec dolo desierimus possidere, ejusque possessor eam, non litis ignarus set onera [et] pericula sciens, receperit in se, videtur decetero omne onus quod accidet suscepisse, et nos per consequens liberasse, quod et in se spontanea voluntate suscepit. Mittit autem ad vos predictus dominus Henricus quendam clericum ad instruendum et informandum vos plenius in causa predicta, et qui pro labore vestro imposterum pro defensione dicte cause vobis et aliis advocatis in eadem causa satisfaciet competenter. Nosque autem et dictus H[enricus] scribimus Bandino et aliis sociis suis, mercatoribus Lucanis, quod vobis processum dicte cause tradant. Datum, etc. Iste est tenor littere dicto Bardo directe. Et quia de vobis, magister Eadmunde, specialiter confidimus, rogamus quatinus tradicioni processus Bardo faciende intersitis, cum tradi contingat. Valeatis. Datum Londoniis, xii Kalendas Novembris. Statum dicte cause nobis per intervenientes frequenter significare curetis.

Oct. 21.—Letter to the same effect to Bandinus and his partners, merchants of Lucca.

MERCATORIBUS LUCANIS IN CURIA ROMANA.—Thomas, etc., dilectis amicis in Christo Bandino et sociis suis, mercatoribus Lucanis, in Curia Romana commorantibus, salutem cum dileccione sincera. Licet inter vos et Johannem de Clare, clericum et Procuratorem nostrum, anno preterito in Curia Romana conventum esset, et a vobis, ut audivimus, firmiter repromissum quod vos processum quendam, quem idem Procurator penes vos deposuit, in recessu Curie de Lugduno custodiretis, et ad Curiam portaretis, ac dicto Johanni aut magistro Bardo de Podio Bonisii vel alii Procuratori nostro legitimo in Curia traderetis sicut in quadam cedula, sacculo cuidam in quo est idem processus appensa, plenius continetur; quia tamen illam prebendam super qua dictus processus fuit habitus in Curia domino Henrico de Wodestoke, illustris Regine Anglie Cancelario et clerico speciali contulimus, et idem dominus H[enricus], defensionem cause sive processus illius in se suscipiens, dictum magistrum Bardum in ipsa causa Procuratorem suum constituit, qui prius noster Procurator extitit in eadem; vos attente rogamus quatinus predicto Bardo, cum ex parte dicti domini H[enrici] ad vos pro ipso processu venerit, liberetis eundem. Credimus autem quod prefatus dominus H[enricus] et socii in Anglia vobis scribunt similiter super isto. Valeatis. Datum Londoniis, xij Kalendas Novembris, anno Domini M°CC°LXX° quinto. Istud idem vobis scripsimus in quadam alia littera, per alios nuncios vobis missa; que si forte a casu vobis non venerit, tunc si placet exequamini hic contenta.

Mandate to the bailiff of Charlecote to deliver to the Rector of Dodderhill the utensils and vessels due from the late Rector, and to act on instructions respecting rent and tithes.

DODERHULLE.—Thomas, etc., Nicholao de Hamptone, ballivo suo de Cherlecote, salutem, etc., Mandamus tibi quatinus apud Doderhulle eas personaliter, et utensilia ac vasa que, secundum consuetudinem Decanatus de Wychio, Rector[1] Rectori in tali ecclesia debet dimittere, Johanni vel Laurencio, latori presencium, ad opus dilecti amici nostri, domini Willelmi nunc Rectoris, eidem tradas, sive fuerint vendita sive non. Alia vero vasa et utensilia que sibi non debentur uni ex predictis precio justo vendas, de

---

1—Dodderhill, by Droitwich, was one of the numerous benefices held by the Bishop before his Consecration.

minutis non curans. Si quid vero de redditu Sancti Michaelis receperis, id ei vel per compensacionem vel per solucionem habere facias indilate; et nos id tibi faciemus pro tempore allocari. Totum autem sal[1] quod de termino Exaltacionis Sancte Crucis de decima recepisti uni ex predictis habere facias per mensuram. Ita tamen quod, si super dicto sale per Venerabilem Patrem, Dominum . [2] . Episcopum Wygorniensem, nos inquietari, contingat, dictus Rector servare teneatur erga predictum Episcopum nos indempnes. Valeas.

Oct. 26.—Letters dimissory granted to Gregory de Balingham for the Diaconate and Priesthood.

GREGORIUS DE BALINGHAM.—Thomas, etc., Gregorio de Balingham, nostre diocesis subdiacono, salutem, etc. Devocionis tue precibus inclinati, auctoritate presencium tibi concedimus ut a quocunque Episcopo Catholico et Apostolice Sedis graciam habente quem elegeris ordinem diaconatus et presbiteratus licite recipere valeas, non obstante quod de nostra diocesi oriundus existas. In cujus, etc. Datum Londoniis, vij Kalendas Novembris, anno Domini M°CC°LXX° quinto.

Nov. 3.—Memorandum that John of Barking, at the request of the Bishop of Bayeux, was appointed bailiff of the forest of Lydbury North, two sureties having been produced by him before John de Clare.

Fol. 8b.   NORTH LEDEBYRY DE FORESTARIO.—Memorandum quod die Dominica proxima post festum Omnium Sanctorum, anno Domini M°CC°LXXX° quinto, Johannes de Berkynge, pro quo rogavit Dominus Episcopus Bajocensis, invenit duo fidejussores coram Johanne de Clare ad hoc specialiter deputato, videlicet Johannem Hardel et Rogerum de Garshirche, cives Londonienses, quod in ballivia[3] forestrie[3] de North Ledebury, et in omnibus dictam ballivam tangentibus, serviet Domino fideliter et devote; qua quidem fidejussione recepta, admisit Dominus dictum J[ohannem] de Berkynge ad dictam ballivam custodiendam, mittens ipsum Senescallo suo cum suis litteris quarum[4] tenor talis est,—Thomas, etc., magistro J[ohanni] de Bradeham, Senescallo suo, salutem, etc. Cum Johannes de Berkynge, lator presencium, pro quo rogavit Dominus Episcopus Bajocensis, fidejussores invenerit cives Lon-

---

1—Cantilupe, when Rector, had litigation with his parishioners for the tithe of salt there extracted.
2—The Bishop, whose name is omitted, was Godfrey Giffard.
3—Words variously spelt in the MS.   4—In MS. *cujus*.

donienses quod ballivam foresterie de Ledebyry North bene custodiet in omnibus sicut decet pro posse suo, et in dicta balliva et in omnibus aliis ipsam tangentibus fideliter se habebit et preceptis vestris et aliorum superiorum suorum ibidem obediet in licitis et honestis ; ac super hiis prestiterit juramentum corporale ; vobis mandamus quatinus dictum J[ohannem] ad custodiendum dictam ballivam liberaliter admittatis, ipsam ballivam sue custodie committentes. Idem enim Johannes, expositis sibi particulis que possent emergere, nichilominus onus dicte custodie sibi gratis assumpsit. Valeatis. Datum Londoniis in crastino Animarum.

Jan. 3.—A grant by Bishop John le Breton of a pension to Bodro, Canon of Valence, confirmed by the Dean and Chapter in 1272, as exhibited to the Bishop.

EXIBITA DOMINO IN CRASTINO ANIMARUM DE PENSIONE PRO BOSEBURY.—Omnibus presentes litteras inspecturis Decanus et Capitulum Herefordense salutem in Domino. Noveritis nos, anno Domini M°CC°LXX° secundo, litteras Venerabilis Patris, Domini Johannis, Dei gracia Herefordensis Episcopi, vidisse et legisse in hec verba,—J[ohannes], Dei gracia Herefordensis Episcopus, dilecto filio Bodroni de Scaccario Romano, Canonico Valentino, salutem, etc. Attendentes grata servicia que nobis et Ecclesie nostre Herefordensi hactenus impendisti, annuam pensionem xx marcarum de camera nostra [et] nostrorum successorum tibi, tuis meritis exigentibus, concedimus et donamus ; promittentes bona fide pro nobis et successoribus nostris predictam pensionem annuam, quoad vixeris, tibi vel Procuratori tuo dare et solvere Londoniis, apud Novum Templum, in festo Omnium Sanctorum ; nos et successores nostros, et bona nostra et nostram Herefordensem Ecclesiam obligantes ad hoc specialiter et expresse. Datum apud Bosebury, Kalendis Januarii, anno Domini M°CC°LXX° secundo. Nos vero donacionem, concessionem, et permissionem predictas ratas et gratas habentes pariter et acceptas quod super hoc per ipsum Dominum Episcopum factum est approbamus et eciam confirmamus. In cujus rei testimonium huic lettere sigillum commune Capituli nostri duximus apponendum. Datum Herefordie, iij Nonas Januarii, anno gracie supradicto.

Nov. 4.—Grants of pensions of twenty to forty shillings to Hamo de la Barre, Alan de Walkynham, William de Stowe, Adam de Arderne, and John de Houghton, advocates of the King's Bench.

DE NARRATORIBUS IN BANCO.—Omnibus Christi fidelibus presens scriptum visuris vel audituris Thomas, etc. Noveritis nos teneri Hamoni de la Barre, pro homagio et servicio suo, in viginti solidis annui redditus, recipiendis annuatim de Camera nostra ad festum Sancti Michaelis, apud Westmonasterium, ad totam vitam ipsius Hamonis. In cujus rei, etc. Datum Londoniis, die Lune proxima post festum Omnium Sanctorum, anno regni Regis Edwardi, filii Regis Henrici, tercio. Eodem modo tenetur Alano de Walkynham in quadraginta solidis; Willelmo de Stowa in viginti solidis; Ade de Arderne in viginti solidis; Johanni de Houhtone in viginti solidis, sub eadem data.

Copy of the Bishop's Charter granting the village of Shelwick to the tenants for the term of his life, with lands at Kingsley and Walney, for £30 1s. 4d. yearly, with the reservation of a mill, a meadow, and of all the fines and the heriots of freeholders, and of fees when the daughters of the tenants married outside the manor.

CARTA DE SELWIKE.—Omnibus Christi fidelibus ad quos presens scriptum pervenerit, Thomas, etc. Noverit universitas vestra nos concessisse et tradidisse, omnibus diebus vite nostre, probis hominibus nostris de Selwyke totam villam nostram de Selwike, cum omnibus pertinenciis suis, salvo nobis molendino nostro de Luggebruge, et prato nostro quod pertinebat ad dictum manerium nostrum de Selwike, quod jacet inter La Pulle et Reshale, que retinemus ad opus nostrum; ita quod dicti homines nostri de Selwike debent levare[1] annuatim dictum pratum et non falcare; et nos inveniemus boves nostros ad trahendum dictum pratum cum fuerit adunatum.[2] Retinuimus eciam nobis omnes fines terre et omnia placita capitalia que pertinebant ad Vicecomitem antequam Ecclesia Herefordensis haberet libertatem. Concessimus eciam predictis hominibus nostris omnia herietta consuetudinariorum, retentis nobis heriettis liberorum hominum in eodem manerio. Preterea concessimus eisdem hominibus quod si aliquis voluerit maritare filiam suam super feodum nostrum, quod eam maritet sine dono aliquo, et si extra feodum nostrum eam maritare voluerit emat eam a nobis vel a ballivis nostris. Et si

1—For arable land 'to plough,' but to manure or do other work on a meadow before the hay was cut.
2—The Lord would carry the crop when it was raked together.

aliquis predictorum hominum nostrorum de Selwike redditum suum non reddiderit ad terminum statutum, nolumus quod aliqui vicini sui, occasione illius detencionis, occasionentur[1] vel aliquid pro eo amittant, set ille qui sic redditum suum retinuerit illud emendet sicut curia nostra adjudicaverit, et si nativus noster fuerit, volumus quod vicini sui capiant terram suam et teneant, et inde faciant firmam nostram. Concessimus eciam quod predicti homines nostri quieti sint de Tac et Tol[2] infra predictam villam de Selwike, et non in nundinis nostris vel mercato. Concedimus eciam dictis hominibus nostris totum pratum quod fuit quondam Roberti Folet in Kyngesleya et in Walneye, unde tres acre et dimidia jacent in Walneye; tenendum et habendum sibi et heredibus suis sicut prescriptum est ad vitam nostram, pro triginta libris et sexdecim denariis sterlingorum annuatim, nobis solvendis ad quatuor consuetos terminos per Episcopatum nostrum constitutos. Et ut hec concessio rata sit et stabilis ad totam vitam nostram, presenti scripto sigillum nostrum apponi fecimus hiis testibus.

Oct. 25.—Royal writ to the Sheriff of the County of Hereford to summon Gilbert de Clare, Earl of Gloucester, for trespass on the Bishop's Chase of Colwall and Eastnor.

BREVE REGALE CONTRA COMITEM GLOUCESTRIE.—Edwardus, Dei gracia Rex Anglie, Dominus Hybernie, et Dux Aquitanie, Vicecomiti Herefordie salutem. Si Thomas, Episcopus Herefordensis, fecerit te securum de clameo suo prosequendo, tunc summoneas per bonos summonitores Gilbertum de Clare, Comitem Gloucestrie et Hertfordie, quod sit coram nobis a die Sancti Martini in quindecim dies, ubicunque tunc fuerimus in Anglia; ostensurus quare, cum predictus Episcopus habere debeat, et predecessores sui habere consueverint liberam Chaciam ad feras et alia que ad liberam Chaciam pertinent, in dominicis, terris, et boscis ipsius Episcopi et hominum suorum de Collewelle et Estnoure que de nobis tenet in capite in Comitatu Herefordie, tanquam pertinentem ad Ecclesiam suam predictam; predictus Comes predictum Episcopum in predictis terris et boscis hujusmodi Chaciam habere non permittit, set Chaciam illam sibi appropriavit et attraxit Foreste sue Malvernie, que est in Comitatu Wygornie; in nostri et dicti Episcopi et Ecclesie sue predicte prejudicium et non modicum gravamen. Et habeas ibi summonicionem et hoc breve. Teste meipso apud Westmonasterium, xxv die Octobris, anno regni nostri tercio.

1—Suffer damage.
2—Tax and toll, so an annual charge and dues *pro rata* as for the use of a mill.

Oct. 26.—The Justices and others are instructed in the King's name that Robert Baggode is empowered to act as the Bishop's attorney in the Courts in Ireland.

DE NEGOCIIS IN HIBERNIA.—Edwardus, Dei gracia Rex Anglie, Dominus Hibernie, et Dux Aquitanie, Justiciariis et Comitibus, Ballivis, et fidelibus suis Hibernie, ad quos presentes littere pervenerint, salutem. Sciatis quod Venerabilis Pater, Thomas, Herefordensis Episcopus, attornavit coram nobis loco suo Robertum Baggode ad lucrandum vel perdendum in omnibus placitis et querelis motis vel movendis pro ipso vel per ipsum in partibus Hibernie. Et ad instanciam ejusdem Episcopi concessimus quod dictus Robertus, nomine ipsius Episcopi, facere possit attornatos vel attornatum, quos vel quem voluerit, in Curiis nostris, ubicunque in partibus predictis ad omnia placita et querelas prosequendas et defendendas, et ad lucrandum vel perdendum in eisdem, ut predictum est. In cujus rei testimonium has litteras nostras fieri fecimus patentes per unum annum duraturas. Teste meipso apud Westmonasterium, xxvj die Octobris, anno regni nostri tercio.

Fol. 10.

Nov. 12.—Mandate for the Bishop's Official to induct Michael de Kendal to the Church of Little Marcle.

PARVA MARCLEYE. ADMISSUS EST AD PRESENTACIONEM GRIMBALDI PANCEFOT ET ROGERI TYREL ILLA VICE.—Thomas, etc., Officiali suo salutem, etc. Quia dilectum filium Michaelem de Kendale, clericum, ad ecclesiam de Parva Markele admisimus, vobis mandamus quatinus dictum Michaelem in corporalem possessionem ipsius ecclesie inducatis et defendatis inductum. Valeatis in Domino. Datum apud Kensintone, ij Idus Novembris, anno supradicto.

Nov. 16.—Mandate to induct John de Hodenet to the custody of the Church of Sutton, if the result of the usual inquiry be found satisfactory, reserving the institution for the Bishop.

SUTTONE.—Officiali Herefordensi salutem. Johannes de Hodenet, presbiter, nobis nuper ad ecclesiam de Suttone presentatus, litteras clausas sigillis magistri Ricardi, commissarii vestri, et Decani de Pontesbury sigillatas nobis exibuit, super inquisicione facta de persona sua et ecclesia predicta, ut dicit. Quia vero dicta sigilla non novimus, volentes dicti Johannis parcere laboribus et expensis, vobis mandamus quatinus, receptis ab eo litteris supradictis et istis, si inquisicionem inveneritis rite factam et pro ipso presbitero facientem, ac ipsum tali beneficio esse dignum, eidem vice nostra custodiam dicte ecclesie committatis, et in corporalem possessionem ipsius ecclesie nomine custodie inducatis eundem. Institucionem tamen, et alia que sunt gracie, nobis specialiter reservetis. Datum Londoniis, xvj Kalendas Decembris.

Nov. 16.—Mandate to his Official to pay no regard to rank in citations for Holy Orders.

DE ORDINIBUS.—In eisdem litteris mandatur Officiali sub hac forma. In citacione[1] ad Ordines facienda nulli parcatis, quantacunque prefulget dignitate.

Nov. 17.—Mandate to the bailiff of Prestbury to buy fur for his livery.

PRESTEBURY.—Mandatum est Gerardo, ballivo de Prestebury, quod emat sibi fororum racionabilis precii ad robam suam, xv Kalendas Decembris.

Nov. 17.—Memorandum that Lucas of Lucca has received one hundred shillings from the Bishop's Proctor in Ireland.

Memorandum quod Lucasius[2] de Lucania habet de acquietancia centum solidos, quos recepit de magistro Thoma de Chaddeworthe, Procuratore nostro in Hibernia, xv Kalendas Decembris.

Nov. 17.—Memorandum that twenty pounds had been received from the Dean of St. Paul's as part payment of the sixty due for the Manor of Barling.

Memorandum quod dominus Herveus de Borham, Decanus Sancti Pauli Londoniarum, habet litteras de acquietancia viginti librarum in partem solucionis sexaginta librarum in quibus tenetur Domino pro manerio de Barlinge, xv Kalendas Decembris.

Nov. 5.—Mandate to his Seneschal to put off distraint on Robert le Breton for outrages at Prestbury, and default in Court, till the Bishop's arrival. Master Luke de Bree is surety for him.

PRO ROBERTO LE BRETONE.—Thomas, etc., magistro J[ohanni] de Bradeham, Senescallo suo, salutem, etc. Mandamus vobis

---

1—Of incumbents in minor Orders canonically summoned to proceed to the Priesthood.
2—A financier much employed by the highest personages in Church and State; see Introduction.

quatinus districciones quas facitis et fecistis occasione cujusdam excessus contra nos apud Prestebury perpetrati, cui predictus Robertus interfuisse dicitur, et racione defaltarum quas fecit in Curia nostra de Ledebury, ponatis in respectum donec ad partes illas veniamus. Datum apud Kensintone, nonis Novembris, etc. Cum magister L. de Bree manucepit pro eo quod satisfaciet nobis super premissis quatenus deliquit.

Licence from the Archbishop of Canterbury for the Assize to be held during Advent respecting the Advowson of Coleby in the Diocese of Lincoln.

ARCHIEPISCOPUS CANTUARIENSIS DE ASSISA CAPIENDA.—Magistro Rogero de Seytone, Domini Regis Justiciario, etc. Tenore presencium, quantum in nobis est, licenciam vobis damus [et] concedimus quod assisam que arrainata est coram vobis super advocacione ecclesie de Coleby, Lincolniensis diocesis, ne mora trahat periculum, capere possitis hac vice, Adventus instantis sacro tempore non obstante. In cujus, etc.

Dec. 1.—Mandate to the bailiff of Ledbury to act on the instructions of William de Nevyle and Adam Harpyn who are sent for a supply of game. Like directions to the bailiffs of Ross and Prestbury.

MANDATUM BALLIVO DE LEDBURY.—Thomas, etc., Waltero, ballivo suo de Ledebury, salutem, etc. Mittimus ad vos dilectum valletum, Willelmum de Nevyle, latorem presencium, ad capiendum venacionem que in balliva vestra est istis temporibus capienda; vobis mandantes quatinus eidem Willelmo, et hiis quos secum duxerit associandos, et canibus quos secum ducet, necessaria inveniatis, sicut dictus Willelmus vobis dicet, et de omnibus que circa predicta ad dictum suum impendetis faciatis talliam contra eum; super hiis autem habeatis istas litteras, et talliam quam contra eum facietis, et suam contratalliam sigillo suo signatam, super vestrum compotum pro waranto. Valeatis. Datum apud Shyreburne, Kalendis Decembris. Ad hec inveniatis Ade Harpyn quem ad vos mittimus pro perdicibus et aliis volatilibus capiendis sibi necessaria, sicut dictus Willelmus vobis dicet vel mandabit. Eodem modo mandatum est ballivo de Ros et ballivo de Prestebury.

Nov. 21.—Mandate to his Official to induct Martin de Chambéry to the Church of Stretton Grandison with the Chapel of Ashperton, though the seals of the Official's commissaries, who have reported the results of the usual inquiry, are unknown to the Bishop.

STRATTONE ET ASPERTONE.—Thomas, etc., Officiali suo salutem, etc. Martinus de Cameriaco, presbiter, nobis nuper ad vicariam ecclesie [de] Strattone et capellariam de Aspertone ad eandem spectantem presentatus, litteras magistrorum W. et Ricardi de Heytone, commissariorum vestrorum, super inquisicione facta de dictis vicaria et capellaria ac persona sua, ut dicit, nobis exhibuit et cetera omnia, sicut continetur in littera inquisicionis que est inter alias. Licet autem sigilla dictis litteris appensa penitus sint nobis incognita, tamen vobis mandamus quatinus dictum presbiterum in corporalem possessionem dictarum vicarie et capelle inducatis. Valeatis. Datum Londoniis, xj Kalendas Decembris, anno Domini M°CC°LXX° quinto.

Nov. 25.—Mandate to induct to the custody of one portion of Llanwarne Hugh de Redcliff, presented by the Prior and Convent of Llantony Prima.

PRO WARDA PORCIONIS DE LANDWARAN.—Officiali. Quia dilecto filio magistro Hugoni de Redeclive, ad porcionem ecclesie de Landwaran et capellarum ad eandem spectancium ad presentacionem Prioris et Conventus Lantonie prime spectantem presentato per eos, custodiam commisimus porcionis ipsius usque ad Natale Domini proximo sequens; vobis mandamus quatinus ipsum Hugonem, vel Procuratorem ejus, in corporalem possessionem ipsius porcionis nomine custodie inducatis in forma predicta. Valeatis. Datum apud Schyreburne, vij Kalendas Decembris, anno supradicto.

Dec. 18.—Institution to the Church of Welsh Bicknor of John de Ledbury, presented by the Prior and Convent of Monmouth.

INSTITUCIO DE BIKENOURE VALENSI.—Thomas, etc., Johanni de Ledebury, presbitero, salutem, etc. Ad ecclesiam de Bykenore Walensem, vacantem, te ad presentacionem religiosorum virorum, Prioris et Conventus de Monemuthe, verorum patronorum ejusdem, admittimus et canonice instituimus in eadem. In cujus, etc. Datum apud Prestebury, xv Kalendas Januarii, anno supradicto.

Dec. 22.—Institution to the Church of Brampton Bryan of Robert de Lacy, subdeacon, presented by the Prior of the Hospital of St. John of Jerusalem in England. Mandate for induction.

BROMPTONE BRIAN.—Thomas, etc. Roberto de Lacy, subdiacono, salutem, etc. Ad ecclesiam de Bromptone Brian vacantem te, ad presentacionem religiosi viri fratris Josep de Cauncy,[1] Prioris Hospitalis Sancti Johannis Jerusalem in Anglia, veri patroni ejusdem, admittimus et canonice instituimus in eadem. Datum apud Ledebury, xj Kalendas Januarii, anno predicto.

Mandatum est Officiali quod mittat eum in corporalem possessionem.

Dec. 22.—Institution to the Chapel of Shipton of John de Ayno, subdeacon, presented by the Prior and Convent of Wenlock. Mandate for induction.

SCHYPTONE.—Thomas, etc., Johanni de Ayno, subdiacono. Ad capellam de Schiptone vacantem te, ad presentacionem religiosorum virorum, Prioris et Conventus de Wenlac, verorum patronorum ejusdem, admittimus et canonice instituimus in eadem. Datum apud Ledebury, xj Kalendas Januarii, anno predicto.

Mandatum est Officiali quod mittat eum in corporalem possessionem.

Dec. 22, 1275.—Institution to the Church of Hope Bowdler of Richard Paterake, subdeacon, presented by Sir Eudo la Zuche. Mandate for induction.

HOPE BOLERS.—Thomas, etc., Ricardo Paterake, subdiacono, salutem, etc. Ad ecclesiam de Hope Bolers vacantem te, ad presentacionem nobilis viri, domini Eudonis la Zuche, veri patroni ejusdem, admittimus et canonice instituimus in eadem. Datum apud Ledebury, anno predicto.

Mandatum est Officiali quod mittat eum in corporalem possessionem.

1—Formerly treasurer of the Hospitallers at Acre, for whom see Matth. Paris, v. 305.
2—The patron had married Milicent, the Bishop's niece. The inquiry ordered on page 16 seems to have been unfavourable to the earlier presentee.

Dec. 22.—Institution to one portion of Llanwarne of Hugh de Redcliff, subdeacon, presented by the Prior and Convent of Llantony Prima. Mandate for induction.

INSTITUCIO PORCIONIS ECCLESIE DE LANDWARAN.—Thomas, etc., magistro Hugoni de Redeclive, subdiacono, salutem, etc. Ad porcionem ecclesie de Landwaran et capellarum ad eandem spectancium, que fuit Gonteri de Beleford, nepotis domini Willelmi de Conflens, Archidiaconi Herefordensis, vacantem, te, ad presentacionem religiosorum virorum Prioris et Conventus Lantonie prime, verorum patronorum ejusdem, admittimus et canonice instituimus in eadem. In cujus, etc. Datum apud Ledebury, xj Kalendas Januarii, anno predicto.

Mandatum est Officiali quod mittat in corporalem possessionem.

Dec. 27.—Licence of non-residence for study in Canon Law or Theology for one year to Robert de Lacy, Rector of Brampton Brian.

BROMPTONE BRIAN.—Thomas, etc., Roberto de Lacy, Rectori de Bromptone Brian, salutem, etc. Tuis supplicacionibus inclinati ut per annum integrum in Jure Canonico vel Theologia studere, et fructus ecclesie tue predicte cum integritate percipere valeas, tibi tenore presencium indulgemus. In cujus, etc. Datum Herefordie, vj Kalendas Januarii, anno predicto.

Jan. 1, 1276.—Renewed appeal to Llewelyn, Prince of Wales, to restore the three villages.

PRINCIPI WALLIE.—Illustri viro, amico in Christo, Domino L[eulino], Principi Wallie et Domino Snaudonie, Thomas, etc. Serenitatem vestram dudum nostris litteris affectuose duximus requirendam ut Chastroke, Astone, et Muletone, villas ad manerium nostrum et ecclesie nostre de Northeledebyry pertinentes, quas diu, non sine anime periculo, tenuistis contra justiciam occupatas, nobis et ecclesie nostre dignaremini reddere sine lite. Vos autem nobis per vestras litteras respondistis quod de dictis villis inquireretis, et nobis inde libenter justiciam faceretis. Cum autem vos super predictarum villarum restitucione nobis facienda iterato nostris litteris rogaremus, ad eas non curastis hactenus respondere. Eapropter, cupientes jura nostre ecclesie, cui juramento astringimur, prosequi nostro posse, nobilitati vestre nunc tercio supplicamus quatinus dictas villas, Dei et Sancte Marie genetricis ejus intuitu, ac pro anime vestre salute, nobis et ecclesie nostre velitis restituere cum effectu. Et quod nollemus vos periculum anime ex detencione earum incurrere, ad restitucionem earum nobis et ecclesie nostre faciendam vos monemus et hortamur in Domino per presentes. Quid super premissis facere vobis placet, nobis, si placet, per latorem presencium vestris litteris velitis rescribere. Valeatis. Datum Kalendis Januarii, anno predicto.

Jan. 4.—Mandate to his Official to hold an inquisition and take due action with regard to John de Ledbury, wrongfully ejected, as he alleges, from the Vicarage of All Saints, Hereford, with the Chapels of St. Martin and Bullinghope, by Emeric, the Chancellor, in the name of John de Aquablanca, self-styled dean, who has conferred them on John de Marcle.

DE VICARIA OMNIUM SANCTORUM HEREFORDIE.—Thomas, etc., Officiali suo salutem, etc. Querelam Johannis de Ledebyry, presbiteri, et vicarii ecclesie Omnium Sanctorum Herefordie, recepimus, continentem quod, cum ipse vicariam eandem simul cum capellis Sancti Martini ultra Wayam et Sancti Petri de Bulengehope eidem vicarie annexis, fuisset canonice assequtus, et ipsam vicariam cum capellis predictis aliquamdiu pacifice possedisset et quiete, Emericus, Cancellarius Herefordie, gerens vices Johannis de Aquablanka, qui se dicit Decanum Herefordie, ipsum vicarium predictis capellis ac fructibus et obvencionibus earundem, de facto cum de jure non posset, contra justiciam spoliavit,[1] easdem capellas Johanni de Markeleye, presbitero, de facto cum de jure non posset, perperam conferendo, in ipsius vicarii et ecclesie sue prejudicium et gravamen non modicum. Quocirca vobis mandamus quatinus vocatis qui fuerint evocandi, quod justum fuerit statuatis in premissis facientes quod decreveritis per consuram ecclesiasticam firmiter observari. Datum apud Prestbyry, ij nonas Januarii, anno predicto.

Fol. 12.

Jan. 15.—Sequestration of Thornbury removed. The Bishop will decide later as to the penalty due for the non-appearance of the Rector, John de Penebroke, at the ordination to which he was cited.

THORNBYRY.—xviij Kalendas Februarii. Dominus relaxaxit Wyntonie sequestrum interpositum in fructibus ecclesie de Thorn-

[1]—Bishop Peter had also usurped and then restored to the Abbey of Gloucester the patronage of St. Peter's in Hereford; his nephew John had now claimed to present to All Saints and St. Martin's, the advowson of which belonged to the Hospital of St. Anthony of Vienne.

byry, quia Johannes de Penebroke, Rector ejusdem, ad Ordines celebratos apud Ledebyry vocatus non venit. Reservavit eciam sibi penam infligendam dicto Johanni pro contumacia supradicta.

Jan. 9.—The Bishop of Norwich is informed that in compliance with his letters dimissory Richard de Kimberley was ordained subdeacon on Ember Saturday before Christmas last past.

R. DE KYNEBURLE.—Venerabili patri in Christo, Domino Dei gracia Episcopo Norwicensi, vel ejus Officiali, Thomas, etc. Noveritis nos, inspectis litteris vestris dimissoriis dilecto nobis Ricardo de Kyneburle, clerico, diocesis vestre, concessis, ipsum Ricardum, die Sabbati proxima quatuor temporum ante Natale Domini preteritum, subdiaconum ordinasse. Et ideo paternitatem vestram devote rogamus quatinus dictum Ricardum permittatis in vestra diocesi in subdiaconatus ordine ministrare. In cujus, etc. Datum apud Lamburne, v Idus Januarii, anno supradicto.

Jan. 20.—Fourth letter to Llewelyn urging restitution of the three villages, no answer having been given to his appeals, notwithstanding the spiritual risks incurred.

PRINCIPI WALLIE.—Illustri viro, amico in Christo, Domino L[eulino], Principi Wallie et Domino Snaudonie, salutem, etc. Reges, regna, principatusque distinctos in terra Princeps omnium esse voluit et permisit, ut jus suum cuique tribuentes Summum Principem inferiores summopere honorarent. Hinc est quod, cum Serenitatem vestram dudum nostris litteris affectuose duximus requirendam ut Chastroke, Astone, et Moletone, villas ad castrum nostrum et ecclesie nostre de Nortledebyry pertinentes, quas diu, non sine anime vestre periculo, tenuistis contra justiciam occupatas, nobis et ecclesie nostre dignaremini reddere sine lite; vos nobis per vestras litteras respondistis quod, cum de dictis villis inquireretis sollicite veritatem et nobis inde libenter justiciam faceretis. Cum autem nos, post aliquanti temporis intervallum, super dictarum villarum restitucione nobis facienda iterato nostris litteris rogaremus, ad eas hactenus non curastis respondere, eapropter cupientes jura Ecclesie nostre, cui juramento astringimur, prosequi toto posse, quia an nostre littere tercio vobis super negocio isto directe, propter varia impedimenta que in itinere ad partes vestras, ut dicitur, accidunt, ad vos pervenerint ignoramus, Nobilitati vestre nunc quarto, cum devocione qua possumus sup-

Fol. 12b.

plicamus quatinus dictas villas, Dei et Sancte Marie genitricis ejus intuitu, ac pro anime vestre salute, nobis et ecclesie nostre velitis reddere cum effectu. Et quia nollemus vos periculum anime ex detencione earum incurrere, ad restitucionem earum nobis et ecclesie nostre faciendam vos monemus et hortamur in Domino per presentes. Ita, si placet, velitis in premissis ad nostrarum precum instanciam operari, ut facto experiamur vos nobis esse vicinum in Domino pariter et amicum. Quid super premissis facere volueritis, nobis per latorem presencium vestris litteris velitis rescribere. Conservet vos Dominus. Datum Wyntonie, xiii Kalendas Februarii, anno predicto.

Jan. 15.—Writ to the Sheriff of Herefordshire directing him to allow the Bishop, like his predecessor, to appoint a bailiff to act as before till the next Parliament, when the question of right should be settled.

PRO BALLIVO HABENDO IN COMITATU HEREFORDIE.—Rex Vicecomiti Herefordie salutem. Monstravit nobis Venerabilis Thomas, Herefordensis Episcopus, quod, cum omnes predecessores sui, Herefordenses Episcopi, usque ad tempus bone memorie Johannis ejusdem loci Episcopi, nuper defuncti, ac eciam idem Johannes aliquamdiu, habuerint et habere consueverint ballivum suum sibi juratum in Comitatu predicto; qui Vicecomitibus qui pro tempore fuerint presentari et per ipsos admitti, ac Domino Regi postmodum juramentum prestare consueverit, ad debita regia infra libertates episcopatus predicti levanda, et alia mandata regia, que dicti Vicecomites eidem ballivo sub sigillis suis retornare solebant, fideliter exequenda ibidem; tibi precipimus quod predictum Episcopum statum predecessorum suorum quo ad hujusmodi ballivum suum habendum in forma predicta de gracia nostra speciali habere permittas usque ad parliamentum nostrum quod erit in quindena Pasche proximo futura, ut et inde, et de consimilibus, de consilio nostro fieri faciamus quod de jure fuerit faciendum. Teste Rege apud Wyntoniam, xv die Januarii, anno regni sui quarto.

Jan. 20.—Giles de Avenbury has retained the Treasurership to which William le Rous was collated by Bishop John when Giles was declared in the Court of the Archbishop to be the rightful Dean. The Bishop requires them both to state their claims and intentions in the matter.

DE MAGISTRO DE AVENEBYRY ET WILLELMO RUSSO.—Thomas, etc., magistro Egidio de Avenebury, et domino Willelmo le Rous,

Canonico Herefordie, salutem, etc., sinceram in Domino caritatem. Intelleximus quod, cum sentencia diffinitiva pro vobis, magister Egidi, in Curia Cantuariensi super decanatu Herefordie lata fuisset, vos eandem acceptastis et fecistis execucioni mandari, ejusque possessionem, quatenus in vobis erat, auctoritate dicte sentencie recepistis et eciam tenuistis; propter quod bone memorie Johannes Episcopus, predecessor noster, thesaurariam Ecclesie nostre merito reputans eo ipso de facto et de jure vacantem, eam domino Willelmo predicto contulit intuitu caritatis; vos autem, ut dicitur, possessionem dicte thesaurarie tenetis, et fructus omnes ejus percipitis; vosque, domine Willelme, ipsius thesaurarie solo stallo retento, Thesaurarius estis tantummodo nominalis. Cum itaque non deceat rerum divina[rum] esse taliter in incerto, possetque nobis et Ecclesie nostre a vobis super collacione dicte thesaurarie, vel per Sedem Cantuariensem vel per Sedem Apostolicam, facile periculum iminere, vobis mandamus quod, tractatu habito inter vos diligenti, nobis ambo respondeatis precise, vos quidem, magister E[gidi], an dicta sentencia pro vobis lata velitis esse contenti; et vos, domine W[illelme], an thesaurariam cum effectu tenere velitis; an velitis ambo vos habere in predictis sicut vos hactenus habuistis; et in summa quid de dicta thesauraria facere proponatis, ut vestro responso habito scire possimus quid super premissis agere debeamus, et qualiter possimus indempnitati vestre et nostre Ecclesie providere. Valeatis in Domino. Datum Wyntonie, xiij Kalendas Februarii.

Nov. 16, 1275.—Royal mandate to the Treasurer and Barons of the Exchequer of Dublin to inquire and take action as regards moneys due to the Bishop in Ireland.

Fol. 13.

HYBERNIA.—E[dwardus], Dei gracia, etc., Thesaurario et Baronibus suis de Scaccario Dublinie salutem. Cum quidam de partibus Hibernie teneantur Venerabili Patri Thome, Herefordensi Episcopo, in diversis debitis, que idem debitores sibi solvere contradicunt, ut accepimus, vobis mandamus quod debitores illos coram vobis venire, et si vobis constare possit per prefatum Episcopum, vel attornatos suos in partibus illis, ipsos debita illa debere, eos ad solucionem eorundem distringi faciatis prout de jure fuerit faciendum. Teste meipso apud Westmonasterium, xvj die Novembris, anno regni nostri tercio.

Jan. 22, 1276.—Writ to the Sheriff of Gloucestershire to summon the Earl of Gloucester to appear in Court in defence of his alleged trespass on the Bishop's Chase, as the bailiffs of Tewkesbury had not acted on the instructions given.

CONTRA COMITEM GLOUCESTRIE.—E[dwardus], Dei gracia, etc., Vicecomiti Gloucestrie salutem. Precipimus tibi quatinus non omittas, propter libertatem de Thekesbyry, quin summoneas per bonos summonitores Gilbertum de Clare, Comitem Gloucestrie et Hertfortdie, quod sit coram nobis in Octabis Purificacionis Beate Marie, ubicunque tunc fuerimus in Anglia, ad respondendum Thome, Episcopo Herefordensi, de placito quare, etc. . . . . gravamen (v. p. 23), et unde tu ipse nobis mandasti in Octabis Sancti Hillarii quod preceperas ballivis predicte libertatis quod summonerent per bonos summonitores predictum Comitem, quod esset coram nobis ad eundum terminum, ad respondendum predicto Episcopo de predicto placito, qui nichil inde fecerunt. Et habeas ibi nomina summonitorum et hoc breve. Teste R[adulfo] de Hengham,[1] xxij die Januarii, anno regni nostri quarto.

Jan. 27.—Nicholas de Hereford is collated to the office of Penitentiary on the condition of continuous residence and personal discharge of the duties.

INSTITUCIO PENITENCIARIE HEREFORDENSIS.—Thomas, etc., Nicholao de Herefordia, presbitero, salutem, etc. Penitenciariam Ecclesie nostre Herefordensis tibi contulimus intuitu caritatis, tenendam et habendam secundum consuetudinem Ecclesie supradicte, ita quod continue in Ecclesia ipsa resideas, et per te ipsum exerceas officium supradictum. In cujus, etc. Datum apud Shyreburne, vj Kalendas Februarii, anno Domini M°CC°LXX° quinto.

Jan. 27.—Mandate to the Hebdomadary to induct Nicholas de Hereford to his stall.

LITTERE EXECUCIONIS.—Thomas, etc., Ebdomadario Ecclesie Herefordensis salutem, etc. Quia penitenciariam Ecclesie Herefordensis dilecto filio, Nicholao de Herefordia, presbitero, latori presencium, contulimus intuitu caritatis, vobis mandamus quod ipsum Nicholaum in corporalem possessionem dicte penitenciarie

---

1—Hengham was made Chief Justice at the age of thirty for his great legal knowledge. He was removed with other judges in 1298, but it was said he only altered in the record one mark to a half for a poor defendant. He was afterwards Chief Justice of Common Pleas.

Episcopi Herefordensis.

vice nostra inducatis, stallum in c[h]oro et locum in Capitulo per consuetudinem Ecclesie nostre assignantes eidem. Valeatis. Datum apud Shyreburne, vj Kalendas Februarii, Pontificatus nostri anno primo.

Feb. 4.—Formal notice taken at Westminster before the Treasurer and others of the following accounts:—

Fol. 13b.

Anno Domini M°CC°LXX° quinto et regni Regis Edwardi quarto, presentibus fratre Josep, Thesaurario Domini Regis, domino Rogero de Northwode. Barone Scaccarii, dominis Ricardo de Herefordia et Ada de Strattone,[1] acta sunt infra scripta apud Westmonasterium, die Martis proximo post festum Purificacionis Beate Marie.

Memorandum of the debts of Bishop John le Breton as Sheriff of Hereford and Keeper of the manor of Abergavenny, and of the surplus of his accounts when he was Keeper of the Wardrobe of Prince Edward.

DE DEBITIS J[OHANNIS] EPISCOPI HEREFORDENSIS.—Memorandum quod, facto visu debitorum Johannis le Bretone, invenitur quod idem J[ohannes] debet Clxvij li. xj s. jd. ob. de tribus debitis de tempore quo fuit Vicecomes Herefordie; et per quemdam rotulum quem Adam de Wyntonia, clericus Regis, misit Thesaurario et Baronibus, per preceptum Regis ei directum, compertum est quod idem J[ohannes] debet lx. li. v s. v d. ob. de arreragio ultimi compoti sui de tempore quo fuit Custos manerii de Bergeveny et trium castrorum. Summa utriusque debiti CCxxvii li. xvi s. vii d. Item, invenitur in quodam rotulo quem idem J[ohannes] misit eisdem Thesaurario et Baronibus quod, audito compoto ejusdem Johannis de garderoba Regis antequam Rex fuit, oneratus est de MDC$_{\text{iiij}}^{\text{xx}}$ li. xii d.; et est summa misarum[2] ejusdem compoti MDCCCClxxii li. xix s. jd.[3] et sic habet de superplusagiis CC$_{\text{iiij}}^{\text{xx}}$xii li. xviii s. ob. De quo superplusagio; si substrahatur predictum debitum, restant lxv li. xvii d. ob., nec potest illud superplusagium allocari sine brevi Domini Regis.

1—Stratton as clerk of the Exchequer shared the disgrace of Judge Hengham and others.
2—*Misarum*, entries to his credit.
3—If for *denarius* we read *obolus* the sum will be right.

Feb. 9.—In the action for trespass between the Bishop and the Earl of Gloucester the bail of Robert de Bayton, the essoiner, is taken for the defendant.

GLOUCESTRIE.—Gilbertus de Clare, Comes Gloucestrie et Hertfordie, versus Thomam, Episcopum Herefordensem, de placito transgressionis per Johannem, clericum, a die Pasche in unum mensem, ubicunque, etc., per plegium Roberti de Beytone, essoniatoris,[1] captum apud Feyreford in Octabis Purificacionis Beate Marie, anno regni Regis Edwardi, filii Regis Henrici, quarto.

Feb. 19.—Institution to Sutton of John de Hodenet, presented by the Prior and Convent of Wenlock, in accordance with the Constitution of the Second Council of Lyons. Mandate for induction.

SUTTONE.—Thomas, etc., Johanni de Hodenet salutem, etc. Ad ecclesiam de Suttone vacantem te, ad presentacionem fratrum Johannis, Supprioris de Wenlake, et Rogeri de Parva Herefordia, Procuratorum fratris Johannis, Prioris de Wenlake, et ejusdem loci conventus, verorum patronorum ejusdem, admittimus in forma Constitucionis in Concilio Lugdunensi per Dominum Gregorium Papam Decimum promulgate; et Rectorem instituimus in eadem. In cujus, etc. Datum Herefordie, xj Kalendas Marcii, anno Domini M°CC°LXX° quinto.

Mandatum est Officiali quod mittat eum in corporalem possessionem.

Feb. 20.—Institution to the Chapel of Cardiston of William de Cardiston, subdeacon, presented by the Abbot and Convent of Wigmore and Robert Corbet.

CARDESTONE.—Thomas, etc. Willelmo de Cardistone, subdiacono, salutem, etc. Ad capellam de Cardistone vacantem te, dilectis filiis Abbati et Conventui de Wygemor[2] per Robertum Corbet, verum patronum ipsius, presentatum, sicut de predicta capella consuevit fieri ab antiquo, secundum formam Constitucionis in Lugdunensi Concilio per Dominum Gregorium Papam Decimum celebrato promulgate, admittimus, et Rectorem institu-

1—*Essonium*, the excuse formally tendered for non-appearance in Court after summons, has been fancifully connected with *exonerare*.
2—The presentation by the patron to the Convent is probably connected with some pension claimed by it from the Rector, as in other cases.

imus canonice in eadem. In cujus, etc. Datum Herefordie, x Kalendas Marcii, anno Domini M°CC°LXX° quinto.

Mandatum est Officiali quod mittat eum in corporalem possessionem.

Dec. 26, 1275.—The King takes under his protection the Priory of Leominster, a cell of Reading Abbey, founded by his ancestors, which is greatly in debt, and gives the custody of its estates to Sir Roland de Harley to provide for necessary wants and the poor.

LITTERA REGIS DE RADINGE.—Edwardus, Dei gracia Rex Anglie, Dominus Hybernie, et Dux Aquitannie, omnibus ad quos presentes littere pervenerint salutem. Si piam intencionem quam progenitores nostri, Reges Anglie, in fundacione domus et Monasterii de Radinge que ab eisdem Regibus immediate noscuntur esse fundata, diligenter in animo revolvamus, ejusdem domus iminentis destruccionis periculo tenemur celeri remedio subvenire, ne dictorum progenitorum in hac parte fraudetur intencio, et ut ipsorum, non solum pro eo quod ipsa domus pro ipsis et nobis nostrisque successoribus fundata extitit, verum eciam tanquam nove fundacionis seu relevacionis domus ipsius auctores atque participes fieri debeamus. Cum itaque domus ipsa sit in multis summis pecunie nonnullis creditoribus obligata, ad quas solvendas absque distraccione rerum et bonorum suorum non sufficit, nisi ipsius et membrorum suorum ad tempus expense superflue resecentur; nos ejusdem domus conpacientes statui, et in eadem et membris Deo serviencium exhoneracioni providere volentes domum seu cellam de Leoministre, Herefordensis diocesis, ad Monasterium predictum de Radinge pleno jure spectantem, cepimus in manum nostram, et in defensionem nostram, veluti ad patronum pertinet ejusdem; ac omnium rerum et pertinenciarum suarum custodiam in temporalibus dilecto nobis Roulando de Herleye, militi, committentes, ac injungentes eidem quod, fructus, redditus, et proventus domus predicte fideliter colligens et conservans, decano et capellanis in eadem Deo famulantibus necessaria in victu et vestitu competenter inveniet, ac pauperibus mendicantibus, secundum quod carte predictorum fundatorum requirunt, ibidem elemosinas eroget intuitu caritatis. Volumus autem quod, resecatis superfluis tam in familia quam expensis aliis, et potissime in supervenientibus juxta Statuti nostri tenorem, residuum reddituum et proventuum prefate domus per ipsum, per visum Abbatis et Prioris de Radinge et aliorum quos ad hoc deputandos duxerimus, in exhoneracionem domus ipsius et non in usus alios convertatur. In cujus, etc. Teste meipso apud Gillingham, xxvj die Decembris, anno regni nostri quarto.

Feb. 22, 1276.—Certificate for writ de excommunicato capiendo *for the contumacy during more than forty days of Thomas, son of Odo of Weston.*

DE EXCOMMUNICATO CAPIENDO.—Reverentissimo Domino suo, Principi magnifico, Domino E[dwardo], Dei gracia Regi Anglie, Domino Hybernie, et Duci Aquitannie, Thomas, eadem gracia Herefordensis Episcopus, se totum, cum omni obsequio, reverencia, et honore. Vestra noverit Celsitudo quod Thomas, filius Odonis de Westone, de Comitatu Herefordie, juris ordine observato, propter suam manifestam offensam excommunicacionis est vinculo innodatus, et in eadem per quadraginta dies et amplius animo perstitit indurato, claves Ecclesie nequiter contempnendo. Cum itaque contra tales eo quod Ecclesia non habet ultra quod faciat, brachium seculare soleat invocari, Celsitudini vestre humiliter supplicamus quatinus dictum Thomam filium Odonis precipiatis secundum regni vestri consuetudinem castigari, donec Deo et Sancte Ecclesie de illatis sibi per eum injuriis satisfecerit competenter. Conservet vos Deus omnipotens per tempora diuturna. Datum apud Sugwas, viij Kalendas Marcii, anno Domini M°CC°LXX° quinto.

June, 1237.—Arrangements defined by Bishop Ralph and confirmed by the Chapter as to the emblements and stock to be left by him and later Bishops to their successors.

LITTERA DE BONIS QUE POST EPISCOPOS HEREFORDENSES DEBENT RELINQUI.—Omnibus Christi fidelibus, etc., Stephanus, Decanus Herefordie, et ejusdem loci Capitulum, salutem in Domino. Ad vestram volumus pervenire noticiam nos inspexisse cartam Venerabilis Patris in Christo R[adulfi], Dei gracia Herefordensis Episcopi, in hec verba—Omnibus Christi fidelibus ad quos presens scriptum pervenerit, Radulfus, Dei gracia Episcopus Herefordensis, eternam in Domino salutem. Noverit universitas vestra nos recepisse a magistro Thoma Foliot, Thesaurario Herefordie, executore bone memorie Domini H[ugonis], predecessoris nostri, quondam Herefordensis Episcopi, sex [et] viginti libras sterlingorum ad terras Episcopatus seminandas

Fol. 15.

Episcopi Herefordensis. 39

et carucas cum stauro, quales in Episcopatu fuerint relicte.[1] Et quia volumus quod tantum beneficium nobis collatum futuris temporibus prosit Ecclesie nostre Herefordie, promittimus nos tantumdem pecunie successori nostro relicturos, nisi fuerint terre nostri decessus tempore seminate. Quod si forte, disponente Domino, contingat nos in fata decedere citra autumpnum, terris seminatis, volumus quod fructus autumpni sequentis cedant in usus successoris nostri cum carucis, stauro, suppellectibus ad culturam terre convenientibus, privilegio Domini Regis Episcopis Anglie concesso non obstante; nullo eciam testamento a nobis aliquando faciendo huic nostre ordinacioni, voluntati, et promissi[s] prejudicante. Volumus eciam et ordinamus, quantum in nobis est, ut omnes successores nostri, futuri Episcopi in Ecclesia Herefordie, ad simile beneficium quale a nobis relictum fuerit imperpetuum obligentur. Et in hujus rei testimonium Decano et Capitulo nostro Herefordensi litteras has patentes direximus, volentes et petentes ut ab eodem Capitulo hec nostra ordinacio confirmetur. Datum anno Domini M°CC°XXX° vij, mense Maio. Nos igitur piam ipsius Patris Venerabilis ac laudabilem voluntatem considerantes, et concessionem et ordinacionem ejus super premissis omnibus ratam et gratam habentes, eam, sicut predictum est, presenti scripto et sigilli nostri munimine confirmamus. Datum anno Domini M°CC°XXX° septimo, mense Junio.

Dec. 1, 1279.—Request to the King to give orders for the release of Robert le Wyne, who was excommunicated and imprisoned by writ of arrest after continued contumacy, but is now absolved.

PRO DELIBERACIONE INCARCERATI ABSOLUTI.—Excellentissimo Principi Domino suo in Christo karissimo, Domino Edwardo, Dei gracia Regi Anglie Illustri, Domino Hybernie, et Duci Aquitannie, Thomas, etc., paratam ad obsequia voluntatem. Cum Robertus dictus le Wyne, de comitatu Herefordie, ultra xl dies in excommunicionis sentencia perseverans, ad rogatum Ecclesie per vestram litteram capcionis in Castro Herefordie carceri mancipatus fuerit, ac in carcere hucusque detentus, licet existens in carcere in forma juris canonice extiterit absolutus; vestram Excellenciam in Domino requirimus et rogamus quatinus Vicecomiti Herefordie per breve liberacionis velitis precipere quod eundem Robertum le Wyne, ab hujusmodi sentencia absolutum et communioni Ecclesie restitutum, liberet a carcere et

---

1—A similar benefaction was made by Peter des Roches, Bishop of Winchester, about the same time; *v.* Register of John de Sandale, p. 631. (Hants Record Society).

libere permittat abire, cum, capcionis et carceris causa cessante, laxari debeant vincula carcerati. Omnipotens vos conservet. Datum apud Bekyntone, primo die Decembris, anno Domini M°CC°LXX°IX°.

Feb. 23, 1276.—Titles of sundry Charters, letters of attorney, and documents of a lawsuit of Bishop John, all relating to lands at Cloppele and Asshe, and now deposited in a chest in the Chapter House under the Bishop's seal.

Iste Carte Herefordie.—Carta J[ohannis], Herefordensis Episcopi, de terra et redditu datis domino Petro de Bromptone et Rogero de Hyntlesham cum mesuagio.

Carta Walteri de la Dene de una forera[1] in campo de Suyndone cum pertinenciis data Ecclesie Herefordensi.

Carta Ivonis de Chikewalle et Lucie uxoris sue de fructibus et exitibus in terra Henrici de Bokynham et Walteri de Haverberge apud Sevenhamptone; finis levatus in Curia Domini Regis super eo, cum quibusdam aliis.

Carta Ade de Moubray de xij denariis annui redditus in villa de Prestebury predicto J[ohanni] Episcopo concessis.

Carta Henrici, filii Roberti de Shipstone, de terra concessa in Cloppeleye[2] Johanni, filio Johannis de Notteclive.

Carta Ivonis de Chykewalle et uxoris sue de terra concessa predicto Episcopo J[ohanni], quam Henricus, filius Roberti de Shyptone, dedit Johanni, filio Johannis de Notteclive.

Carta Willelmi de Cloppele de terra in eadem concessa predicto Episcopo J[ohanni].

Carta Willelmi, filii Johannis de Notteclive, de tenemento, quod pater ejus emerat de Henrico de Bokyngham in parochia de Sevenhamptone, concesso predicto Episcopo J[ohanni].

Cyrografum inter Willelmum de Notteclive et Johannem de Wynchecombe de terra in campis de Cloppeleye.

Carta Roberti, filii Andree de Dychesdone, de terra concessa Willelmo de Notteclive in villa de Cloppeleye.

Carta Ivonis de Cloppele et uxoris sue de terra concessa predicto Episcopo J[ohanni], quam Henricus, filius Roberti de Shyptone, dedit Johanni, filio Johannis de Notteclive.

1—*Forera*, headland stretching transversely to the furrows.
2—This is entered in the list of the episcopal manors in the *Taxatio Nic.*, but afterwards Coddington is named in its place.

Episcopi Herefordensis. 41

Carta Pagani de Moubray de j mesuagio et j virgata terre, cum pertinenciis, concessis Ade de Moubray in Prestebury.

ol. 15b. Carta Willelmi Symonis de Prestebury, de quieta clamatione dimidie virgate terre cum pertinenciis concessis Ade de Moubray in Prestebury.

Carta Walteri de Haverberge de terra et tenementis concessis Johanni de Notteclive in Sevenhamptone.

Carta Willelmi de Notteclive, de j virgata terre in Cloppele concessa Roberto Andrew.

Carta Roberti filii Walteri Cherlot, de j dimidia virgata terre cum mesuagio in Cloppelle.

Carta Henrici, filii Roberti, de terra in villa de Brokhamptone, de Cloppelle, de Wyntewelle, concessa cum mesuagio Johanni de Notteclive.

In alia pixide carta J[ohannis] Episcopi, [et] confirmacio Capituli. Item quieta clamacio Rogeri de Hyntlesham.

Item carta domini Petri de Bromptone, et quieta clamacio ejusdem.

Item quedam littere de attornato. Et omnia predicta sunt de terra de Cloppele et Asshe.

Item cedula continens processum inter Episcopum Thomam et dominum P[etrum] de Bromptone de dictis terris.

Hec reposita fuerunt in ij pixidibus, in arca in capitulo Ecclesie Herefordensis, die Sancte Milburge per Ricardum de Cleyhangre, anno Domini M°CC°LXX° quinto sub signo Episcopi Thome.

Feb. 22.—Mandate of induction to the custody of Humber Church of John de Cava, presented by Thomas Costentyn and his wife Joanna.

HUMRBE.—X Kalendas Marcii mandatum est Officiali quod inducat Johannem de Cava, presentatum per Thomam Costentyn et Johannam uxorem ejus ad capellam de Humbre, in possessionem ejusdem capelle nomine custodie.

March 8.—Memorandum of licence of non-residence for study in Theology or Canon Law for one year in England, or two years in France, to Robert de Shepe, rector of Munslow.

Memorandum quod data est licencia Roberto de Shepe, Rectori ecclesie de Munselowe studendi in theologia vel decretis in loco sollempni, per unum annum in Anglia, vel per duos annos in partibus Gallicanis. Datum apud Wenlake viij Idus Marcii.

Fifth letter to Llewelyn, Prince of Wales, urging restitution of the three villages, and refusing to assent to the proposed inquiry by servants of the Prince.

PRINCIPI WALLIE.—Illustri viro, Domino L[eulino], Principi Wallie et Domino Snaudonie, Thomas, etc., salutem, etc. Meminimus nos prudencie vestre super restitucione Chestroc, Astone, et Moletone, villarum ad Castrum nostrum de Nortledebury pertinencium, nobis et Herefordensi Ecclesie facienda, nostras litteras pluries direxisse. Vos autem nuper vestras litteras destinastis inter cetera continentes quod Ecclesiam nostram, seu aliam, terris aut bonis aliis liquido pertinentibus ad easdem non proponitis spoliare nec injuste occupata detinere; quod quidem responsum gratum haberemus admodum et acceptum, si scriptis facta vestra vellet nobilitas compensare, restituendo nobis et nostre Ecclesie dictas villas, sicut nuper domino Episcopo Assavensi bona et jura que abstuleratis ab eo liberaliter sicut decuit reddidistis, excommunicacionis laqueum formidantes. Quia vero in vestris litteris adjecistis quod per vestros, aliquibus de nostris presentibus, inquireretis super dictis villis plenarie veritatem, et postea faceretis quod esset secundum Deum et justiciam faciendum; nec volumus nec jure prohibente possumus inquisicioni hujusmodi supponere jura nostra, set habentes pro certo sicut novo homini scire fas est, et sicut vos tanquam notorium scire debetis, dictas villas pertinere ad nostram Ecclesiam pleno jure, ac per vos esse illicite occupatas; vobis ut prius omni humilitate qua possumus supplicamus quatinus dictas villas nobis et Ecclesie nostre velitis restituere cum effectu, ne sentencia excommunicacionis, in eos qui Ecclesiam spoliant jure suo provide promulgata, et a Sede Apostolica confirmata vos teneat dampnabiliter alligatos, et ne ad denunciacionem ipsius in vestram personam faciendam compellamur inviti. Et quia in partibus istis per quindecim dies proponimus demorari, velitis super dictis villis vestris litteris aliter letificare cor nostrum quam illud hactenus factum sit per vestra mandata jocundum. Valeatis in Domino. Datum apud Leministre.

Memorandum of the goats in the wood of Brinkestye by Roger de Evesham.

CARTA R. DE EVESHAM.—Memorandum de capris de bosco de Brinkestye de ballivia de Bromyard per R[ogerum] de Evesham.

Episcopi Herefordensis. 43

Copy of a Charter by which Walter Clement was enfeoffed by Bishop Hugh de Foliot of land in Whitborne Manor which was held by William de Hudynton, who was hung for felony, at a rent-charge of three shillings and four pence.

Item hic est feoffamentum suum. Hugo Foliot, Dei gracia Herefordensis Episcopus, etc. Noverit universitas vestra quod nos dedimus et concessimus, et hac presenti carta nostra confirmavimus, Waltero Clement, pro homagio et servicio suo, totam terram cum pertinenciis suis in manerio nostro de Wyteburne quam Willelmus de Hudyntone aliquando tenuit, que nostra escaeta fuit, per latrocinium quod idem fecit pro quo suspensus fuit; tenendum et habendum de nobis et successoribus nostris sibi et heredibus suis, et assignatis suis, in feodo et hereditate, libere et quiete, integre et pacifice, ab omnibus serviciis regalibus et omnibus aliis demandis, sectis, auxiliis et consuetudinibus, que de terra exeunt vel exire poterunt; et in bosco nostro de Brinkestye fuayle sine vasto et husbote et heybote,[1] per visum ballivi nostri, et liberam pasturam omnimodis averiis suis imperpetuum, et in omnibus libertatibus et in locis et rebus; reddendo inde annuatim iij solidos iiij denariis pro omni servicio, consuetudine et demanda et exaccione seculari.

Verdict of a jury of the hundred of Radlowe that John le Blont killed a doe in the park of Ledbury.

Item de parco de Ledebury et transgressoribus ejusdem.

Jurati Hundredi de Radelowe de Ledebyry dicunt quod Johannes le Blont, tunc temporis parcarius, scilicet tempore vacacionis, occidit unam damam in parco de Ledebyry, unde Johannes Legat, Willelmus Faber, Henricus Potel, Johannes Beaulu habuerunt partem de dicta dama cum dicto J[ohanne] parcario.

Also that Henry Baret and seven others took five bucks and does in the park of Colwall.

Item dicunt dicti jurati de parco de Colewelle quod Henricus Baret, David de Treye, Philippus Jurbain, Willelmus filius Johannis de Messyntone, Philippus de Messintone, Willelmus filius Willelmi Camerarii, Walterus filius Roberti de la Putte, et Ricardus de la Hulle, de Colewelle, ceperunt quinque damos et damas in parco de Colewelle.

1—W. Clemant is allowed wood for firing *(fuayle)* and timber for repairs of house *(husbote)* and fences *(heybote)*, without detriment *(vastum)* to the copse, subject to the inspection of the bailiff.

Nov. 14, 1275.—Ordinance of the Bishop respecting the endowment from tithes and lands, together with the oblations and the Rectorial manse, of the Vicarage of Aymestry which has been appropriated to the Abbey of Wigmore. The supply of books and the repairs of the Chancel are to rest with the Abbey.

Thomas, etc. Ecclesiam de Aylmondestria, nostre Herefordensis diocesis, religiosis viris Abbati et Conventui de Wigmore, dicte diocesis, et suis successoribus, ex certis et legitimis causis canonice appropriavimus in usus proprios futuris temporibus possidendam ; et taxacionem vicarie ejusdem ecclesie de Aylmondestria reservavimus, prout in litteris hiis evidenter apparet ; nos pensatis et consideratis ecclesie fructibus et obvencionibus necnon oneribus ad eandem spectantibus vicariam eandem modo subscripto duximus ordinandam. In primis ordinamus quod vicarius qui pro tempore fuerit in eadem ecclesia de Aylmondestria institutus per nos et successores nostros ad presentacionem Abbatis et Conventus de Wigmore et successorum suorum, in ecclesia predicta personaliter faciat continuam residenciam, et quod idem vicarius et successores sui habeant domos ecclesie quas solebant habere rectores ibidem pro manso suo. Item ordinamus quod vicarius et successores sui habeant pratum, cum quadam particula gardini, dictis domibus annexum ; et pratum diaconi sive campanarii suo prato annexum cum certis terris arabilibus nuper in manibus diaconi sive campanarii, quod pratum et terre fuerunt pratum et terre diaconi sive campanarii. Item octo modulos tritici puri et octodecim modulos avenarum recipiendos singulis annis de decimis majoribus bladi de Leintall Comites[1] dummodo vicarius dictus et successores sui invenerint campanarium in dicta ecclesia ; item decimas majores omnes bladi sive frumenti, cujuscunque generis sint, in Shorley et Woodarton : item decimas de majoribus garbis cujuscunque generis bladi in clausuris pasturis separalibus ac veteribus pratis crescentis, et burgagiis aratro cultis tocius parochie de Aylmondestria : item linum, fabam, lanam, agnos, vitulos, lac, mel, ceram, columbas, porcillos, aucas, pullos, oblaciones, mortuaria, denarios missales, et alias minores decimas, que ad alteragium dinoscuntur spectare : item decimam feni et pomorum et aliorum fructuum tocius parochie : item ovorum proveniencium in Pasca decimam : item decimam silvarum ceduarum tocius parochie : item decimam molendinorum omnium, cujuscunque generis sunt, in dicta parochia : item oblaciones in purificacione feminarum agentum et oblaciones in sponsalibus, cum

---

1—Leinthall Earles, which belonged to the Mortimers, is said to have taken its name from the Earls of March. But the entry in the Register is earlier than the title. The name was given probably in Saxon times. The *Comites* of the text seems the Latinizing of a familiar name, in which the possessive case was mistaken for a plural.

Episcopi Herefordensis. 45

herbagiis cimiteriorum de Aylmondestria et Leintall Comites et decimam herbagii in parco de Gatleye sive decimas carnis ferine in eodem: item decimam pannagii tocius parochie et gardinorum. Item ordinamus quod dictus vicarius et successores sui subeant et agnoscant omnia onera ordinaria et extraordinaria dicte ecclesie incumbencia, excepta reparacione et reformacione cancelli dicte ecclesie de Aylmondestria et invencione librorum in eadem; que quidem onera dicti Abbas et Conventus de Wigmora et successores sui imposterum sustinebunt. Datum apud Londonias decimo quarto die Novembris anno Domini M°CC°LLX° quinto pontificatus nostri primo.

April 6, 1276.—Licence of non-residence for study in Canon Law or Theology at Paris granted for two years to Edmund de Ba, Rector of Westbury.

WESTBURY.—Data est licencia Edmundo de Ba, Rectori ecclesie de Westbury, studendi Parisius in Decretis vel Theologia per biennium. Datum apud Marchulle viij Idus Aprilis. Et debet dari elemosnia in dicta parochia ad arbitrium Episcopi.

Licence of non-residence for study at Oxford for one year granted to the Rector of Clun.

CLONE.—Data licencia Rectori ecclesie de Clone studendi per annum Oxonie. Datum apud Markhulle.

April 8.—Licence of non-residence for study for two years granted to Gonter de Naves, rector of Byford.

BUFORD.—Thomas, etc. Gontero de Naves, Rectori ecclesie de Buford salutem, etc. Ut per biennium scolasticis insistere disciplinis, ac medio tempore fructus, redditus, et proventus dicte ecclesie tue de Buyford cum integritate percipere valeas, tenore presencium liberam tibi concedimus facultatem; proviso quod interim dicte ecclesie facias per ydoneum vicarium deserviri, et animarum cura in ea nullatenus negligatur. In cujus, etc. Datum apud Bosebury die Mercurii proximo post Pascha anno Domini M°CC°LXX° sexto Pontificatus nostri anno primo.

April 14.—Mandate to the Rural Dean of Pontesbury to excommunicate in neighbouring Churches certain evildoers who had committed outrages in Lydbury North, assaulting the Bishop's men who were impounding stray cattle.

PONTESBURY.—Thomas, etc., Decano de Pontesbury salutem, etc. Intelleximus quod quidam iniquitatis filii sue salutis immemores, nuper in quosdam homines nostros familiares de castro nostro de Ledebury North, in pastura nostra et bosco nostro de Astwode ad idem castrum pertinentibus, nostrum commodum procurantes et jure nostro utentes, insultum fecerunt, et quendam equum nostrum graviter vulnerarunt, bovesque et oves que iidem homines nostri in dampno nostro tam pasture quam bosci invenerunt, et que voluerunt propter hoc legitime imparcasse, armata manu abstulerunt ab eis, in nostrum et Ecclesie nostre contemptum, dampnum, prejudicium, et gravamen et suarum periculum animarum. Quocirca vobis mandamus, in virtute obediencie firmiter injungentes quatinus ad vicinas ecclesias, assumptis vobiscum vicariis aut capellanis quot et quos duxeritis eligendos, personaliter accedatis, et omnes predictos transgressores ac complices eorumdem, competenti monicione premissa, excommuni-catos denuncietis in genere, et in omnibus ecclesiis Decanatus vestri denunciari faciatis publice sic ligatos, donec de predicta injuria nobis et Ecclesie nostre satisfecerint competenter. De nominibus etiam malefactorum diligenter et sollicite inquiratis, et eorum nomina quos per inquisicionem culpabiles inveneritis in premissis nobis, aut Officiali nostro, infra mensem in scriptis sub sigillo vestro faciatis habere. Qualiter autem mandatum nostrum in hac parte fueritis executi nobis, vel Officiali, infra mensem fideliter per vestras litteras intimetis. Datum apud Prestebury xviij Kalendas Maii.

Fol. 17.

Like Mandate to the Rural Dean of Clun.

CLONE.—In eadem forma mandatum fuit Decano de Clone.

March 27.—Letter to the Priory of Leominster, following a formal visitation, forbidding it to lock the Church doors and prevent access for parochial uses, as had been done to the discouragement of reverence and devotion, and the danger of those who came for sanctuary within. The Church must not be used for secular purposes on holy days. The use of the bells must not be stopped nor almsgiving curtailed.

PRIMA LITTERA LEOMINISTRE.—Thomas, etc. Priori et Conventui Leoministrie, etc., Visitacionis officii debitum in ecclesia parochiali

Leominístrie, quam in proprios usus habere dicimini, prout incumbens nobis cura requirit quatenus potuimus nuper executi, quedam vos et Prioratum vestrum contingencia in ipsa visitacione que, tanquam notoria et manifesta, correcione et reformacione digna, vobis seriatim ut capitulando innotescimus. Licet enim ecclesia vestra predicta, sicut et omnes alie ecclesie materiales, omnibus Christi fidelibus, et maxime ipsius ecclesie parochianis, jure publico esse debeat communis, ut singulis horis tam diurnis quam nocturnis, quociens opus fuerit, liber pateat accessus ingredi volentibus ad eandem ; versus tamen vestram predictam ecclesiam quandam portam in usus vestros deputatam esse invenimus, per cujus porte clausuram certis horis per vos ad hoc assignatis, tam tempore yemali quam estivali, mala quamplurima retro temporibus contigerunt, et adhuc singulis diebus et noctibus iminent et iminere poterunt in futurum. Ecce enim karissimi quod sanctissimum Corpus Christi et immaculatum, dum in ecclesia ipsa, propter predicta, continue reponi non potest, in loco non sacro, forte lutoso et minus honesto, et quasi cum modica vel nulla reverencia tam magnum tam nobile misterium reponitur, in tocius cleri scandalum non modicum, et contra Christiane fidei religionem, ac eorum que super reverenda tanti misterii disposicione a sanctissimis Patribus hactenus noscuntur esse statuta. Ecce similiter quod sacramentum baptismi, omnium sacramentorum janua, ingredientes sanctificans et ab originali peccato emundans, aliquibus horis ob predicte porte impedimentum in ea, prout deceret, forte morientibus conferri non potest ; quod honestius in locis sacris quam in privatis vel prophanis singulis horis esset conferendum, si hoc vires permitterent baptizandi. Item confuge ad ecclesiam immunitatis habende causa, ex dicte porte clausura in urgenti necessitatis articulo plerumque paciuntur repulsam, per quod aliquos retrotemporibus oportuit ultimum subire supplicium, prout ex testimonio fidedignorum hoc didicimus competenti. Acciditque frequenter quod ministri ecclesie dicte obsequia in ecclesia exequi memorata, ac parochiani orare et preces Altissimo effundere pro suis peccatis affectantes, per dictam portam exclusi, dum ingredi nequeunt diutina stacione ibidem tedio affecti, ad loca sua revertuntur ; per quod eorum devocio in talibus frigescit, et ecclesia ipsa, non sine gravi periculo, sepius suis debitis defraudatur, et ex hoc animarum cura indubitanter negligitur in eadem. Hec et alia quamplurima pericula iminent, et iminere poterunt, si memorata porta in pristino statu remaneat, prout omnia premissa oculata fide perpendere potuimus satis evidenter. Ad hec cum in singulis ecclesiis parochialibus hujus regni certis horis campane pulsari consueverint, ut ita fidelium excitata devocio memoriam habere valeat divinorum, et parochiani ad sacra Dei Templa libencius accedant, veniam pro suis excessibus petituri, divinaque officia, prout moris est, ibidem pariter audituri, admirari non cessamus quia in tam magna tamque celebri parochia hujusmodi pulsaciones fieri non dicuntur; set quamquam sumptibus ipsorum parochianorum, ut audivimus, campane ibidem extiterant comparate in usus vel utilitatem ipsorum, nullo tempore pulsantur, nec ad eorum excitacionem pulsari a vobis aliquatenus permittuntur; ex quo aliud malum interdum contingit, quod administratores ejusdem ecclesie statutis horis propter ipsarum incertitudinem, Creatori suo debita obsequia, ut tenentur, non impendunt. Intelleximus itaque, quod diebus Dominicis et Festivis, quibus soli Deo esset vacandum, cure seculares et placita vestra in temporalibus per vos agitatis, et per alios facitis et injungitis agitari; per quod alii magnates, laici et potentes, dictis temporibus illud idem facere non formidant, perniciosum exemplum a vobis sumentes, ut dicitur, in hac parte. Preterea cotidianas distribuciones et elemosinas vestri Prioratus pauperibus et egenis erogandas in certis proventibus, redditibus, et possessionibus ad hoc antiquitus assignatas, pro magna parte nonnulli hiis diebus per vos constanter asserunt esse subtractas quod vobis periculosum nimis esse estimamus, et nos illud, novit Deus, grave valde gerimus et molestum. Quia igitur premissa et hiis consimilia conniventibus oculis dissimulando tolerare non possumus nec debemus, vos rogamus et exortamur in Domino, in virtute obediencie qua tenemini, sub pena canonice districcionis firmiter nichilominus injungendo quod citra instans festum Sancte Trinitatis predicta omnia et singula modis omnibus rite corrigatis, ut in statum debitum, Deo et Ecclesie placentem, sine ulteriori dilacione digne et laudabiliter reducere et reformare curetis, ne aliqua dura vel aspera, occasione contemptus vel inobediencie in premissis, contra vos extunc statuere nos oporteat; quod pro certo admodum faceremus inviti. Modum vero correccionis in aliquibus premissorum vobis meminimus viva voce plenius expressisse. Alia vero multa, tam in ecclesiis vestris quam capellis, et familiaribus infra septa[1] domus vestre commorantibus, in ipsa visitacione invenimus esse corrigenda; quorum correccionem nobis et Officiali nostro, quamcicius vacare poterimus, specialiter duximus reservandam. In premissis autem corrigendis et reformandis vos ita solicitos et curiosos exibeatis ut in die stricti Judicii ab omnium bonorum

1—In MS. *scepta*.

Largitore dignam retribucionem recipere possitis, et nos ex vestra diligencia paterno affectu ad grates merito teneamur speciales. Valeatis semper in Domino. Datum apud Ros, vi Kalendas Aprilis, Pontificatus nostri anno primo.

Copy of an ordinance of Gilbert Foliot (Bishop, 1148) sanctioning the appropriation of Great Cowarne Church to the Abbey of St. Peter, Gloucester, to provide light and ornaments, and exempting the Abbey from synodals and procurations.

TRANSCRIPTA PRIVILEGIORUM ABBATIS ET CONVENTUS GLOCESTRIE TANGENTIUM ECCLESIAS SUAS IN DIOCESI HEREFORDENSI.—Omnibus fidelibus Ecclesie G[ilbertus] Foliot, Herefordensis Episcopus, W. Decanus cum toto Capitulo Herefordensi salutem in Domino. Noveritis nos, Episcopali dignitate et auctoritate Herefordensis Ecclesie, ex dono nobilis viri Bernardi de Novo Mercato[1] et ad instanciam multorum nobilium, dilectos filios nostros, Abbatem et Conventum Beati Petri Gloucestrie in ecclesia Sancte Marie de Coura impersonasse, atque plenum personatum eisdem concessisse, ad luminaria et ornamenta sancte Ecclesie beati Petri invenienda, per manum sacriste qui pro tempore fuerit. Ita quod idem sacrista de prefata ecclesia de Coura nomine personatus quindecim marcas annuas percipiet, donec ecclesia dicta vacaverit; qua vacante licebit prefato sacriste illam ingredi et pacifice possidere, absque alicujus impedimento, dummodo capellanus sive vicarius ibidem ministrans sufficientem atque honestam habeat sustentacionem ad valenciam decem marcarum; et totum residuum convertatur in usus proprios dicti sacriste, secundum quod melius disposuerit. Concedimus eciam eidem ut quietus sit ab omni decimacione de manerio suo de Rodele, similiter et de Hyda, preter duos solidos annuos ecclesie de Yarkhulle ex antiquo persolvendos. Volumus etiam et concedimus ut Abbas Gloucestrie quietus sit ab omni nostra Synodo et qualibet procuracione spectante ad Episcopum Herefordensem racione ecclesiarum habitarum in Episcopatu Herefordensi; et hoc facimus propter fervorem honeste religionis quam florere novimus, et non sine fructu, in Monasterio Gloucestriensi. Ex decreto itaque tocius Synodi nostre, in Ecclesia Herefordensi solempniter celebrate, publice excommunicavimus omnes qui aliquo tempore contra ipsam nostram ordinacionem atque confirmacionem dictis monachis concessam

---

[1]—Bernard Newmarch, from Neumarché, in Normandy, came over with the Conqueror, and "used a soldier's licence to appropriate the territory of Brecknock."—*Freeman.*

veniant vel venire presumpserint; unde et hanc cartam nostram sigillis nostris ita communivimus, presenti et teste nostra Synodo Herefordensi.

Confirmation of the same by Hugh Foliot (Bishop, 1219) after inquiry from the Vicar.

Universis Sancte Matris Ecclesie filiis, Hugo Folyot, divina permissione Herefordensis Episcopus, Radulfo Decano cum toto Capitulo Herefordensi, salutem. Sciatis nos inspexisse cartam bone memorie G[ilberti Folyot], quondam Herefordensis Episcopi, cum assensu Capituli nostri; in qua continetur ipsos ecclesiam beate Marie de Coura Monasterio Beati Petri Gloucestrie concessisse et in proprios usus confirmasse, ad luminaria et ornamenta ejusdem Monasterii invenienda per manus sacriste ejusdem loci. Et cum nostrum sit rigare quod predecessores nostri plantaverint,—sic enim eadem gracia que plantatori etiam debetur nutritori;—ratam igitur habentes illam donacionem, autoritate qua freti sumus et potestate, eandem firmiter concedimus et confirmamus omni eo modo quo carta illa protestatur et in omnibus. Et cum aliquantulum hesitaremus an ut persona vel ut vicarius magister Willelmus de Glouceſtria dictam ecclesiam de Coura possideret, idem magister, super hiis diligenter a nobis requisitus sub gravi juramento fatebatur se tantum vicarium existere, et de dicta ecclesia in xxxv marcis annuis se obligari sacriste Gloucestrie et illi in tanta pecunia annuatim respondere. Ut igitur nulli posteritati istud vertatur in dubium, dicimus, volumus, et concedimus ut memoratus sacrista ecclesiam suam de Coura ingrediatur, et in manu sua retineat quodcunque voluerit, salva sufficienti et honesta sustinacione unius capellani seu vicarii in dicta ecclesia ministrantis. Et sint predicti Abbas et Conventus quieti a Synodo nostra sequenda, similiter ab omni procuracione que spectet vel spectare possit ad Episcopum Herefordensem visitando ecclesias ad dictum Monasterium pertinentes in diocesi Herefordensi. In cujus rei concessione et confirmacione huic presenti scripto sigilla nostra fecimus apponi. Et inhibemus ex parte Dei ne quis contra istam concessionem et confirmacionem obviare presumat sub pena illa que expressa est in carta illa quam prediximus, a Domino G[ilberto] Foliot, predecessore nostro, sepefato Monasterio confecta et collata. Teste toto Capitulo nostro.

March 11, 1272.—Confirmation of the same by John le Breton.

Omnibus Sancte Matris Ecclesie filiis Johannes, Dei gracia Herefordensis Ecclesie minister humilis, salutem in Domino. Quoniam religiosorum loca, etc. Insuper collaciones, concessiones, confirmaciones et omnes alias libertates tam a predecessoribus nostris quam ab omnibus aliis quibuscunque eisdem religiosis in nostra diocesi concessas eisdem Abbati et conventui Sancti Petri Gloucestrie, absque nostra successorumve nostrorum reclamacione, contradiccione, seu qualibet perturbacione, Episcopali auctoritate in usus proprios concedimus, et nunc et prius concessa confirmamus ; salva Episcopali et Herefordensis Ecclesie dignitate. Datum Herefordie, V Idus Marcii, anno gracie M°CC°LXXJ°, pontificatus nostri anno tercio.

April 30, 1276.—Institution to the Vicarage of Yazor of Simon de Fekham, priest, presented by the Priory of Llantony prima. Mandate of induction.

JAUESAUERE.—Thomas, etc., Symoni de Fekham presbitero, salutem, etc. Ad vicariam ecclesie de Jauesauere vacantem, ad presentacionem Prioris et Conventus Lantonie prime, verorum patronorum ejusdem, [te] admittimus et canonice instituimus in eadem. In cujus, etc. Datum Londoniis, ij Kalendas Maii.

Mandatum est Officiali quod mittat eundem in corporalem possessionem.

May 8.—Adjournment of the payment of one hundred shillings due from the Earl of Hereford for a relief of the manor of Little Hereford.

COMES HEREFORDIE.—viij Idus Maii datus est respectus Comiti Herefordie usque ad quindenam Sancti Michaelis de centum solidis, quos recognovit in Scaccario Domini Regis se debere domino Episcopo nomine relevii pro manerio de Parva Herefordia quod idem Comes tenet de dicto Episcopo.

May 7.—Licence to Brother John of the Hospital de Alto Pascio to collect alms in the diocese.

ALTUS PASSUS.—Memorandum quod frater Johannes de Camera, frater Hospitalis de Alto Passu[1] habuit litteras Domini sub data apud

---

1—The Hospital at Alto Pascio was about halfway between Lucca and Pistoia. Its collectors were often licensed to receive alms in English dioceses.

Westmonasterium, Nonis Maii, anno Domini M°CC°LXX° sexto, pro elemosinis fidelium in Herefordensi diocesi colligendis, et fideliter repromisit quod dictas elemosinas colliget et convocaciones suas faciet, salvo in omnibus commodo animarum, sub pena ablacionis omnium bonorum que in dicta diocesi, elemosine nomine, ipsum continget acquirere.

Another copy of the writ of Oct. 25, 1275, printed above.

Breve Domini Regis per quod Episcopus Herefordensis implacitat Comitem Gloucestrie de Chacia Malvernie.

The Bishop's Proctors in the suit against the Earl of Gloucester were Robert de Kemseye and John de Hampton, of whom the former was removed in the octave of St. Hilary.

Episcopus ponit loco suo in placito predicto Robertum de Kemeseye, vel Johannem de Hamptone : postea Episcopus ammovit Robertum de Kemeseye, apud Wyntoniam, in Octabis Sancti Hillarii et posuit loco suo . . .[1]

The Sheriff of Hereford returned that the Earl of Gloucester could not be summoned in the County of Herefordshire. Mandate therefore sent to the Sheriff of Gloucester to summon.

HEREFORDIA.—A die Sancti Martini in xv dies, Vicecomes Herefordie retornavit coram Rege quod Comes Gloucestrie nichil habuit in Comitatu Herefordie ubi posset summoneri, et testatus est quod habet in Comitatu Gloucestrie. Ideo [preceptum est] Vicecomiti Gloucestrie quod summoneat eum quod sit coram Rege in Octabis Hillarii.

The Sheriff of Gloucester instructed the bailiffs of the liberty of Tewkesbury to summon, but they took no action. Renewed mandate to summon.

GLOUCESTRIA.—Ad diem illam Vicecomes Gloucestrie retornavit quod preceperat ballivis libertatis de Thekesbury qui nichil inde fecerunt. Ideo preceptum est Vicecomiti quod non omittat propter libertatem etc., quin snmmoneat eum quod sit coram Rege ubicunque etc. in Octabis Purificacionis etc.

1—The name was not written here.

Feb. 9.—The Earl of Gloucester was essoined, and the case adjourned.

GLOUCESTRIA.—Ad diem illam Episcopus optulit se versus eundem, et Comes fuit essoniatus de malo veniendi;[1] habuit diem coram Rege ubicunque, etc., a die Pasche in unum mensem.

The Earl not appearing in Court has to provide bail for appearance later.

GLOUCESTRIA.—A die Pasche in unum mensem Episcopus optulit se versus eundem Comitem, et ipse non venit. Judicatur quod ponatur per vadium et salvos plegios ita quod sit coram Rege ubicunque etc. in Octabis Sancte Trinitatis etc. ad respondendum dicto Episcopo ut supra, et ad ostendendum quare non servavit diem sibi datam per essoniatorem suum a die Pasche in unum mensem, sicut sibi preceptum fuit.

Ample time has been allowed for the adjournments, but the neglect of the bailiffs of Tewkesbury has caused delay, and a shorter interval is now fitting in the interest of the Bishop.

Nec potest occasionari assignacio istius diei propter suam brevitatem, cum contineat mensem perfectum, et Judices ex officio suo tales dies assignare consueverunt. Hic autem Rex et Consilium suum Justiciariis mandaverunt quod in istis dilacionibus, que merito sunt artande, graciam facerent Episcopo quam possent, dum tamen parti adverse expressam injuriam non inferrent. Item quod dictus Comes coram Rege et suo Consilio, necnon et domino R[adulfo] de Hengham, et Justiciariis fere omnibus comparuit placitando, et diem assignatum assumendo respondere videbatur, vel contemptum facere in non respondendo; racione cujus contemptus merito debuit habere brevem diem. Item per defectum ballivi libertatis dicti Comitis de Thekesbury, qui mandatum vicecomitis non exequitur sicut deberet, perdit multociens dictus Episcopus dies suos. Et propterea non est mirum si Episcopus in brevitate dierum allevietur.

June 12.—Writ to the Sheriff of Gloucester to distrain on the Earl and have him in Court on July 8.

Edwardus, etc., Vicecomiti Gloucestrie salutem. Precipimus tibi quod distringas Gilbertum de Clare, Comitem Gloucestrie et Hert-

---

1—This *essonium* was a plea of accident or involuntary delay on the road, as distinguished from *essonium de malo lecti*, the plea of illness at home.

fordie, per omnes terras et catalla sua in balliva tua, ita quod nec ipse, nec aliquis per ipsum manum apponat donec aliud a nobis inde habueris preceptum. Et quod de exitibus eorumdem nobis respondeas. Et quod habeas corpus ejus coram nobis a die Sancti Johannis Baptiste in xv dies, ubicunque tunc fuerimus in Anglia, ad respondendum Thome, Episcopo Herefordensi, de placito quare, etc. . . . gravamen (v. p. 23). Et ad audiendum judicium suum de pluribus defaltis. Et habeas ibi hoc breve. Teste W. de Hoptone, apud Westmonasterium, xij die Junii, anno regni nostri quarto.

The Earl appears in Court at Westminster and prays view of the lands where he claims the right to hunt.

Placita coram Rege a die Sancti Michaelis in quindecim dies, apud Westmonasterium, anno quarto. Gilbertus de Clare, Comes Gloucestrie et Hertfordie, in misericordia pro plurimis defaltis versus Thomam, Episcopum Herefordensem.

Item Gilbertus attachiatus fuit ad respondendum eidem Episcopo de placito, quare, etc. Unde queritur quod, cum predecessores sui, scilicet quidam Radulphus de Maidenestan, Episcopus Herefordensis, et Petrus de Aqua Blanca, successor ejus, ejusdem loci Episcopus, fuerunt in seisina, racione et jure Ecclesie Sancti Ethelberti[1] Herefordie de predicta Chacia tempore Regis Henrici, patris Domini Regis nunc, capiendo in eadem Chacia cervum et cervam, damum et damam, cheverillum, murilegum,[2] leporem, et omnes alias feras que ad liberam Chaciam pertinent; et que Chacia est propriumsolum ipsius Episcopi, racione juris Ecclesie sue predicte, et hominum suorum, in quorum solo et boscis predictus Episcopus predictam Chaciam habere debet, scilicet in solo Walteri de Chavenham, Walteri filii Richardi de Middletone, Thome de Goldhulle, Willelmi Osgot, Roberti de Madine, hominum predicti Episcopi. Et sic injuriam predecessori predicti Episcopi et Ecclesie sue predicte factam continuavit usque nunc. Et Comes venit et petit visum de tenemento unde petit Chaciam. Habeat. Dies datus est eis a die Sancti Martini in quindecim dies. Et interim etc.

1—In MS. *Athelberti.*   2—*murilegum*, mouse-catcher, or cat.

Details of the proceedings in the Suit, with the adjournments, from November till the following Michaelmas.

HEREFORDENSE ESSONIUM.—A die Sancti Martini in xv dies Gilbertus de Clare versus Thomam Episcopum Herefordensem de placito Chacie perdit

Dies a die Sancti Hillarii in xv dies, ubicunque, etc.

A die Sancti Hillarii in xv dies apud Wygorniam Thomas, Episcopus Herefordensis, optulit se versus Gilbertum de Clare, Comitem Gloucestrie et Hertfordie; et ipse per attornatum suum comparuit, et Episcopus placitavit versus eum de Chacia, ut patet in alia parte; et Comes et Episcopus posuerunt se in inquisicionem. Habuerunt diem a die Pasche in tres septimanas. Et preceptum est Vicecomiti Herefordie quod venire faceret ad diem illam tam milites quam alios xij liberos et legales homines de visoribus de Colewelle et Estnoure, et qui nec Thomam, Episcopum Herefordensem, nec Gilbertum de Clare, Comitem Gloucestrie et Hertfordie, aliqua affinitate attingant, ad recognoscendum super sacramentum suum.

A die Pasche in tres septimanas optulit se versus Gilbertum de Clare, Comitem de Gloucestrie et Hertfordie, et Johannes de la More attornatus dicti Comitis fuit essoniatus dicto die versus dictum Episcopum. Habuerunt diem a die Sancte Trinitatis in xv dies. Et preceptum fuit Vicecomiti quod haberet corpora talium recognitorum ad dictum diem. Et quod Vicecomes haberet ad dictum diem tot et tales, ne jurata illa remaneat capienda pro defectu juratorum.

A die Sancte Trinitatis in xv dies loquela remansit sine die propter expedicionem exercitus domini Regis versus Walliam. Novum breve quod loquela resumatur [et] quod Comes sit apud Salopiam coram tenentibus locum Regis in Octabis Sancti Michaelis. Tenor dicti brevis talis est,—Vicecomiti Gloucestrie salutem. Summoneas per bonos summonitores Gilbertum de Clare, Comitem Gloucestrie et Hertfordie, quod sit coram nobis, vel locum nostrum tenentibus, apud Salopiam in Octabis Sancti Michaelis, [ad] audiendum recordum et judicium suum de loquela que fuit in curia nostra coram nobis inter Thomam, Episcopum Herefordensem, querentem, et predictum Comitem, de placito quare predictus Comes non permittit ipsum habere liberam Chaciam in terris ipsius Episcopi de Colewelle et Estenoure in Comitatu Herefordie. Ita quod loquela illa tunc sit ibi in eodem statu in quo fuit quando atterminata fuit coram nobis a die

Sancte Trinitatis in xv dies, ubicunque tunc essemus in Anglia, et que postea remansit sine die propter expedicionem exercitus nostri in Walliam. Et habeas ibi summonicionem et hoc breve. Teste etc.

Jan. 15, 1278.—Circular letter to the Prelates from Pope Nicholas III announcing his election at Viterbo on S. Catherine's Day, and his reluctance which was overruled. He asks for their prayers, and desires that bare necessaries only may be given to the letter carriers.

Fol. 19.

Nicolaus Episcopus,[1] Servus Servorum Dei, Venerabilibus Fratribus Archiepiscopo, Episcopis, et dilectis filiis Abbatibus ac aliis Ecclesiarum Prelatis per Cantuariensem Provinciam constitutis, salutem et apostolicam benediccionem. Immense Dominus potencie, qui mundum per se condidit, per se regit, nec eget extrinsecus quesitis auxiliis ad regendum, qui non eguit ad condendum; quem enim, Sacra Scriptura testante, alium constituit super terram, aut quem alium posuit super eum quem fabricatus est orbem? profecto nullum; set ipse solus regiminis et gubernacionis est princeps qui creacionis extitit solus actor; ipse quidem Ecclesie Catholice, peculiaris proculdubio domus sue, peculiaris eciam civitatis, solus edificator et custos; ad cujus sine ipso custodiam seu structuram frustra edificantes alii laborem assumerent, frustra custodes ceteri vigilarent, tanto magis eam specialis regiminis et custodie cura prosequitur quanto majori singularitate construxit; siquidem cetera verbo creans dixit, et facta sunt, Ecclesiam vero non solum verbi expressione set et sui preciosi sanguinis effusione fundavit; ad hujus autem specialitatis evidenciam discipulis suis, quos ejusdem Ecclesie jecit velud precipua fundamenta, Ego, inquiens, vobiscum sum usque ad consumacionem seculi, sue virtutis asistenciam repromisit; et ipsi Ecclesie in apostolorum principe, cui cujusque successoribus commisit ejusdem regiminis vicariam, ait, Ego pro te rogavi, Petre, ne deficiat fides tua; eandem insuper vicariam sic esse voluit vicissitudinarie successionis continuacione perpetuam, ut, quamquam ipsi vicarii, ex humane fragilitatis condicione legi mortalitatis addicti, vite presentis occasum imperio mortis incurrerent, ipsum tamen vicariatus officium, substituendorum vicibus, immortale, perpetuum remaneret. Proinde sepefata Mater Ecclesia interdum, utili desponsata pontifici, nupcialibus ornata monilibus, sub sponsi sui ducatu, ejusdem rectoris omni dirigente potencia, leta deducitur, interdum vero in pastoris

1—This letter of Nicholas III, with a different ending as addressed to King Edward, is to be found in "Rymer," January 15, 1278.

subtracti carencia, viduitatis amictu circumdata, oculis resolutis in lacrimas, ejus sibi queritur adempta solacia, lamenta de illius subtraccione multiplicat, et anxia pro alterius substitucione laborat; Eo quandoque prolixius quo, hiis quorum interest cum omni diligencia sollerter ac instanter ejusdem Ecclesie provisioni vacantibus nichilominus tamen vacacionis prolixitatem ingerit occurrencium casuum qualitas aliarumque circumstanciarum necessitas, non instancium negligencia vel voluntas. Et licet interim eadem Ecclesia, dum ad edicionem spiritualis patris, filii, sponsique votivam enititur, parturientis partes experiens, conatus prosequens et molestias perferens, acerbos dolores senciat, instar illius tamen consulcius ydoneum pariendi tempus expectat, ne inconsulte festinancie impetu partum precipitet in abortum. Sic igitur presumptuosa judicia murmurancium in Ecclesie provisione quamsepe indigne arguunt tarditatem. Nam etsi de providendo utiliter eidem Ecclesie in generalitate quadam sint eligencium vota concordia, tamen dum singulariter ad id persona idonea queritur, in hoc nimirum querencium judicia facile non concordant, set et nonnunquam occulta forsan Dei disposicione postponendus eligitur et postponitur preferendus; sicut hiis accidisse diebus ex nostrorum defectuum consideracione supponimus et humiliter confitemur. Nuper enim felicis recordacionis Johanne Papa, prepecessore nostro, apud Viterbium, ubi tunc cum sua Curia residebat, ab hac luce subtracto, et ipsius corpore in Viterbiensi ecclesia cum exequiarum sollempnitate debita tumulato, tandem nos, et fratres quibus nos tunc officii quo ad hoc annumerabat equalitas, in Palacio Episcopali convenimus, propensiorem diligenciam desiderate provisioni eidem Ecclesie impensuri. Et quamquam ille qui celesti dat concentui [h]armoniam, nos, sub clausura eadem habitantes, in unum ad utilem provisionem ipsius Ecclesie obtinendam, prout singulorum habeat assercio, unanimes fore sua pia voluntas concesserit; ad consummacionem tamen provisionis ejusdem, alto suo et secreto consilio, dare aliquandiu distulit spiritus unitatis. Set demum in die Beate Katerine, Missarum sollempniis cum invocacione Sancti Spiritus celebratis, iidem fratres in humilitatem nostram, (utinam non exhorbitante judicio), per viam scrutinii concordantes, nos, tunc Sancti Nicholai in carcere Tulliano Diaconum Cardinalem, ad conscendendam Apostolice dignitatis speculam unanimiter elegerunt, nobis vestem poderis[1] universum orbis ambitum continentem non offerentes tantummodo, set eciam cum importuna instancia ingerentes.

1—*Poderis*, a long priestly vestment. Ord. Vital (ap. Du Cange), *Quidam illorum (clericorum) poderibus suis induti.*

Verum ut rei geste seriem succinctus sermo pertranseat, ne dum defectus eosdem ad humiliacionem nostram gestimus exprimere, sub humilitatis specie notam elacionis seu qualiscunque jactancie ingerat seriosa repeticio veritatis, nos gradus altitudinem, et oneris iminentis tante altitudinis ascensori molem, nobis in Cardinalatus officio experiencie longe participio non ignotam, attenta meditacione pensantes, eligencium et offerencium instancie insufficiencie nostre imparitatem objecimus, debilitatem nostram, dictante consciencia, imparem cum repetita multociens relaxionis supplicacione humili allegantes. Cumque nec sic cessaret instans fratrum importunitas eorumdem, set vim inferens nostro proposito vehemencius collegii jussus urgeret, nosque violenciam pacientes clamaremus lacrimis, nec esset qui auditu exaudicionis audiret, vociferaremur gemitu, nec foret qui remissionem injuncti oneris benigno judicio indulgeret, ad Illum oculos mentis ereximus qui, sicut premittitur, Ecclesiam quam per se fundavit non negligit regere per seipsum, set quam pie condidit pie regit; et quamquam de insufficiencia nostra timentes, de superhabundancia tamen omnipotencie sue confisi, humeros summo superhumerali subjecimus et humiliter jugum subivimus Apostolice servitutis; sperantes quod ipse qui Petri pedibus marinos vertices inclinavit, ut iter liquidum humanis gressibus solidum preberet, obsequium nobis quos, licet indignos, illi sua constituit dignacio successorem, in nostri execucione ministerii humiliabit per sue virtutis potenciam colla tumencia superborum, et lapsus in delicta labencium cohibendo, eos in bonorum stabilitate operum solidabit. Ad quod efficaciter obtinendum attente oracionum vestrarum suffragia imploramus, universitatem vestram monentes rogamus et obsecrantes in Domino Jesu Christo, quatinus diligencius attendentes quod ad tanti ponderis sarcinam supportandum pervigiles cooperatores esse vos exigit vobis in vestris gregibus sollicitudo commissa in hujusmodi cooperacionis ministerio exequendo, super greges eosdem sollicite vigilantes, debilitati nostre devotarum oracionum et placacionum uberum frequentibus oblacionibus assistatis; ab Eo qui sarcinam nobis eandem imposuit, seu pocius forsan imponi permisit, supplicacionibus devotis et sedulis implorantes ut qui ex eisdem nostris defectibus sub illius onere premimur ipsius munere sublevemur, nobisque ipse bonorum largitor omnium sic illam ad sui nominis laudem et gloriam nostram populique sui salutem portare sua pietate concedat, quod eadem pia Mater Ecclesia filios suos numero et merito nostris multiplicari temporibus glorietur. Ceterum fratres et filii, affectum vobis caritative benignitatis expandimus et sinum caritatis solide aperimus, proponentes in quibus cum Deo poterimus honori vestro deferre, ac vestra et ecclesiarum vestrarum comoda, pro quibus ad nos recurrere cum securitate poteritis, in promptitudine benivolencie promovere. Cum autem, sicut intelleximus, portitores hujusmodi litterarum interdum esse consueverint contra intencionem mittencium exactores, nunc importune peticionis instancia, nunc eciam murmuracionum susuriis ac detraccionum, ac querelarum comminacionibus exigendo, scire vos volumus quod nostre intencionis existit, latoresque presencium jurare fecimus, quod ad exigendum vel obtinendum aliquid, preterea que ad victum et ob infirmitates ac alios casus necessaria per alias eis sub certa forma litteras quas vobis exhiberi mandamus ministrari precipimus, talibus instanciis, murmuracionibus, seu comminacionibus non utantur, nec recipere per instancias, murmuraciones, vel comminaciones hujusmodi oblata presumant. Ideoque ut nostris in hoc intencioni et beneplacitis concurratis, prefatis eorum abusionibus ceterisque similibus, si forsan eis (quod non est verisimile) uti presumerent, contra proprium juramentum contemptis omnino, vos ultra premissa ipsis nostro ministranda mandato tribuendo aliquid non gravetis; cum non per extorciones hujusmodi set alias retribucione congrua intendamus ipsorum laboribus respondere. Datum Rome, apud Sanctum Petrum, xviij Kalendas Februarii. Pontificatus nostri anno primo.

Terms agreed on between the Bishop and the Earl to settle the disputed claims to the Chase. The Earl shall remove his foresters from the Chase, the Bishop shall hunt there once. Then the officers of the Crown shall take possession while a Jury shall hold an inquest. If they cannot agree, the Justices shall appoint others to decide.

Le Eveske de Hereford e le Cunte de Gloucestre sont acordez en ceste furme, ki le Cunte rent al Eveske la Chace de Colwelle e Estnore ausi plenerement e ausi franchment come le predecessors le Eveske les tindrent; e le Cunte remuera ses foresters de iluques issi ki le Eveske puse aver ses gardeyns, e le Eveske pur sa seisine user i corra une feyx, et pus apres demorra le coure en la meyn le Reys issi ki le un ne le autre ne icurge deke taunt ki les Justices le Reys ki sont assignez eyent pris enquestre par duze eslus de parties de Counte de Hereford e de Wyrecestre, si les duze se pusent accorder. E si il ne se pusent accorder, les Justices de lur office de meme les

Countez prendrent taunz et teus ki ne seyent suspect a nule de parties e par les queus la verite puse meux estre sue, a saver si ce seyt la fraunche Chace le Eveske sicum il dist, ou ki le Counte i deyt coure a sa volente, sicum il dist. Et cestes Justices serunt as utaves de la Chaundelur en celes parties pur la verite de ceste choze enquere. E, si ne la poent terminer deing la Paske siwaunt le Reys le fra terminer par eus ou par autres. Et sunt les Justices a ce eslux sire Rauf de Hengham e sire Water de Helyun.

Jan. 6, 1278.—Writ to the Sheriff of Herefordshire directing him to remove the Earl's foresters from the Chase, to let the Bishop have seisin and hunt there once, and then to take possession himself while the inquest is being held.

Rex Vicecomiti Herefordie salutem. Precipimus tibi quod Venerabili Patri Thome, Episcopo Herefordensi, facias seysinam Chacie de Colewelle et Estinoure, quam idem Episcopus clamabat in Curia nostra coram nobis versus G[ilbertum] de Clare, Comitem Gloucestrie et Hertfordie, in qua idem Episcopus, per te amotis forestariis ejusdem Comitis de eadem Chacia, extunc semel curret, et deinde currere illud per te capiatur in manum nostram, et per te et custodes Episcopi salvo custodiatur; et deinde fiat super hoc inquisicio, secundum formam cedule presentibus incluse, coram fidelibus nostris ibidem, in brevi per nos transmittendo. Teste meipso apud Turrim Londoniarum, vj die Januarii, anno regni nostri sexto.

Jan. 12.—Mandate to the Justices to hold an inquest with a mixed Jury of Herefordshire and Worcestershire as to the claims in dispute.

Edwardus, Dei gracia, etc., dilectis et fidelibus suis, Radulfo de Hengham et Waltero de Helyun, salutem. Sciatis quod assign-avimus vos ad quandam inquisicionem, in qua Venerabilis Pater Thomas, Herefordensis Episcopus, et dilectus fidelis noster Gilbertus de Clare, Comes Gloucestrie et Hertfordie, in presencia nostra con-stituti, se posuerunt coram nobis super Chacia de Colewelle et Estenore, faciendam in forma per nos vobis inde tradita et injuncta. Et ideo vobis mandamus quod per sacramentum proborum et legalium hominum de Comitatibus Herefordie et Wygornie, per quos rei veritas melius sciri poterit, et qui neutri parti sint suspecti, inquisicionem illam capiatis juxta tenorem forme supradicte, et ulterius inde faciatis quod ad justiciam pertinet secundum legem et consuetudinem regni nostri. Mandavimus tamen Vicecomitibus nostris comitatuum predictorum, quod ad certos dies et loca, quos eis scire facietis, venire faciant coram vobis tot et tales probos et legales homines de comitatibus predictis, per quos rei veritas in premissis melius sciri poterit et inquiri. In cujus, etc. Londoniis, xij die Januarii, anno regni nostri sexto.

Writ to the Sheriff of Worcestershire directing him to summon a Jury for the Justices.

Vicecomiti Wygornie salutem. Cum assignaverimus dilectos et fideles nostros Radulfum de Hengham et Walterum de Helyun ad quandam inquisicionem, etc. (*v.* supra), tibi precipimus quod ad certos diem et locum, quos predicti Radulfus et Walterus tibi scire facient, venire facias coram eis tot et tales probos et legales homines de balliva tua, per quos rei veritas in premissis melius sciri poterit et inquiri. Et habeas ibi hoc breve. Teste, etc.

Jan. 27.—Proceedings at Worcester in the Suit. Verdict of the Jury in favour of the Bishop.

Placita coram Rege apud Wygorniam, a die Sancti Hillarii in xv dies, anno regni Regis E[dwardi], filii Regis Henrici, sexto.

HEREFORDE.—Gilbertus de Clare, Comes Gloucestrie et Hertfordie, summonitus fuit ad respondendum Thome, Episcopo Herefordensi, de placito quare, etc., et inde producit sectam, etc. Et Gilbertus per attornatum suum venit, et dicit quod predicti Radulfus et Petrus, quondam Episcopi Herefordenses et predecessores predicti Thome Episcopi qui modo queritur, nunquam habuerunt liberam Chaciam in predictis dominicis, terris, et boscis ipsius Episcopi et hominum suorum predictorum, que posuit in visu suo tanquam pertinentia ad Ecclesiam suam predictam, nec eciam predictam liberam Chaciam sibi appropriavit, nec foreste sue attraxit. Immo dicit quod Ricardus de Clare, pater suus, obiit seisitus de Chacia predicta, appropriata et attracta foreste predicte; unde precise dicit quod predicti Radulfus et Petrus, quondam Episcopi Herefordenses et predecessores predicti Episcopi qui nunc est, nunquam fuerunt in seisina de aliqua libera Chacia in predictis tenuris, racione et jure Ecclesie sue predicte, nec eciam aliquam liberam Chaciam que fuit predictorum predecessorum ipsius Thome Episcopi appropriavit nec foreste sue attraxit. Et quod ita sit ponit se super patriam, etc. Et Episcopus dicit quod ipse habere debet, et predecessores sui habere consueverunt, racione Ecclesie sue predicte, liberam Chaciam in predictis tenuris ad omnia que ad liberam Chaciam pertinent, et quod predictus Comes Chaciam suo tempore sibi appropriavit et foreste sue attraxit, et de hoc ponit se super patriam. Ideo preceptum est Vicecomiti quod venire faciat a die Pasche in tres septimanas, ubicunque etc., xij, etc., per quos, etc. Et qui nec, etc., ad recognicionem in forma predicta. Qui tam, etc. Postea venerunt predicti Episcopus et Comes coram Domino Rege, et in presencia ipsius Domini Regis concordati sunt in forma que continetur in quadam cedula, quam Dominus Rex misit Radulfo de Hengham et Waltero de Helyun, Justiciariis, in hec verba, Le Eveske de Hereford e le Cunte de Gloucestre sunt accordez, etc. (*v.* p. 59). Et postea die Martis proximo post Dominicam in Ramis Palmarum, anno sexto, apud Wyndiate supra montes Malvernie, venerunt Johannes le Estormy, Galfridus de Apetot de Hyndelep, Robertus de la Folye, Ricardus de Munt Virun, Radulfus Bulge, et Adam de Croppethorn, de Comitatu Wygornie, Osbertus de Avenbury, Rogerus le Arblaster, Henricus de Herefordia, Johannes de Maurdyn, Johannes de Sweynestone, et Walterus de Monitone, de Comitatu Herefordie, jurati, qui dicunt per sacramentum suum quod predicta Chacia de Colewelle et Estenoure est libera Chacia dicti Episcopi pertinens ad Ecclesiam suam predictam, et quod predictus Comes non debet in ea chaciare. Et ideo consideratum est quod predictus Episcopus recuperet predictam Chaciam liberam sibi et successoribus suis et Ecclesie predicte, absque hoc quod predictus Comes vel heredes sui umquam in ea chaciare debeant. Et Comes in misericordia pardonatur per Dominum Regem. Et sciendum quod brevia, cedula, panellum invenientur inter brevia de quindena Pasche, anno sexto Regis Edwardi.

April 17, 1280. — *Richard de Swinfield is collated to the Archdeaconry of Shropshire vacated by James de Aquablanca after sentence of deprivation. The prebend of Ledbury, vacated by him, is reserved by papal indult for the Bishop's own use. Roger de Sevenake is collated to the prebend at Hereford also vacated. Mandate to Hebdomadary to induct. The Archdeacon was installed by the Official, the witnesses being pledged to secrecy.*[1]

Memorandum quod anno Domini M°CC° octogesimo, xv Kalendas Maii, contulimus intuitu caritatis Archidiaconatum Salopsire vacantem, tam per resignacionem magistri Ade de Fileby, Procuratoris magistri Jacobi de Aqua Blanca, quondam Archidiaconi loci predicti, specialiter ad hoc dati, factam in manus nostras coram magistris Roberto de Gloucestria, R[ogero] de Sevenake, domino Waltero de Rudmerleye, vj Idus Aprilis, apud Ledebury, anno supradicto, quam per sentenciam privacionis latam contra dictum magistrum Jacobum, ordine juris observato, contulimus magistro Ricardo de Svynefeld,[2] Cancellario Lyncolnie, si acceptet. Et si idem collacionem ipsam non acceptet, contulimus eam domino Willelmo de Albaniaco in forma constitucionis.

Item eisdem die, et loco, et anno, resignavit idem magister A[dam], juxta procuratorii sui vires, prebendam quam dictus magister Jacobus tenuit in ecclesia Ledebury in manus nostras; quam prebendam, auctoritate cujusdam indulgencie papalis, in nostros usus proprios retinemus.

Item eisdem die, anno, et loco predictis resignavit dictus magister A[dam] oretenus et litteratorie prebendam quam habuit idem magister Jacobus in Ecclesia Herefordensi, quam quidem magistro Rogero de Sevenake contulimus intuitu caritatis hiisdem loco, die, et anno; presentibus personis suprascriptis. Super qua collacione emanavit littera collacionis una cum littera Ebdomodario directa de installando eundem.

Installacio autem de Archidiaconatu ex speciali injuncto Domini facta fuit per magistrum Rogerum de Sevenake, tunc Officialem, secundum modum superius annotatum, xiiij Kalendas Maii; presentibus Waltero dicto Banastre, capellano, Henrico de Keyrdif, Henrico de Shorham, Ricardo Spygurnel, qui omnes sacramentum prestiterunt quod factum illud non publicabunt antequam mandatum receperint a Domino Episcopo, aut per eum fuerit publicatum.

[1]—This entry was afterwards cancelled.
[2]—Swinfield, who succeeded Cantilupe as Bishop, had been already long in his service.

Aug. 25, 1275.—Writ to the Sheriff of Herefordshire to release on bail certain cattle of Ralph le Wyne, impounded wrongfully, as alleged, by servants of the Bishop-elect. Proceedings transferred from Herefordshire to Westminster.

Fol. 21.

Breve per quod Radulfus Wyne implacitat Episcopum Herefordsem.

HEREFORDE.—Edwardus, etc., Vicecomiti Herefordie salutem. Precipimus tibi quod juste et sine dilacione replegiari facias Radulfo le Wyne averia sua, que Magister Thomas, Electus Herefordensis, Johannes de Horsnede, Willelmus Luvetot, et Ricardus de Clehangre ceperunt et injuste detinent, ut dicitur; et postea ea inde juste deduci facias ne amplius etc. Teste meipso apud Macclesfeld, xxv die Augusti, anno tercio. Hec loquela fuit in comitatu Herefordie. Postea posita fuit per eundem Radulfum le Wyne coram Justiciariis apud Westmonasterium, a die Sancti Michaelis in xv dies.

Adjournments in the Suit with Ralph le Wyne.

Placita coram Justiciariis apud Westmonasterium, a die Sancti Michaelis in xv dies, anno tercio regni Regis E[dwardi].

HEREFORDE. — Episcopus Herefordensis optulit se versus Radulfum le Wyne, et posuit loco suo Adam de Symmyngfeuld, vel Alanum de Chyppenham. Et predictus Radulfus, qui querens est, fuit essoniatus, et alii in brevi fuerunt essoniati; et habent diem a die sancti Hyllarii in xv dies.

Placita coram Justiciariis apud Westmonasterium, a die Sancti Hillarii in xv dies, anno regni Regis E[dwardi] tercio.

HEREFORDE.—Episcopus Herefordensis et alii in brevi optulerunt se versus Radulfum le Wyne, et Radulfus fuit essoniatus quod est in servicio Regis. Dies a die Sancte Trinitatis in xv dies, et sciendum quod idem Radulfus, qui querens est, fuit alias essoniatus a die Sancti Michaelis in xv dies.

March 30, 1278.—Dispensation granted to John Abbad, by the authority of a Bull of Pope Gregory, to enable him to take Orders, and obtain an ecclesiastical benefice, notwithstanding the defect of illegitimacy.

JOHANNES ABBAD.—Gregorius Episcopus, Servus servorum Dei, Venerabili Fratri, Episcopo Herefordensi, salutem, graciam, et

Episcopi Herefordensis. 65

benediccionem. Constitutus in presencia nostra dilectus filius Johannes Abbad, clericus tue diocesis, nobis humiliter supplicavit ut cum eo super defectu natalium, quem patitur de soluto genitus et soluta, dispensare misericorditer curaremus. Ad te igitur remittentes eundem, fraternitati tue per apostolica scripta mandamus quatinus, consideratis diligenter circumstanciis universis que circa ydoneyetatem fuerint attendende, si paterne non est incontinencie imitator, set bone conversacionis et vite, super quibus tuam intendimus conscienciam onerare, aliasque sibi merita suffragantur ad dispensacionis graciam optinendam, quod, hujusmodi non obstante defectu, ad omnes ordines promoveri, et ecclesiasticum beneficium, eciam si curam habeat animarum, obtinere valeat, secum, postquam per biennium in gramatica studuerit, auctoritate nostra dispenses, prout secundum Deum anime sue saluti videris expedire. Ita tamen, quod idem clericus ad ordines, sicut requiret onus beneficii quod eum post dispensacionem hujusmodi obtinere contigerit, se faciat statutis temporibus promoveri, et personaliter resideat in eodem. Alioquin hujusmodi gracia quoad beneficium ipsum nullius penitus sit momenti. Datum Lugduni, Idibus Maii, pontificatus nostri anno tercio. Et notandum quod in forma prenotata dispensatum est cum eodem, iij Kalendas Aprilis, anno Domini M°CC°LXX° septimo, pontificatus nostri anno secundo.

Nov. 3, 1275.—Writ to the Sheriff of Derbyshire to order Thomas de Chaworth to hand over to the Bishop as his wards Margery and Dionisia, daughters and heiresses of Ranulf le Poer, who held lands of the Bishop, and in default of obedience to summon him before the Justices at Westminster.

Breve Domini Regis, per quod Episcopus Herefordensis implacitat Thomam de Chawrthes de custodia filiarum et heredum Ranulfi le Poer.

DERBEIA.—Rex Vicecomiti Derbeie, salutem. Precipe Thome de Chawrthes quod juste et sine dilacione reddat Thome, Episcopo Herefordensi, Margeriam et Dionisiam, filias et heredes Ranulfi le Poer, quarum custodia ad ipsum pertinet, eo quod predictus Ranulfus terram suam tenuit de Johanne, predecessore suo, per servicium militare, ut dicit. Et nisi fecerit, quia prefatus Episcopus fecit nos securos de clameo suo prosequendo per Rogerum de Evesham et Johannem de Saresbiria de Comitatu Herefordie, summoneas per bonos summonitores predictum Thomam quod sit coram Justiciariis apud Westmonasterium, a die Sancti Hillarii in xv dies, ostensurus quare non fecerit. Et habeas ibi summonicionem et hoc breve. Teste me ipso apud Westmonasterium, iij die Novembris, anno regni nostri tercio. Sunt attornati in dicto placito coram magistro R[ogero] de Seytone Johannes de Saresbiria vel Adam de Sinningfeude.

Thomas de Chaworth failed to appear in Court; the Sheriff is directed to bring him after Easter.

DERBEIA.—Episcopus Herefordensis optulit se versus Thomam de Chawrthes, quod reddat ei Margeriam et Dionisiam, filias et heredes Ranulfi le Poer, quarum custodia ad ipsum pertinet, eo quod idem Thomas terram suam tenuerit de Johanne, predecessore predicti Episcopi, per servicium militare, etc. Et ipse non venit, et summonitus, etc. Ideo preceptum est Vicecomiti quod attachiet eum quod sit coram Justiciariis apud Westmonasterium, a die Pasche in xv dies. Placitum coram Justiciariis apud Westmonasterium, a die Pasche in xv dies.

Further adjournment of the Suit.

DERBEIA ESSONIA.—Thomas de Chawrthes versus Thomam, Episcopum Herefordensem, de placito custodie in Octabis Sancti Johannis Baptiste assignato.

May 27, 1278.—Terms of agreement as to the wardship. The defendant recognised the Bishop's claim to the wards and land in question, and paid ten pounds to him on June 2nd, 1279.

FINALIS CONCORDIA.—Hec est finalis concordia facta in Curia Domini Regis apud Westmonasterium, in crastino Ascensionis Domini, anno regni Regis Edwardi sexto, coram magistro Rogero de Seytone, magistro Radulfo de Freningham, Thoma Wenlond, Johanne de Lovetot, et Rogero de Leyter, Justiciariis, et aliis Domini Regis fidelibus tunc ibi presentibus, inter Thomam, Episcopum Herefordensem, querentem, et Thomam de Chaworthes, deforciantem,[1] per Johannem de Leyes positum loco suo ad lucrandum vel perdendum de custodia Margerie et Dyonisie, filiarum et heredum Ranulfi le

---

1—*Deforciantem*, the defendant, as "detaining by force" from the plaintiff the wards in question.

le Poer, quarum custodia ad ipsum pertinet eo quod predictus Ranulfus terram suam tenuit de Johanne, quondam Herefordensi Episcopo, predecessore predicti Episcopi, per servicium militare. Et unde placitum fuit inter eosdem in eadem Curia, scilicet quod predictus Thomas de Chaworthes recognovit custodiam predictarum Margerie et Dionisie et heredum earum, et similiter terrarum suarum, que sunt de feodo ipsius Episcopi, esse jus ipsius Episcopi et Eecclesie sue de Herefordia; et illam remisit et quietam clamacionem, de se et heredibus suis, predicto Episcopo et successoribus suis imperpetuum; et postea idem Thomas de Chaworthes dedit predicto Episcopo decem libras sterlingorum, et pro hac recognicione, remissione, quieta clamacione, donacione, fine, et concordia, idem Episcopus remisit predicto Thome de Chaworthes omnia dampna que dicebat se habuisse occasione predicte custodie imperpetuum. Memorandum quod dicte decem libre solute fuerunt dicto Episcopo Herefordensi apud Totenhale, secundo die Junii, M°CC°LXX° nono, per dominum Thomam de Chaworthes; et habuit litteras aquitancie.

May 8, 1276.—Writ to the Sheriff of Shropshire to summon Peter Corbet to appear before the Justices of Westminster, if he has not restored beforehand to the Bishop one hundred acres of land wrongfully detained, as alleged.

Breve originale per quod Episcopus Herefordensis implacitat Petrum Corebet coram Justiciariis de Banco apud Westmonasterium.

SALOPIA.—Edwardus, etc., Vicecomiti Salopie salutem. Precipe Petro Corebet quod juste et sine dilacione reddat Thome, Episcopo Herefordensi, centum acras pasture cum pertinenciis, in Esthamptone, in quas idem Petrus non habet ingressum nisi per Thomam Corebet, qui Petrum, quondam Episcopum Herefordensem, predecessorem prefati Episcopi, inde injuste et sine judicio deseisivit, post primam transfretacionem Domini Henrici Regis, patris nostri, in Brittaniam; et nisi fecerit, et predictus Episcopus fecerit te securum de clameo suo prosequendo, tunc summoneas per bonos summonitores predictum P[etrum] Corebet quod sit coram Justiciariis nostris apud Westmonasterium in Octabis Sancte Trinitatis, ostensurus quare non fecerit. Et habeas ibi summonicionem et hoc breve. Teste meipso apud Westmonasterium, viij die Maii, anno regni nostri quarto. Faciat Episcopus attornatos in dicto placito.

Writ to the Sheriff of Shropshire to have view taken of the hundred acres in dispute, and to send four Knights who take part in it to the Justices at Westminster.

PRO VISU HABENDO.—Edwardus, Dei gracia, etc., Vicecomiti Salopie salutem. Precipimus tibi quod sine dilacione habere facias visum de centum acris pasture cum pertinenciis, in Esthamptone, quas Thomas, Herefordensis Episcopus, in Curia nostra coram Justiciariis apud Westmonasterium clamat ut jus ecclesie sue Herefordensis versus predictum Petrum. Et dic quatuor militibus ex illis qui visui illi interfuerint, quod sint coram Justiciariis nostris apud Westmonasterium, a die Sancti Martini in xv dies, ad testificandum visum illum. Et habeas ibi nomina militum et hoc breve. Teste etc.

Dec. 30, 1277.—Writ to the Sheriff directing him to secure by distraint the service of the Knights who failed to act on the perambulation of the border-lands of the Bishop and Peter Corbet.

Rex, Vicecomiti Salopie, salutem. Cum nuper tibi precepimus quod, assumptis tecum xij discretis et legalibus militibus de Comitatu tuo, in propria persona tua accederes ad terram Thome, Episcopi Herefordensis, in Esthamptone, et terram Petri Corbet in Wentenoure, et per eorum sacramentum fieri faceres perambulacionem inter terras ipsorum Episcopi et Petri in eisdem villis, ita quod perambulacio illa fieret per certas metas et divisas, quia predicti Episcopus et Petrus posuerunt se coram nobis in perambulacionem illam; et quod scire faceres Justiciariis nostris apud Westmonasterium, a die Sancti Hillarii in xv dies, sub sigillo tuo et sigillo quatuor militum ex illis qui dicte perambulacioni interfuerint, per quas metas et divisas perambulacio illa facta fuerit; et tu, occasione xij militum, ad hoc de consensu parcium electorum, ad diem ad hoc statutum accedere nolencium, id facere nequiveris, intelleximus; nos perambulacionem illam nolentes indebite retardari, tibi precipimus quod predictos xij milites, et alios de balliva tua, si necesse fuerit, distringas quod tecum intersint perambulacioni illi sacramento suo faciende, ita quod fiat per certas metas et divisas, et eam scire facias prefatis Justiciariis nostris, a die Pasche in xv dies, in forma predicta. Et habeas ibi hoc breve et aliud breve. Teste meipso apud Westmonasterium, xxx die Decembris, anno regni nostri sexto.

March 27, 1278.—Details of the boundaries ascertained in the perambulation ordered.

Perambulacio facta die Dominica proxima post Festum Annunciacionis Beate Marie, anno regni Regis Edwardi sexto, per hos subscriptos, videlicet per dominos Walterum de Bukenhulle, Willelmum de Hugeford, Johannem Fitz Aere, Johannem de Ercalewe, Rogerum Springehose, Thomam Boterel, Johannem de Picheford, Walterum de Bredewardin, milites, Johannem de Esthope, Robertum de Bullers, Ricardum de Dodemanstone, et Lucam de Rutone; qui dicunt super sacramentum suum quod certe mete et divise inter terras Domini Thome, Episcopi Herefordensis, in Esthamptone, et terram domini Petri Corbet in Wentenoure, incipiunt apud Bussebrok, ascendendo per Flitelefiche usque Aiswelle, et de Aiswelle ascendendo per Assebache, et de Assebache ascendendo usque in regiam viam super Longemimede.

Writ to the Sheriff of Herefordshire to summon John Dabitot for alleged poaching at night in the Bishop's park at Ledbury.

CORAM REGE.—Breve per quod Episcopus Herefordensis implacitat Johannem Dabitot de transgressione facta in parco de Ledebury in Comitatu Herefordie.

Edwardus, etc. Si Thomas, Episcopus Herefordensis, fecerit te securum de clameo suo prosequendo, tunc summoneas per vadium et salvos plegios Johannem Dabitot, quod sit coram nobis in Octabis Sancte Trinitatis, ubicunque, etc., ad respondendum eidem Episcopo quare parcum suum de Ledebury fregit, et in eodem feras suas cepit noctanter contra pacem, etc. In Octabis Sancte Trinitatis Episcopus, per se vel per certum attornatum, quem vel quos faciet in dicto placito, offerat se versus dictum Johannem, et narretur erga eum secundum tenorem brevis originalis, cujus transcriptum patet inferius. Et si necesse sit, fiat mencio in dicta narracione quod idem Johannes, qui manet in Comitatu Wygornie, venit noctanter, die Lune proximo post Conversionem Sancti Pauli, anno regni Regis E[dwardi] quarto, ad parcum dicti Episcopi Herefordensis de Ledebury, qui parcus vocatur Dulingwode, et Robertus filius Ricardi Dapetot cum eo, et dictum parcum fregerunt, et unam damam occiderunt et asportaverunt, etc., contra pacem, etc., ad dampnum et deterioracionem dicti Episcopi, etc. Videatur si Ricardus Dapetot nominetur in brevi. Episcopus faciat attornatum in dicto placito.

April 23, 1276.—Similar writ to the Sheriff of Worcestershire.

Edwardus, etc., Vicecomiti Wygornie salutem. Si Thomas, etc. (*v. supra*). Et habeas ibi nomina plegiorum et hoc breve. Teste meipso apud Kenyntone, xxiij die Aprilis, anno regni nostri quarto.

June 10, 1276.—Writ to the Sheriff of Worcestershire for the apprehension of John Dabitot, said to be living at Redmarley.

Edwardus, etc., Vicecomiti Wygornie salutem. Precipimus tibi quod capias Johannem Dapetot, si inventus fuerit in balliva tua, et eum salvo custodiatis, ita quod habeas corpus ejus coram nobis, a die Sancti Johannis Baptiste in xv dies, ubicunque tunc fuerimus in Anglia, ad respondendum Thome, Episcopo Herefordensi, etc. Et unde tu ipse nobis mandasti, in Octabis Sancte Trinitatis, quod predictus Johannes non est inventus in balliva tua, nec aliquid habet per quod possit attachiari. Et testatum fuit in eadem Curia nostra quod predictus Johannes est vivens in Rydmerle, ad domum Galfridi Dapetot, patris sui, et ibi potest inveniri. Et habeas ibi hoc breve. Teste W. de Hoptone, x die Junii, anno regni nostri quarto.

Feb. 13, 1278.—Institution to the Vicarage of Eardisland of Richard de Wye, presented by the Abbey of Lyre.

INSTITUCIO.—Thomas, etc., Ricardo de Wye, capellano, etc. Ad presentacionem Procuratoris religiosorum virorum, Abbatis et Conventus de Lyra, verorum patronorum vicarie de Erleslone, te ad ipsam vicariam admittimus et canonice instituimus in eadem, ac de ipsa per nostrum anulum investimus. In cujus, etc. Datum apud Bosebury, Idibus Februarii, anno Domini M°CC°LXX° septimo.

June 4, 1278.—Writ to the Sheriff of Shropshire directing him to appear at Westminster to answer for his neglect to make the perambulation ordered in the Suit with Peter Corbet, and to bring the names of four Knights concerned.

Fol. 23.

SALOPIA.—Rex, Vicecomiti salutem. Precipimus tibi, sicut alias tibi precepimus, quod, assumptis tecum xij discretis et legalibus militibus de Comitatu tuo, in propria persona tua accedas ad terram Thome, Episcopi Herefordensis, in Ledebury North, et terram Petri Corebet in Cauz, et per eorum sacramentum, etc. . . Tu ipse tunc sis ibi, auditurus judicium de hoc quod preceptum nostrum, prius inde tibi directum, non es executus sicut tibi preceptum fuit. Et habeas ibi nomina quatuor militum et hoc breve. Teste R[ogero] de Seytone apud Westmonasterium, iiij die Junii, anno regni nostri sexto.

Letter from the Sheriff explaining that the Jury had been duly summoned, but that they had declined to act as the full number of belted Knights was not present after some had been challenged by the defendant.

PERAMBULACIO.—Sciatur quod, cum ex parte Domini Regis preceptum esset mihi quod, assumptis mecum xii discretis, etc. . . ego venire feci ad terras predictas milites subscriptos, videlicet dominum Thomam Boterel, Johannem de Ercalewe, Willelmum de Hugeford, Walterum de Bredewardyn, Rogerum Springehose, Walterum de Bokenhulle, Adam de Mungomery, et Rogerum Pichard, milites gladio cinctos, et Robertum de Bullers, Lucam de Rutone, et Ricardum de Dodemanestone, liberos et legales homines de Comitatu predicto; in quos partes alias in predicta perambulacione facienda coram me consenserunt, eo quod, propter excepciones quasdam contra quosdam milites qui ibidem interfuerunt ex parte predicti Petri objectas, alios juraturos invenire non potui, licet predictus Episcopus ad numerum xij militum gladio cinctorum ad predictam perambulacionem faciendam perficiendum in Brianum de Bromptone, Walterum de Bromptone, et Brianum filios suos, milites, et nepotes dicti domini Petri, consensisset; quod idem Petrus penitus recusavit. Et cum predicti xij, tam milites quam alii, jurati essent per perceptum Domini Regis ad predictam perambulacionem faciendam, et post juramento eorundem prout moris est onerati ad illam perambulacionem fideliter faciendam, ipsi sic jurati ad hoc faciendum a me recesserunt; et postmodum habito inter eosdem juratos tractatu super illo negocio, ad me reversi sunt, asserentes se nullo modo perambulacionem illam facere velle, tum quod non habebant certum numerum xij militum gladio cinctorum, tum quod predictus Petrus in predictos tres liberos et legales homines de predictis xij tunc noluit consentire, licet alias coram me in ipsos consensisset; unde ipse dominus Petrus inde recessit, nolens perambulacioni illi interesse, ita quod perambulacio illa tam per predictos xij quam predictum, licet ex parte Domini Regis eis a me pluries ad hoc faciendum esset injunctum, adhuc remanet infecta. Et premissa vobis significo ut quod justum fuerit inde fieri facias; et predictos milites feci venire coram me ad predictas terras, ad predicta facienda, die Dominico proximo post Octabas Sancti Johannis Baptiste. Et sciatur quod maximus defectus est militum gladio cinctorum in Comitatu Salopie, ita quod vix tale [negocium] potest adimpleri per milites gladio cinctos, nisi alii et liberi legales homines eis jungantur.

As the Sheriff had not acted on the writ instructing him to inspect with four duly qualified Knights the boundaries at Lydbury North, and report thereon, further instructions are given to go with twelve, and report to the Justices.

SALOPIA.—Preceptum fuit Vicecomiti, sicut alias preceptum fuit, quod assumptis secum quatuor discrecioribus et legalibus militibus de Comitatu in propria persona sua accederet ad terram Episcopi Herefordensis de Ledebury North, et terram Petri Corbet in Cauz, ita quod perambulacio illa, etc. Et Vicecomes nichil inde fecit. Ideo sicut pluries preceptum est Vicecomiti quod, assumptis secum vij discretis et legalibus militibus et in propria persona sua accedat, etc., ita quod perambulacio illa fiat per certas metas et divisas, et quod scire faciat Justiciariis hic, a die Sancti Michaelis in unum mensem, sub sigillo suo et sigillis quatuor militum ex illis qui perambulacioni interfuerint, per quas metas et divisas perambulacio predicta facta fuerit. Et sciat quod graviter amerciatus est eo quod preceptum Domini Regis, pluries inde sibi directum, non est executus; et gravius amerciabitur nisi hoc preceptum Domini Regis plenius exequatur.

July 14, 1278.—Writ to the Sheriff warning him that he has been fined for his neglect, and will be fined more heavily unless he obeys orders.

SALOPIA. — Rex Vicecomiti salutem. Precipimus tibi, sicut pluries tibi precepimus, quod assumptis tecum xij discretis, etc. Et scias quod graviter amerciatus es, eo quod preceptum nostrum inde tibi directum non es executus sicut tibi preceptum fuit; et gravius amerciaberis nisi hoc preceptum nostrum plenius exequaris. Teste T. de Weylaunde apud Westmonasterium, xiiij die Julii, anno regni nostri sexto.

Report by the Jury impanelled by the Sheriff of Shropshire as to the boundaries between the lands of the Bishop and Peter Corbet.

Placita apud Westmonasterium, a die Sancti Michaelis in unum mensem, regni Regis Edwardi anno sexto, incipiente septimo.

SALOPIA.—Preceptum fuit Vicecomiti quod, assumptis secum xij, etc. Et Vicecomes misit perambulacionem suam per Hugonem de Knovile, Vicecomitem Salopie, et Johannem filium Hugonis, Johannem de Ercalewe, Johannem filium Aer, Hugonem[1] Burnel, Willelmum de Stapeltone, Rogerum Springehose, Thomam Boterel, Adam de Elmerugge, Petrum de Grete, Willelmum de Hugeforde, Walterum de Bokenhulle, et Rogerum Pichard, milites ad hoc juratos, qui dicunt quod predicte mete et divise sunt et esse debent a rivulo de Bussenbroke ascendendo directe usque Wistanesbache per medium Prestescroftinge et de Alwynesmore, et per medium de Wystanesbache ascendendo directe usque ad viam regalem super la Longemimede. Ideo preceptum est Vicecomiti quod predictam perambulacionem per predictas metas et divisas faceret teneri, etc.

Nov. 3, 1278.—Writ to the Sheriff returning to him the report of boundaries to be amended.

SALOPIA.—Rex, Vicecomiti salutem. Cum nuper tibi preceperimus quod, assumptis tecum, etc., tamen perambulacionem illam per xij milites ad hoc juratos factam, Justiciariis nostris apud Westmonasterium misisti; qui dicunt quod certe mete et divise inter terras predicti Episcopi in Ledebury North et terram predicti P[etri] in Cauz sunt et esse debent a rivulo de Bussebroke ascendendo directe usque Wistanesbache per medium Prestescroftinge et de Alwynesmore, et per medium de Wystanesbache ascendendo directe usque ad viam regalem super la Longemimede. Et ideo tibi precipimus quod perambulacionem predictam per predictas metas esse facias et teneri. Teste T. de Weylonde[2] iij die Novembris, anno regni nostri sexto.

June 2, 1279.—Memorandum of payment of ten pounds by Thomas de Chaworthes.

CHAWORTHES.—Memorandum quod secundo die Junii, anno Domini M°CC°LXX° nono, apud Totenhale, solvit dominus Thomas

---

1—In MS. Hogonem.   2—In MS. Weylondone.

de Chaworthes Domino Thome, Episcopo Herefordensi, decem libras pro maritagio filiarum et heredum quondam Ranulfi le Poer; et habuit inde litteras Domini de aquitancia.

May 7, 1276.—Writ to the Sheriff of Shropshire repeating directions for the report of the Jury on the poachers in the episcopal woods at Eastwood while the See was void, and bidding him appear in Court to answer for his neglect.

Fol. 24.

SALOPIA: DE LEDEBURY NORTH.—Edwardus, etc., Vicecomiti Salopie, salutem. Cum tibi nuper per nostras litteras preceperimus quod per sacramentum proborum et legalium hominum de Comitatu tuo, per quos rei veritas sciri poterit, diligenter inquireres de quibusdam transgressionibus, tempore ultime vacacionis Episcopatus Herefordensis, in bosco de Estwode, et aliis boscis pertinentibus ad castrum ejusdem Episcopatus de Ledebury North factis, et quod inquisicionem inde factam nobis mitteres sub sigillo tuo, a die Pasche in unum mensem jam preteritum, tu mandatum nostrum predictum hactenus facere non curasti, de quo miramur pariter et movemur. Et ideo tibi precipimus, sicut alias precepimus, quod dictam inquisicionem, secundum tenorem prioris mandati nostri tibi inde directi, sine dilacione facias, et eam distincte et aperte sub sigillo tuo et sigillis eorum per quos facta fuerit nobis mittas, ita quod eam habeamus in Octabis Sancte Trinitatis, ubicunque tunc fuerimus in Anglia. Et tu ipse tunc sis ibidem, ad respondendum de contemptu prioris mandati nostri tibi in hac parte directi. Teste meipso apud Westmonasterium, vij die Maii, anno regni nostri quarto.

Episcopus attornet aliquem qui sequatur pro Rege in dicto placito in Octabis Sancte Trinitatis.

Jan. 7, 1277.—Letter to Master C., Canon of St. Pancras, Florence, claiming the hearing of a suit moved by the Prior and Convent of Wrokestone against William de Loges, exempted, as a Crusader, by the Second Council of Lyons from proceedings in Courts outside his own diocese.

DE CRUCESIGNATIS.—Thomas, etc., magistro C. de Florentino,[1] Canonico Sancti Pancracii de Florentino, salutem in eo qui salvat sperantes in se. Felicis recordacionis Gregorius Papa nuper statuit

1—Probably a Papal delegate.

et ordinavit, in Concilio Lugdunensi,[1] ne crucesignati[2] extra suam diocesim auctoritate litterarum Apostolicarum, que de hujusmodi indulto expressam mencionem [non] fecerint, aliquatenus vocentur, dum tamen coram suis Ordinariis de se conquirentibus parati sint in forma juris respondere; et ut devocius et liberius votum suum exequi valeant, ipsos crucesignatos per locorum Ordinarios defendi et tueri precepit in premissis. Cum igitur Willelmus de Loges, crucesignatus nostre diocesis, coram vobis Londoniis per religiosos viros Priorem et Conventum de Wrokstone, contra indulti predicti tenorem, ut audivimus, indebite fuerit evocatus, paratique simus predictis religiosis in omnibus justiciam exhibere; dum tamen iidem religiosi coram nobis vel Officiali nostro jus suum contra Willelmum prosequi voluerint memoratum; dileccionem vestram requirimus et rogamus, mandantes vobis nichilominus autoritate qua fungimur in hac parte, quatinus in causa predicta, ob reverenciam Sedis Apostolice, supersedere velitis et partes ipsas ad nostram omnino remittatis examinacionem; tantum super hiis facientes ne quicquam grave seu molestum contra vos statuere nos oporteat, quod, novit Deus, valde faceremus inviti. Quid vero super predictis facere intendatis nobis per litteras vestras intimetis. Datum apud Bosebyry, in crastino Epiphanie Domini, anno ejusdem M°CC° septuagesimo sexto.

Nov. 26, 1276.—Acknowledgment of a debt of £31 12s. 4d. for cloth bought of John de Curceles, in London, to be paid at Stamford fair.

OBLIGACIO DOMINI J[OHANNI] DE CURCELES FACTA. VACAT QUIA RESTITUITUR.—Pateat universis ad quos pervenerit hec scriptura quod nos, Thomas, etc., tenemur Johanni de Curceles, mercatori, pro pannis[3] ab eo emptis et receptis Londoniis, in xxx et j li. xij s. iiij d.; quam pecuniam solvemus dicto Johanni vel suo certo Procuratori hanc scripturam restituenti in nundinis Stamfordie, anno Domini M°CC°LXXVI°, dum durant nundine supradicte. Datum apud Westmonasterium, in crastino Sancte Katerine, anno Domini supradicto.

1—No such regulation appears in the record of the Council of 1274 (*Acta Conc, 1714*); there is a similar claim of exemption in 1264; *v.* Papal Reg. I. 413.
2—In MS. *crucesingnati*, here and elsewhere.
3—In MS. *panis*.

Writ to the Sheriff of Herefordshire to produce in Court the poachers in the parks at Sugwas, Colwall, Ledbury, and Upton, named in the verdict of the jury.

Fol. 24b.   Placita coram Justiciariis Domini Regis, a die Pasche in tres septimanas, videlicet coram Rege.

HEREFORDIA: DE INQUISICIONIBUS.—Dominus Rex mandavit Vicecomiti Herefordie quod per sacramentum proborum et legalium hominum de Comitatu Herefordie per quos, etc., inquireret qui malefactores tempore vacacionis episcopatus predicti fecerint dampnum sive destruccionem in parcis de Sugwas, Colewalle, Ledebury, et Uptone. Et Vicecomes fecit inquisiciones, quas retornavit coram Justiciariis Domini Regis, a die Pasche in tres septimanas, videlicet de transgressionibus factis in parcis de Sugwas, Ledebury, Colewelle, et Uptone; per quas preceptum fuit Vicecomiti quod caperet corpora malefactorum ita quod haberet corpora coram Rege, a die Sancte Trinitatis in xv dies.

Similar writ to the Sheriff of Worcestershire.

WYGORNIA: DE INQUISICIONIBUS.—Idem breve in Comitatu Wygornie retornatum ad eundem diem, ut patet alibi. Quere per hoc signum[1]

Grant of a messuage in Ross to Henry de Lacu, at a rent-charge of twenty silver pennies.

CARTA HENRICI DE LACU.—Omnibus Christi fidelibus ad quos presens scriptura perveniet, Thomas, etc. Noveritis nos dedisse et concessisse, et hac presenti carta nostra confirmasse, Henrico de Lacu, pro servicio suo, unum mesuagium cum pertinenciis suis in villa de Ros, jacens videlicet inter curtilagium ad manerium nostrum de Ros pertinens et regiam viam ducentem versus passagium de Wyltone; quod continet in longitudine xlviij pedes et in latitudine xxx pedes; tenendum et habendum sibi et heredibus suis, vel suis assignatis, de nobis et successoribus nostris in feodo et hereditate, libere et quiete, bene et in pace, in omnibus rebus et locis et libertatibus in perpetuum. Reddendo inde annuatim nobis et successoribus nostris ipse et heredes sui, vel assignati sui, xx denarios argenti ad quatuor terminos anni in villa de Ros con-

---

1—Space was left opposite to this for a device to be drawn, but it was not filled up.

stitutos, pro omni servicio, consuetudine, exaccione et seculari demanda, que ad terram pertinet vel pertinere possit, salvo regali servicio ad tantum tenementum pertinente in villa de Ros. Nos vero et successores nostri predictum mesuagium cum pertinenciis suis dicto Henrico, et heredibus suis vel assignatis, contra omnes homines et feminas in perpetuum warantizabimus. Et ut hec nostra donacio et concessio rata et stabilis perseveret, eam presenti scripto et sigilli nostri munimine confirmavimus, hiis testibus, Thoma Coco, Reginaldo Tinctore, Waltero ad Molendinum, Willelmo Pyte, Reginaldo le Mazim, Adam le Mercer, Johanne Godmon, et multis aliis.

Grant of a messuage in Ross to Adam Harpin, at a rent-charge of twenty-two silver pennies.

CARTA ADE HARPINI.—Omnibus, etc., Thomas de Cantilupo, etc. Noveritis nos dedisse, etc., Ade Harpinó, etc. . ut supra ; quod continet in longitudine lij^{os} pedes et in latitudine xxx pedes ; tenendum, etc., Reddendo, etc. . ut supra, xxij denarios argenti, ad quatuor terminos, etc. . hiis testibus, Thoma Coco, etc.

Writ to the Sheriff of Herefordshire acknowledging his report that the poachers in the parks of Sugwas, etc., were not to be found in his balliwick.

CORAM REGE: HEREFORDE.—Edwardus, etc., Vicecomiti Herefordie, salutem. Precepimus tibi quod capias Rogerum Pichard, Johannem de la Mere, Walterum Bras, Rogerum Brocke, Johannem le Blunt, parcarium, Johannem Legat, Johannem de Belni, David Treye, Philippum Chinbern, Willelmum filium Willelmi Camerarii de Masingetone, Philippum de Masingetone, Walterum filium Roberti de la Putte, Ricardum de la Hulle, Walterum de Balun, Willelmum forestarium de Markle, Walterum de la Dene, Johannem de la Leghe, Willelmum Cokkel, et Stephanum Avenel de Marcleye, et eos in prisona nostra salvo custodias, ita quod corpora eorum sint coram nobis, a die Sancte Trinitatis in xv dies, ubicunque tunc fuerimus in Anglia, ad respondendum nobis de placito quare venerunt ad parcos Episcopatus Herefordensis de Sugwas, Ledebury, Colewelle, et Uptone, tempore vacacionis ejusdem Episcopatus in manu nostra existentes, et parcos illos fregerunt et in eis fugaverunt et feras ceperunt, et arbores ibidem crescentes succiderunt et asportaverunt, in nostrum contemptum et contra pacem nostram, ut dicitur. Et unde tu ipse mandasti nobis, a die Pasche in tres septimanas, quod predicti Rogerus, Johannes, Walterus, Rogerus, Johannes, Johannes, Johannes, David, Philippus, Willelmus, Philippus, Walterus, Ricardus, Walterus, Johannes, Willelmus, et Stephanus non sunt in balliva tua nec aliquid habent per quod possint attachiari. Et habeas ibi hoc breve. Teste R[adulfo] de Hengham.

Writ to the Sheriff of Worcestershire to attach some of the trespassers in the parks and bind them by bail and sureties to appear in Court.

CORAM REGE: WYGORNIE.—Edwardus, etc., Vicecomiti Wygornie, salutem. Precepimus tibi quatinus ponas per vadium et salvos plegios Henricum Baret, Walterum filium Johannis de Masingetone, Johannem de la felde de Revipele, et Seysel de la felde, quod sint coram nobis, a die Sancte Trinitatis in xv dies, ubicunque tunc fuerimus in Anglia, ad respondendum nobis de placito, etc., ut supra. Et unde Vicecomes noster Herefordie nobis mandavit, a die Pasche in tres septimanas, quod dicti Henricus et alii non sunt inventi in balliva sua nec aliquid habent per quod possint attachiari. Et testatum fuit in eadem curia quod predicti Henricus et alii habuerunt terras et tenementa ad sufficienter in balliva tua ubi possunt attachiari. Et habeas ibi nomina plegiorum et hoc breve. Teste, ut supra.

Mny 15, 1276.—Memorandum that proceedings against Hervey de Borham, the Precentor, for plurality of ecclesiastical benefices, are adjourned until certain privileges exhibited have been examined.

Fol. 25b.

HERVEUS DE BORHAM.—Memorandum quod anno Domini M°CC°LXX° sexto, die Lune proximo post Festum Ascensionis Domini, comparente coram, nobis Thoma, Dei gracia Episcopo Herefordensi, in ecclesia de Kensington, Londoniensis diocesis, magistro Roberto de Ros, Procuratore domini Hervei de Borham, Precentoris Herefordensis, cum speciali potestate et mandato ejusdem Precentoris ad consenciendum nostro decreto; interponendo etiam extra territorium nostre jurisdiccionis super prorogacione negocii in quo, auctoritate nostra, ex officio contra memoratum

Precentorem super beneficiorum et dignitatum pluralitate proceditur ; exhibito nobis prius per eundem Procuratorem tenore quorundam privilegiorum dicti Precentoris in formam publicam sub manu notarii publici, ut videbatur, redacto, unacum tenore auctoritatis dicti tabellionis seu notarii, sub sigillo officialitatis Londoniensis, et Abbatis Westmonasterii, dictorumque instrumentorum penes nos copia remanente; volentes super hiis et aliis negocium antedictum tangentibus, tractatu prehabito diligenti, plenius informari, et in negocio hujusmodi secundum juris exigenciam cum debita maturitate procedere, negocium memoratum sub forma infrascripta, de consensu dicti Procuratoris expresso, duximus deferendum seu etiam prorogandum, quousque Precentori predicto aliud super hoc dederimus in mandatis; videlicet ut, monicione competenti prehabita, dictus Precentor per se vel Procuratorem ydoneum, secundum formam citacionis per nos sibi faciende, compareat in dicto negocio secundum retroactorum tenorem legittime processurus.

May 15.—Appointment of Robert de Ross as Proctor for Hervey de Borham.

HERVEUS DE BORHAM.—Reverendo in Christo Patri, Domino Thome, Dei gracia Herefordensi Episcopo, suus filius devotus, Herveus de Borham, Precentor ejusdem, salutem, obedienciam, reverenciam, et honorem. Ad consenciendum specialiter nomine nostro ut negocium quo autoritate vestra, seu per vos ex officio, contra nos super beneficiorum et dignitatum pluralitate proceditur a vobis, ubicunque fueritis, eciam extra territorium vestre jurisdiccionis, ulterius progetur seu differatur, et vestrum decretum super hoc admittendum, dilectum nobis magistrum Robertum de Ros Procuratorem nostrum facimus specialem, ratum habiturus quicquid idem Robertus nostro nomine fecerit in premissis. Datum Londoniis et nostro sigillo signatum, Idibus Maii.

May 11, 1276.—Letter to the Prior and Convent of Leominster adjourning further the visitation already announced and deferred.

LEOMINISTRE : PRO VISITACIONE.—Thomas, etc., dilectis filiis, Priori et Conventui de Leominstre, etc. Dudum in monasterio vestro tempore quadragesime existentes visitacionis officium in vobis et ipso monasterio proposuimus exercere. Quod cum ad preces vestras distulimus ex causa usque in crastinum Sancte

Trinitatis proximo nunc venturum, quem terminum vobis duximus assignandum ad id faciendum circa visitacionem hujusmodi quod tunc fecisse debuimus; quia vero in dicto termino in vestro monasterio presentes esse non possumus, aliis negociis prepediti, vobis constare facimus per presentes quod in crastino Sancti Laurencii in vestro monasterio erimus ad visitacionis officium, auctore Domino, exercendum. Quocirca vobis mandamus quod dicta die omnes sitis presentes ibidem, et habeatis parata omnia que visitacio predicta requirit. Valeatis. Datum apud Kensingtone, v Idus Maii, Pontificatus nostri anno primo. Defectus eciam quos, cum ibi essemus, invenimus, et quos per vos mandavimus postea emendari, taliter corrigere studeatis, ne ad penam vobis ob vestram negligenciam infligendam procedere debeamus; quod procul dubio faciemus, nisi circa predicta manum velitis apponere correctricem.

Fol. 26.

May 12.—Mandate to his bailiff at Whitbourne to allow Roger de Evesham pasturage for goats, and husbote *and* heybote, *as before; he is not to have seisin till the Bishop comes there.*

WYTEBURNE: PRO R[OGERO] DE EVESHAM.—Thomas, etc., Willelmo de Chilteham, ballivo suo de Wyteburne, etc. Mandamus vobis quod permittatis dominum Rogerum de Evesham habere per plevinam pasturam ad capras suas et husbotam et heybotam sicut tempore nostro hactenus habuit; ita quod per hoc quietam seysinam non habeat donec in Episcopatum nostrum personaliter veniamus. Valeatis. Datum apud Westmonasterium, iiij Idus Maii.

Memorandum.—The right of giving in marriage the heirs of William Marmion is transferred to the Bishop for 250 marks. Their wardship was offered to him for 300 marks, but not accepted. For the estate, till the heirs were of age, he offered £100.

Memorandum quod dominus Philippus Marmiun[1] concessit Domino maritagium Johannis, filii et heredis domini Willelmi Marmyun, et aliorum heredum dicti Willelmi, infra etatem existencium, pro CCL marcis.

Item wardam eorumdem heredum optulit dictus Philippus pro CCC marcis; tamen inde non est conventum.

Offert Dominus pro warda terrarum Willelmi Marmion usque ad plenam etatem Johannis heredis Willelmi, et aliorum heredum

---

[1]—Philip Marmion, who held Tamworth as hereditary champion of England, had married Joanna de Kilpeck, a ward of William de Cantilupe, the second baron.

Episcopi Herefordensis. 81

infra etatem existencium, centum libras; ita ut ab Octabis Sancte Trinitatis proximo venture omnes proventus sint sui, unacum omnibus escaetis et juribus que ad dictum Philippum vel heredes suos racione dicte warde possent pertinere. Et de hoc faciat cartam suam pro se et heredibus suis cum warancia; et quod istud recognoscat in Curia Domini Regis. Et petit Dominus quod istas CCCC marcas possit solvere infra duos annos, et ipse inde faciet bonam obligacionem.

June 9.—Letters of recall were presented by Hugh de Newenton, but he had to present himself again with proofs of the genuineness of the seals and evidence of title.[1]

v Idus Junii, apud Kensingtone, in camera Abbatis de Abyndone, comparuit coram Domino Episcopo Herefordensi Hugo de Newentone, capellanus, exibens unam litteram revocacionis sigillo Henrici de Kingesemede sigillatam, ut dixit, et aliam sigillatam sigillo Archidiaconi Herefordensis, ut dixit. Querebat autem Dominus ab eo an probaciones sigilli sufficientes haberet, et dixit se habere tantummodo unum testem, quem, quia non potuit facere plenam fidem, Dominus non admisit, set prefixit dicto Hugoni diem Dominicam proximam ante Festum nativitatis Sancti Johannis Baptiste, qua compareat coram eo vel suis commissariis apud Prestebury, exhibiturus probaciones et alia jura que pro se habet in negocio presentacionis ad ecclesiam de Actone in Longefelde; salvo dicto Episcopo et eidem Hugoni jure quod utrique competit in ecclesia memorata. Episcopus contulit ei ecclesiam per lapsum temporis, ut sequitur.

June 21.—Institution to the Church of Acton Scott of Hugh de Newenton, priest, presented by Walter le Seculer, Reginald le Scott, and Robert de Stretton. The right of presentation had lapsed to the Bishop. Mandate for induction.

ACTONE IN LONGEFELDE.—Thomas, etc. Hugoni de Newtone, presbitero, salutem, etc. Ad ecclesiam de Actone in Longefelde te, ad presentacionem dilectorum filiorum Walteri, dicti le Seculer, Reginaldi le Scot, et Roberti de Strettone, clerici, verorum patronorum[2] ejusdem, admittimus, et canonice instituimus in eadem, secundum formam constitucionis in proximo preterito Lugdunensi Concilio promulgate. In cujus rei, etc. Datum apud Bromyard, xj Kalendas

---
1—This and the next entry in the Register appear to have been cancelled.
2—They were co-parceners in the Manor, which had belonged to six. Eyton, Shropshire xi 380.

Julii. Quia collata est ei per lapsum temporis per Episcopum, ut sequitur, mandatum est Officiali quod inducat eum in corporalem possessionem.

June 21.—Institution to the Church of Aylton of Adam de Wistanstow, presented by Raymund de Haumon. Mandate of induction.

Fol. 26b.   Thomas, etc., Ade de Wistanestowe, presbitero, salutem, etc. Ad ecclesiam de Alhamstone te ad presentacionem Reymundi de Haumon, veri patroni ejusdem, admittimus et canonice instituimus in eadem, secundum formam Constitucionis in proximo preterito Lugdunensi Concilio promulgate. In cujus rei, etc. Datum apud Bromyard, xj Kalendas Julii.

Mandatum est Officiali quod inducat eum in corporalem possessionem.

Collation by lapse and institution of Hugh de Newton to the Church of Acton Scott (as above).

ACTONE IN LONGEFELD.—Thomas, etc., Hugoni de Neutone, presbitero, salutem, etc. Ecclesiam de Actone in Longefeld, ad nostram collacionem per lapsum temporis devolutam, tibi conferimus intuitu caritatis. In cujus rei, etc. Datum apud Bromyard xj Kalendas Julii.

Mandatum est Officiali quod inducat Hugonem in possessionem [corporalem].

June 24.—Custody of the Church of Willey committed to Adam de Wheathill, acolyte. Mandate of induction.

WYLILEYE.—Commissa est custodia ecclesie de Wylileye Ade de Wetenhale, acolito; et mandatum est Officiali quod inducat eum in corporalem possessionem. Datum apud Castrum Episcopi viij Kalendas Julii.

June 25.—Custody of the Church of Little Wenlock committed to John de Romsey, acolyte, till Michaelmas. Mandate of induction.

PARVA WENLAKE.—Commissa est custodia ecclesie de Parva Wenlake Johanni de Romeseye, acolito, usque ad Festum Sancti Michaelis; et mandatum est Officiali quod inducat eum, etc. Datum apud Wygemor, vij Kalendas Julii.

Letter to the bailiffs of Hereford requiring satisfaction for the violation of ecclesiastical rights in refusing to hand over the keys of the City during the fair-time.

PRO NUNDINIS DOMINI HEREFORDENSIS.—Waltero de la Barre, Reginaldo Maniworde, Ricardo le Husser, ballivis et aliis probis hominibus Herefordensibus salutem in salutis Auctore. Cum, sicut didicimus a nostris fidelibus et juratis, predecessores nostri, Episcopi Herefordenses, suo et Ecclesie nostre nomine, in possessione vel quasi hujus libertatis extiterint ab antiquo, [et] annis singulis tempore nundinarum Sancti Ethelberti Herefordensis, in ipsarum inicio civitatis Herefordensis portarum et clavium earundem custodia ballivis ipsorum Episcoporum tradi consueverit, habenda pacifice et quiete durantibus nundinis memoratis; vos, ut accepimus, in proximo preteritis nundinis Sancti Ethelberti dictam custodiam et claves in forma predicta nostris ballivis liberare contra justiciam recusastis, licet super hoc per eos fuissetis pluries requisiti. Cumque dilectus filius, Officialis noster, vos in dicta contradiccione perdurare conspiceret, vos canonice monuit et curialiter requisivit ut ballivis nostris nostro nomine liberare dictam custodiam secundum prius optentam consuetudinem curaretis; quod tamen hactenus renuistis facere, in nostrum et ecclesie nostre prejudicium non modicum ac vestrarum periculum animarum et contemptum. Cum itaque libertatum et jurium Ecclesie in premissis aut aliis spoliatores non dubium sit sentenciam excommunicacionis incurrere, licet vestram inobedienciam induratam animadversione gravi punire possemus, volentes tamen erga vos mitius agere in hac parte, vos iterum requirimus et in Domino monemus quatinus citra Festum Sancti Petri ad vincula proximo sequens super transgressione predicta nobis et ecclesie nostre curetis satisfacere competenter. Alioquin ad vestram inobedienciam et superbiam puniendam per utriusque brachii potestatem quatenus poterimus auctore Domino procedemus. Quid autem super premissis facere volueritis nobis per latorem presencium rescribatis.

July 8.—Mandate to Luke de Bree to install Edmund Mortimer in the prebend vacated by Peter de Radnor, and also Richard de Stratford in that vacated by Edmund Mortimer.

Thomas, etc., magistro L[uce] de Bree, Canonico Herefordensi, salutem, etc. Quia dilecto filio, domino Edmundo de Mortuo Mari, prebendam que fuit magistri Petri de Radenoure in Ecclesia

Herefordensi, ut scitis, et prebendam que prius fuit domini Edmundi in ecclesia predicta, caro nostro magistro Ricardo de Stratford contulimus intuitu caritatis, vobis mandamus quatinus dictos Edmundum et Ricardum quemlibet in sue prebende possessionem corporalem cum pertinenciis inducatis, etc. Datum Cantuarie, viij Idus Julii.

July 9, 1276.—Writ to the Sheriff of Worcestershire to distrain on the Earl of Gloucester.

Fol. 27.

Rex Vicecomiti Wygornie salutem. Precipimus tibi quod distringas Gilbertum de Clare, etc. . . ut supra (p. 53).

Teste R[adulfo] de Hengham apud Reyleye, ix die Julii, anno regni nostri quarto.

Similar writ to the Sheriff of Gloucestershire.

Rex Vicecomiti Gloucestrie salutem. Precipimus tibi, sicut alias tibi precepimus, quod non omittas propter libertates de Thekesbyre et Thornbure quin distringas Gilbertum de Clare, etc.; et quod habeas corpus ejus coram nobis a die Sancti Michaelis in xv dies ubicunque, etc.; ad respondendum Thome, Episcopo Herefordensi, de placito quare, etc. Precipimus eciam tibi quod non omittas propter eandem libertatem quin habeas coram nobis ad prefatum terminum xl solidos quos fieri fecisti de exitibus predicti Episcopi, prout nobis mandasti a die Sancti Johannis Baptiste in xv dies. Alioquin de terris et catallis tuis fieri faciemus. Et habeas ibi hoc breve. Teste, etc.

June 14, 1276.—Letter of Humbert de Yanua, Chanter of the new Church of St. Catherine, at Aquabella, submitting himself unreservedly to the decision of the Bishop in the disputed claim to the prebend of Inkberrow, which was before the Papal Court. June 21, 1276.—Similar letter of William Ruffus, presbyter. The Bishop's decision in favour of William Ruffus.

Omnibus Christi fidelibus presentes litteras inspecturis, Thomas, etc., salutem in Domino sempiternam. Litteras Reverendi Patris, Domini Girardi, Dei gracia Episcopi Virdunensis, et domini Humberti de Yanua, presbiteri, ecclesie nove Beate Katerine de Aqua Bella[1] Cantoris, sigillis munitas et ex parte dicti Humberti

---

[1]—This Collegiate Church was founded by Bishop Peter de Aquablanca for a Provost and twelve prebendaries on the model of Hereford Cathedral; v. Introduction.

nobis exhibitas, recepimus in hec verba,—Universis presentes litteras visuris vel audituris, Humbertus de Yanua, Ecclesie nove Beate Katerine de Aqua Bella Cantor, salutem in Domino sempiternam. Noverit universitas vestra quod in causa seu questione que vertitur in Curia Romana inter me, Humbertum predictum, ex una parte, ac dominum Willelmum Ruffum ex altera, super prebenda de Ynteberge in Ecclesia Herefordensi, suppono et subicio me totaliter ordinacioni Reverendi Patris, Domini Thome, Dei gracia Herefordensis Episcopi ; ratum et gratum habiturus quicquid per dictum Reverendum Patrem, Dominum Episcopum, ordinatum fuerit in premissis ; promittens eciam juramento ad Sancta Dei Evangelia corporaliter prestito, et sub obligacione omnium bonorum meorum ecclesiasticorum et mundanorum, me contra ordinacionem dicti Reverendi Patris de jure et de facto, per me vel per alium, in aliquo non venturum ; renuncians in hoc facto excepcioni doli, metus, et in factum,[1] et omni alii juris auxilio tam canonici quam civilis, et specialiter juri dicenti generalem renunciacionem non valere ; renuncians eciam, postquam dicta ordinacio promulgata fuerit a dicto Domino Episcopo, omnibus litteris super hoc impetratis et eciam impetrandis imposterum, quas extunc volo viribus carere et penitus nullas esse. In cujus rei testimonium sigillum Reverendi Patris Girardi, Dei gracia Virdunensis Episcopi, una cum sigillo meo, presentibus litteris rogavi apponi. Nos vero, Virdunensis Episcopus, ad rogatum dicti Humberti sigillum nostrum, una cum sigillo ejusdem, presentibus litteris duximus apponendum in testimonium veritatis. Datum xviij Kalendas mensis Julii, anno Domini M°CC°LXX° sexto.

Litteras eciam domini Willelmi Ruffi, presbiteri, et Officialis Herefordensis sigillis signatas, et per eundem Willelmum nobis traditas, recepimus in forma inferius annotata,—Universis presentes litteras visuris vel audituris, Willelmus Ruffus, presbiter, salutem in Domino sempiternam. Noverit universitas vestra quod in causa seu questione que vertitur in Curia Romana inter dominum Humbertum de Yanua, ecclesie nove Beate Katerine de Aqua Bella Cantorem, ex parte una, et me Willelmum predictum ex altera, super prebenda de Ynteberge in Ecclesia Herefordensi, suppono et subicio me totaliter ordinacioni Reverendi Patris, Domini Thome, Dei gracia Herefordensis Episcopi ; ratum et gratum habiturus, etc. . . ut supra. Nos vero, Officialis Herefordensis, ad pre-

1—These are technical pleas of the Civil law.

dicti Willelmi instanciam sigillum nostrum apposuimus huic scripto in testimonium veritatis. Datum apud Bromyard, xj Kalendas Julii, anno Domini M°CC°LXX° sexto. Cum itaque ex inspeccione dictarum litterarum liquido nobis constet prefatos Humbertum et Willelmum se ordinacioni nostre in causa seu questione super prebenda de Ynteberge in Ecclesia Herefordensi totaliter subjecisse, memoratum Humbertum per Girardum de Ogina, personam de Colewalle, Procuratorem suum legittime constitutum per suas patentes litteras nobis exhibitas, quarum tenor talis est—Universis presentes litteras visuris vel audituris Humbertus de Yanua, ecclesie nove Beate Katerine de Aqua Bella Cantor, salutem, etc. Cum in causa seu questione que vertitur in Curia Romana, etc., supposuerim me totaliter ordinacioni Reverendi Patris, Domini Thome, Dei gracia Episcopi Herefordensis, et idem Reverendus Pater michi diem assignaverit apud Prestebury, die Dominica ante Nativitatem Beati Johannis Baptiste proximo venturam, ad ordinandum de premissis; et dicte diei interesse non valeam, variis occupacionibus impeditus, discretum virum Gererdum[1] de Ogina, personam de Colewelle, Herefordensis diocesis, meum constituo, facio, et ordino Procuratorem, dans eidem plenam et liberam potestatem supponendi se nomine meo, et me per ipsum, ordinacioni predicti Reverendi Patris, Domini Thome, Dei gracia Herefordensis Episcopi, et jurandi in animam meam, et audiendi ordinacionem quam idem Reverendus Pater in premissis duxerit faciendam, et omnia alia faciendi que ego facerem, vel facere possem, si presencialiter presens essem; ratum et gratum habiturus, etc. In cujus rei testimonium sigillum Reverendi Domini Girardi, Dei gracia Virdunensis Episcopi, una cum sigillo meo presentibus litteris rogavi apponi. Nos vero, predictus Virdunensis Episcopus, ad rogatum dicti Humberti, sigillum nostrum, una cum sigillo ejusdem, presentibus litteris duximus apponendum in testimonium veritatis. Datum xviii Kalendas Julii, anno Domini M°CC°LXX° sexto. Et predicto Willelmo personaliter apud Bromyard comparente coram nobis, prestitoque a partibus de ordinacione nostra in omnibus observanda ad Sancta Dei Evangelia corporaliter juramento, ac instanter petentibus ut ad ordinacionem faciendam super causa seu questione predicta procedere curaremus; nos, consideratis et ponderatis omnibus circumstanciis predictam questionem contingentibus undecunque, ipsi questioni finem imponere cupientes, ad

1—The spelling, it will be noted, is somewhat capricious here, as in the case of *Colewelle, parochia*, and other words.

ordinacionem super ea faciendam equitate pensata procedimus in hac parte.

28. In nomine Sancte et Individue Trinitatis. Nos, Thomas, miseracione divina Episcopus Herefordensis, in causa seu questione, etc. . . ut supra, dicimus, ordinamus, et diffinimus inter partes predictas quod dictus Humbertus super predicta prebenda de Ynteberge, cum omnibus suis pertinenciis, cedat penitus omni liti et accioni sibi super ea quomodolibet competenti, et reddat nobis suas litteras apostolicas quas habet super ea, et totum processum habitum de eadem; et quod dominus Willelmus Ruffus predictam prebendam de Ynteberge teneat intitulatam, quoad vixerit, pacifice et quiete; et quod pro bono pacis et redempcione expensarum et laborum dicti Humberti in lite predicta solvat dictus Willelmus dicto Humberto quatuor viginti et decem libras sterlingorum in terminis infra scriptis et locis; videlicet, in Festo Sancti Michaelis, Archangeli, anni presentis, unam medietatem apud Novum Templum Londoniarum; et in proximo Festo Sancti Ethelberti, aliam medietatem in Ecclesia Cathedrali Herefordensi; et quod ad dictam summam pecunie dictis locis et terminis persolvendam se obliget, sicut duximus ordinandum; reservantes nobis potestatem partes compellendi, sine strepitu judiciali, ad premissa omnia observanda. Et ad perpetuam memoriam premissorum presentem paginam sigillo nostro fecimus communiri. Datum et attestatum apud Bromyard, xi Kalendas Julii, anno Domini M°CC°LXX° sexto, Pontificatus nostri primo.

Aug. 11, 1276.—Formal notice of intended Visitation given to the Prior and Convent of Leominster.

LEOMINSTRE.—Cum nos, Thomas, etc., in crastino Sancti Laurencii terminum peremptorium vobis dederimus ad visitandum vos Priorem et Conventum Leoministrie et monasterium vestrum, nichilque fuisset per vos ea die propositum quod nos a visitacione predicta impedire deberet, licet super hoc essetis sepius requisiti, ad vestram supplicacionem et peticionem assiduam, de consensu vestro expresso, terminum precisum et peremptorium vobis damus et prefigimus die Sabbati proxima ante Festum Exaltacionis Sancte Crucis quod omnes et singuli compareatis coram nobis in Capitulo monasterii predicti, visitacionem nostram precise admissuri, quam tunc facere intendimus, Domino annuente, prout officii nostri cura requirit. Actum in Capitulo Leominstrie die Martis in crastino

Sancti Laurencii, presentibus domino Eadmundo de Mortuo Mari, domino Willelmo Rufo, magistris Willelmo de la Haye, Luca de Bree, Philippo de Kynardesleye, Johanne de Wygemor, Rogero de Sevenake, Gilberto de Heywode, Johanne de Croft, Johanne de Clare, Johanne de Wymbeldone. Dominus autem Prior cum Conventu presentes dicte prefixcioni coram nobis expresse consenserunt.

Aug. 13.—Mandate to the Succentor of the Cathedral to cite Hervey de Borham, Dean of St. Paul's, to appear before the Bishop to answer for plurality of benefices.

CITACIO H[ERVEI] DE BORHAM.—Thomas, etc., Succentori ejusdem Ecclesie, salutem, etc. Cum negocium quo ex officio nostro contra discretum virum, dominum H[erveum] de Borham, Decanum Sancti Pauli Londoniarum, super pluralitate beneficiorum et dignitatum aliquamdiu duximus procedendum, certis ex causis hactenus fuerit protelatum, et in ipsius dicti H[ervei] et multorum aliorum periculum, ut timemus, idem negocium adhuc remaneat indecisum; volentes secundum Deum et justiciam in negocio procedere memorato, vobis mandamus firmiter iujungentes quatinus predictum H[erveum] citetis peremptorie quod compareat coram nobis, vel commissariis nostris, in ecclesia parochiali de Dymmok, die Sabbati proximo post Festum Exaltacionis Sancte Crucis, in dicto negocio secundum retroacta processurus, etc. Et quid super hujus mandati nostri execucione feceritis, etc. Datum apud Wytheburne, Idibus Augusti.

Aug. 13.—Mandate to the Prior and Convent of Leominster to give free access to the Church, as has been repeatedly enjoined.

LEOMINSTRE.—Thomas, etc., Domino Priori et Conventui Leominstrie salutem, etc. Licet vobis alias dederimus in mandatis quod quamdam portam versus ecclesiam parochialem citra Festum Sancte Trinitatis proximo preteritum amovere faceretis, ex cujus porte clausura multa et varia pericula iminebant, prout in litteris nostris vobis super hoc directis plenius continetur, lapsoque termino predicto, quia illud mandatum nostrum exequi non curastis, vos inobedientes merito reputaverimus et contumaces, quarum penam nobis reservavimus vobis pro tempore infligendam; ac iterato idem mandatum nostrum citra Festum Beati Laurencii proximo preteritum, sine ulteriori dilacione injunxerimus adimplendum; vos tamen spretis et contemptis mandatis nostris dictam portam amovere, non sine nota multiplicate inobediencie, neglexistis in nostri contemptum et ipsorum parochianorum prejudicium et non modicum gravamen. Quocirca vobis mandamus, sub pena viginti librarum, nichilominus striccius injungentes quatinus infra quindecim dies a tempore recepcionis harum portam predictam amovere faciatis, ut ita parrochianis et aliis ingredi volentibus ad ecclesiam sine ipsius porte impedimento liber pateat accessus infuturum. Pro multiplicatis vero contumacia vestra et inobediencia tociens contractis penas debitas, prout nobis videbitur expedire, sicut prius vobis reservavimus infligendas. Datum apud Wytheburne, Idibus Augusti.

Aug. 15, 1276.—Mortgage of lands at Sevenhampton by Ralph Musard de Fresne to the Bishop for four years, for forty shillings, a house and garden and coppice with certain rights of way being reserved. The Bishop will allow to Ralph the thirty-two shillings due as annual rent to himself, and two shillings and fourpence yearly in addition.

RADULFUS MUSART DE PRESTEBURY.—Hec est convencio facta inter Venerabilem Patrem, Dominum Thomam, etc., ex parte una, et Radulfum Musard de Fraxinea, ex altera, videlicet quod dictus Radulfus tradidit et obligavit dicto Domino Episcopo, et heredibus suis vel assignatis, totam terram suam quam habebat, vel habere debebat, in parochia de Sevenhamptone, cum omnibus pertinenciis, pratis, pascuis, pasturis, nemoribus, aquis, viis et semitis, a Festo Assumpcionis Sancte Marie, anno Domini M°CC°LXX° sexto, usque ad terminum quatuor annorum continue sequencium completorum. Retinuit vero dictus Radulfus ad opus suum domos suas cum orto, et unam semitam eundi ad fontem suum ad hauriendam aquam suam, et pasturam vie que ducit versus ecclesiam et versus regalem viam a domo sua. Tamen licebit bene Domino Episcopo ire per eandem viam cum plaustris, carectis et averiis, quandocunque necesse habebit. Retinuit vero sibi dictus Radulfus boscum[1] in nemore suo ad opus suum, ita tamen quod non possit alicui de dicto bosco vendere, dare, vel irradicare. Promisit autem dictus Radulfus per sacramentum suum pro se et heredibus suis vel assignatis[2] dicto Domino Episcopo, et heredibus suis vel assignatis,

1—In MS. *boscam*.   2—In MS. *assingnatis*.

dictam terram cum omnibus pertinenciis salvare, defendere, manutenere, et warentizare contra omnes, usque ad dictum terminum. Pro hac autem tradicione et obligacione mutuavit eidem Radulfo dictus Dominus Episcopus quadraginta solidos bonorum et legalium sterlingorum pre manibus; quos quadraginta solidos dictus Radulfus vel heredes sui debent solvere vel restituere dicto Domino Episcopo, vel assignatis suis, in fine termini superius nominati, vel ante predictum terminum si dictus Radulfus sit potens de quadraginta solidis sibi solvendis. Et bene licebit dicto Radulfo, vel heredibus suis, solucione quadraginta solidorum facta, intrare in terra sua sine aliquo impedimento, salvis dicto Episcopo, et heredibus vel assignatis suis, fructibus suis tunc exstantibus in terra predicta, et aliis impensis quas fecerit circa melioracionem ejusdem terre. Si vero dictus Radulfus vel heredes sui infra terminum supradictum dictam solucionem non fecerint, tenebit dictus Dominus Episcopus, vel assignati sui, dictam terram cum omnibus pertinenciis suis de anno in annum, quousque sibi sit, vel assignatis suis, de quadraginta solidis plenarie satisfactum, et de fructibus et expensis suis, ut predictum est. Allocabit autem dictus Dominus Episcopus, vel assignati sui, dicto Radulfo, vel heredibus suis, quolibet anno dum terra fuerit in manu Domini, triginta duos solidos sterlingorum, de quibus dicta terra onerata est in redditu debito dicto Domino Episcopo ad quatuor anni terminos usuales. Reddet vero dictus Dominus Episcopus, vel assignati sui, dicto Radulfo, vel heredibus suis, duos solidos et quatuor denarios annuatim que excedunt extentam[1] dicte terre ultra redditum debitum et consuetum. Ad hec vero omnia premissa et singula fideliter observare et in nullo contravenire dictus Dominus Episcopus et Radulfus huic scripto sigilla sua, ad modum cyrographi facto, apposuerunt in testimonium veritatis; hiis testibus, Willemo Symond de Prestebury, Philippo des Yvetens, Willemo le Hore de Chiltham, Hugone clerico, Johanne Andreu, Radulfo Fraunceys, Johanne Saumun, capellano, Galfrido Davy, et Girardo tunc ballivo de Prestbury, et multis aliis.

1—In MS. *exstentam.*

Nov., 1262.—Royal mandate to enroll the agreement between Bishop Peter with the Chapter on the one side and the citizens of Hereford on the other. The agreement provided for the Bishop and the Chapter the right of assize of bread and beer, use of the town pillory and ducking-stool, freedom of barter for their tenants in Hereford and for tradesmen in Bromyard, Ledbury, Ross, and Preston. Further arrangements were made as regards legacies by townsmen to the Cathedral, the market at Preston, and the repairs of the walls.

De libertatibus Ecclesie Herefordensis, contentis in quadam composicione inter Episcopum, Decanum et Capitulum, et cives Domini Regis Herefordenses.—Quindena Sancti Martini et Octabis, anno regni Regis Henrici, filii Regis Johannis, xlvij° coram Justiciariis de Banco.

Herefordia.—Dominus Rex mandavit hic quod, cum reformacio pacis inter P[etrum], Episcopum Herefordensem, Decanum et Capitulum ejusdem loci, et cives ejusdem civitatis, super quibusdam contencionibus inter eosdem Episcopum, Decanum et Capitulum, et prefatos cives dudum prehabitis coram Justiciariis hic esset retractata et ostensa, eandem pacem aperte et distincte inrotulari facerent; ita quod temporibus futuris et audita et inspecta fuerint predicta scripta a Justiciariis; quorum alteri parti appensa fuerunt sigilla predicti Episcopi, Decani et Capituli, et alteri parti sigillum communitatis predicte civitatis; quorum tenor est talis,—

Memorandum quod, cum mota esset controversia inter Venerabilem Patrem Episcopum Petrum, Decanum et Capitulum Herefordense, ex parte una, et cives Herefordenses, homines Domini Regis, ex altera, super quibusdam libertatibus et aliis juribus, inter eos in forma subscripta amicabiliter convenit; videlicet quod predicti cives, homines Domini Regis, quantum in eis est concesserunt pro se et heredibus suis, quod predicti Episcopus, Decanus et Capitulum, et Canonici, et eorum successores, habeant in perpetuum, pacifice et sine aliqua reclamacione dictorum civium vel heredum suorum, assisam panis et cerevisie de omnibus hominibus suis tenentibus de eisdem in capite, et de omnibus aliis manentibus in eorum terris et feodis in civitate Herefordensi et in suburbio ejusdem civitatis; nec dicti cives intrabunt terras vel feoda predicta pro aliquibus attachiamentis faciendis. Et si contingat aliquem de hominibus dictorum Episcopi, Decani et Capituli per ballivos Domini Regis attachiari pro delicto assise panis et cerevisie non servate, restituetur de curia dictorum civium, quam habent de Domino Rege, ballivis dictorum Episcopi, Decani et Capituli cum delicto suo pro quo fuit attachiatus, et in ipsorum curia judicium suum recipiet et punietur. Item predicti cives concesserunt, pro se et heredibus suis, prefatis Episcopo, Decano et Capitulo, et successoribus suis in perpetuum, sine contradiccione, calumpnia, seu impedimento sui vel heredum aut ballivorum suorum, pilloricum et tumbrellum Domini Regis in civitate Herefordensi, tam tempore nundinarum dicti Episcopi quam extra, ad predicta judicia sua facienda et alia cum contingent per ballivos ipsorum Episcopi, Decani et Capituli. Predictus vero Episcopus pilloricum et tumbrellum que levaverat in civitate predicta, unde erat contencio inter eos in Curia Domini Regis, faciet prosterni, ita quod decetero non leventur. Item concesserunt dicti cives, pro se et heredibus suis inperpetuum, quod omnes homines dictorum Episcopi, Decani et Capituli, et Canonicorum, et alii qui manent in eorum terris et feodis in civitate predicta, libere emant et vendant in eadem civitate et marchandisas suas faciant, et quieti sint de tolneto et de omnibus aliis exaccionibus quibuscunque, excepta gente de advocaria. Item omnes homines forinseci dictorum Episcopi, Decani et Capituli, tam liberi quam custumarii exceptis mercatoribus mercata ad marchandisas suas faciendas exercentibus in predicta civitate ad opus suum proprium, libere emant omnia venalia in perpetuum, et blada sua et animalia et omnia alia bona sua vendant ad placitum suum, excepta vendicione pannorum per ulnas; et quieti sint de tolneto et omnibus aliis exaccionibus. Et cum dubium fuerit qui sint mercatores de hominibus predictis, credatur eis super hoc per solam affidacionem suam sine aliqua alia difficultate. Item concesserunt dicti cives, pro se et heredibus suis predictis Episcopo, Decano et Capitulo, et successoribus suis, quod mercatores tenentes de feodis suis manentes in villis de Bromyard, Ledebury, Ros, et Prestone, libere emant in civitate predicta, sicut ante istam concordiam facere consueverunt; ita quod pro marchandisis suis quieti sint de tolneto et omnibus aliis exaccionibus. Item predicti Episcopus et Decanus et Capitulum concesserunt, pro se et successoribus suis, quod a die quo hec concordia facta fuit inposterum nichil ad se attrahent de feodo Domini Regis, set contenti erunt de terris et tenementis que habuerunt ante istam concordiam in civitate predicta inperpetuum. Et si contingat decetero aliquem de predictis civibus vel eorum heredibus, vel de aliis qui manent extra civitatem et habent tenementa infra eandem de feodo Domini Regis, redditum aliquem legare ecclesie Cathedrali Herefordensi de tenementis suis que

Fol. 29b.

sunt de feodo Domini Regis, de eisdem tenementis nichil aliud habere debebunt vel poterunt predicti Episcopus, Decanus et Capitulum, vel eorum successores, nisi tantum predictum redditum, nec occasione illius annui redditus de dictis tenementis aliquam libertatem clamare inperpetuum. Item mercatum coriorum transferatur ad alium locum quam nunc est, de communi assensu dictorum civium et hominum Domini Episcopi, Decani et Capituli, et ubi melius viderint expedire in predicta civitate in perpetuum statuatur. Item de muragio sic provisum est; quod cum necesse fuerit claudere civitatem predictam, assignetur pars aliqua muri claudenda hominibus dictorum Episcopi, Decani et Capituli, et successorum suorum pro rata, secundum quod majus et minus habent in civitate per visum quatuor legalium hominum, neutri parti suspectorum, si simul concordare non poterunt ad dictam civitatem in communi claudendam. Item de mercato de Prestone provideatur quod remanere possit absque indempnitate dictorum civium. Et sic provisum est quod stet in die Veneris sicut nunc est, vel die Mercurii, ad eleccionem predictorum civium. Item concedunt predicti cives, quantum in eis est, quod Decanus et Capitulum libere utantur in feodis suis in civitate Herefordensi et in suburbio attachiamento de infongenethef, secundum quod continetur in Carta quam habent de Domino Rege. Item porte omnes civitatis communes sint predictis Episcopo, Decano et Capitulo, Canonicis, et eorum hominibus ad liberum introitum et exitum habendum, sine impedimento civium vel ballivorum suorum. Et concessum est ex utraque parte quod procurabunt quod cyrographum fiat super omnibus predictis in Curia Domini Regis. In cujus rei testimonium huic scripto, in modum cyrographi confecto, partes alternatim sigilla sua apposuerunt. Et cyrographo super premissis facto in Curia Domini Regis, cuilibet dictarum parcium pars altera presentis scripti, cum sigillis propriis, restituetur. Actum apud Herefordiam die Martis in septimana Pasche, anno Domini M°CC°LX° secundo, coram dominis Roberto Waleron et Nicholao de Turri, Justiciariis a Domino Rege deputatis.

June 21, 1203.—Copy of the Charter of King John to Bishop Giles confirming the rights of the Church of Hereford.

CARTA DE LIBERTATIBUS HEREFORDENSIS ECCLESIE.—J[ohannes], Dei gracia Rex Anglie, Dominus Hybernie, Dux Normanie, Aquitanie, Comes Andegavie, Archiepiscopis, Episcopis, Abbatibus,

Prioribus, Comitibus, Baronibus, Justiciariis, Vicecomitibus, prepositis, ministris, et omnibus ballivis, et fidelibus suis salutem. Sciatis nos intuitu Dei, et pro salute nostra et pro animabus omnium antecessorum et successorum nostrorum, dedisse et concessisse et hac presenti carta nostra confirmasse Deo et Ecclesie Sancte Marie et Sancti Ethelberti Herefordensi, et Egidio ejusdem Ecclesie Episcopo et successoribus suis, quod ipsi habeant et teneant omnes terras et possessiones suas et tenementa sua in perpetuum in socha et sacha et thol et theam, et infangenetheof et utfangenetheof,[1] in bosco et in plano, in pratis, pascuis, in aquis et molendinis, in vivariis et piscariis, in viis et semitis, et quod ipsi homines sui de predictis tenementis sint liberi et quieti de geldis et danegeldis, de hidagiis et carucagiis, tollagiis, et de shiris et hundredis et de sectis, infra burgum et extra, et de stretwarda,[2] et de omnibus placitis et querelis que ad Comitatum et Hundredum pertinent, salvis hiis que ad regiam coronam pertinent. Concessimus eciam ei et successoribus suis quod ipsi et homines sui sint quieti et liberi ab omni cariagio et pontagio, passagio, peagio, stallagio,[3] et tolneto per omnia dominica nostra excepta civitate Londoniarum. Et quod ipsi sint quieti de hundredesfeha, wardefeha, et thethingpeny, et fisfeha,[4] et franco plegio, et de operacione castellorum et refeccione poncium et clausura parcorum, et de omnibus servilibus operacionibus et exaccionibus. Quare volumus et firmiter precipimus quod predictus Episcopus et successores sui habeant et teneant omnes predictas libertates bene et in pace, integre et honorifice, in omnibus locis et rebus sicut predictum est; hiis testibus, W. Marescallo, Comite de Pembrochia, W., Comite Arundellie, W., Comite Saresbirie; W., Comite de Dereby, Willelmo de Breose, Garino filio Geroldi, Galfrido de Say, Willelmo de Albeny, Thoma et Alano Basset. Datum per manum J. de Brancestre, Archidiaconi Wygorniensis, apud Rothomagum, xxi die Junii, anno regni nostri quinto.

1—These customary terms expressed the full jurisdiction of the lord of the manor over his tenants whether free or unfree. as also over thieves taken within the liberties, whether the offences were committed within or without.

2—*Stretwarda*, a tax for the maintenance of the King's highway.

3—Various forms of tolls and local imposts are here specified, as also dues connected with the hundred, the tithing, and watch and ward.

4—*Fisfeha*; this seems to be the *fisfe* of the *Regist. Prior. Wigorn.*, 173b, for which the Editor quotes *Est quidem consuetudo in villa de Wylegh ubi villarum tenentes debent solvere quilibet pro tenemento suo Hering-silver (Abbrev. Placit.*, Edw. I.. p. 282).

Aug. 24, 1276.—*Warning letter to the Prior and Convent of Leominster, insisting on the removal of the door which was kept closed, and fixing the penalty of disobedience at twenty pounds.*

LEOMINISTRE.—Thomas, etc., Priori et Conventui Leoministrie salutem, etc. Ea que vobis et ecclesie vestre grata esse possent vel accepta, novit Deus, affectamus, nec dolorem aliquem vobis intulisse seu aliqua alia fecisse meminimus nisi illa tantummodo ad que nos compulit cura pastoralis et officii nostri debitum, et que ad nos et ecclesiam de jure communi spectare dinoscuntur. Sane licet, propter multa et varia pericula in nostra visitacione in ecclesia vestra parochiali dudum comperta, quandam portam[1] amovere, per quam parochianis ad ecclesiam ipsam libere quandocunque pateret accessus, sepius dedissemus sub certis formis vobis in mandatis, quibus hactenus non extitit paritum; ob quod vestram contumaciam et inobedienciam nobis reservavimus pro loco et tempore puniendam; ac ultimo, sub pena viginti librarum, illud idem infra quindenam ab eo tempore precise sub illis eisdem condicionibus injunxerimus faciendum. Assiduis tamen vestris precibus devicti, terminum predictum usque ad diem Dominicum proximum ante Festum Exaltacionis Sancte Crucis, infra quod tempus penam antedictam viginti librarum committi volumus, vestri instancia et rogatu sine ulteriori dilacione prorogamus; decernentes ex nunc quod, lapso tempore predicto, pena committatur antedicta nisi mandatis nostris tociens super hoc vobis directis plene parere curaveritis in premissis. Valeatis. Datum apud Sugwas, ix Kalendas Septembris, Pontificatus nostri anno primo.

Mar. 1, 1241.—*Inspeximus and confirmation by King Henry of the Charter of King John.*

CONFIRMACIO CARTE PREDICTE.—Johannes,[2] Dei gracia Rex Anglie, etc. . . ut supra. Nos igitur H[enricus], etc., donacionem et concessionem predictarum libertatum ratas et gratas habentes, eas pro nobis et heredibus nostris concedimus et confirmamus, sicut predicta Carta racionabiliter testatur. Hiis testibus, Venerabilibus Patribus, W., Eboracensi Archiepiscopo, W., Karleolensi Episcopo, N., Dunelmensi Electo, Petro de Sabaudia, Stephano de Segrave, Johanne, filio Galfridi, Willelmo de Cantilupo, Bertramo de Crivile, Galfrido Dis-

---

[1]—This order was cancelled in 1282 by Archbishop Peckham, who directed that a Chapel should be built instead.
[2]—In MS. *Henricus*.

pensario, Drogone de Barentin, et aliis. Datum per manum nostram apud Wodestoke, primo die Marcii, anno regni nostri vicesimo quinto.

Copy of a Charter of Henry II. confirming the possession by the See of Hereford of assarts under Malvern and in the forest of Dean.

Fol. 30b.

CARTA DE ESERTIS SUB MALVERNIA ET IN FORESTA DE DENE SUPER WAYAM.—H[enricus], Rex Anglie et Dux Normanie et Aquitanie, et Comes Andegavie, Justiciariis, et Vicecomitibus, et Baronibus, et ministris, et forestariis, et omnibus fidelibus suis de Hereforscira et Gloecestrescira salutem. Sciatis me dedisse, et in perpetuam elemosinam concessisse, Ecclesie Herefordensi et Gilberto [Foliot] Episcopo, et omnibus successoribus suis, omnia esarta[1] sub Malvernia, unde idem Gilbertus Episcopus saisitus fuit die qua primo coronatus fui apud Westmonasterium, et quicquid poterit idem Episcopus essartare in foresta de Dena, super Wayam fluvium, sicut Willelmus de Bello Campo ei monstravit, et eum inde precepto meo seysivit. El volo et firmiter precipio quod Ecclesia Herefordensis et Gilbertus Episcopus, et omnes successores sui, habeant et teneant in perpetuam elemosinam omnia hec predicta, in pace et libere et honorifice, soluta et quieta de essartis et omnibus serviciis et consuetudinibus. Testibus R[oberto de Chesney] Lincolniensi, et Nigello Eliensi, et A[luredo] Wygorniensi, Episcopis; et Thoma Cantuariensi, et Ricardo de Lacy, et W[illelmo] de Bello Campo, apud Wygorniam.

Sept. 4, 1241.—Copy of a Charter of Henry III. granting to Bishop Peter and his successors free warren in all the manors of the See.

CONFIRMACIO EJUSDEM CARTE.—Henricus, Dei gracia, etc., Archiepiscopis, etc., salutem. Sciatis nos concessise Venerabili Patri, P[etro], Herefordensi Episcopo, quod ipse et successores sui in perpetuum habeant liberas warrenas[2] in omnibus dominicis terris suis maneriorum subscriptorum extra forestam nostram; videlicet, in maneriis de Bertone, Etone, Sheldwyke, Topesle, Hamptone, Optone, Bromyard, Wytheburne, Frome, Bosebury, Grendone, Colewelle, Credele, Estenoure et Ledebury sub Malvernia, in Comitatu

1—Spelt in three different ways in one entry. 2—A different form of the word occurs below.

Herefordie et in manerio de Ledebury North in Comitatu Salopesburie, et in maneriis de Prestebure et de Sevenhamptone in Comitatu Gloucestrie; ita quod nullus warrenas illas maneriorum predictorum intrare possit ad fugandum in eis vel aliquid in eis capiendum, sine voluntate ipsius Episcopi et successorum suorum super forisfacturam nostram decem librarum. Quare volumus et firmiter precipimus, pro nobis et heredibus nostris, quod idem Episcopus et successores sui imperpetuum habeant liberas warennas in omnibus dominicis terris suis quas habent extra forestam nostram, in manerio suo de Ros, simulque in omnibus terris suis omnium predictorum maneriorum extra forestam nostram; ita quod nullus warennas illas maneriorum predictorum intrare possit ad fugandum in eis vel aliquid in eis capiendum, sine licencia et voluntate ipsius Episcopi et successorum suorum super forisfacturam nostram decem librarum, sicut predictum est. Hiis testibus, H[umfrido] de Boun, Comite Herefordie et Essexie, Stephano de Segrave, Willelmo de Cantilupo, Bertramo de Crivyl, Herberto, filio Mathei, Roberto Muscegros, Matheo Bevil, Bartholomeo Pecche, Drogone de Barentin, Nicholao de Boleville, et aliis. Datum per manum nostram apud Cestriam, iiij die Septembris, anno regni nostri vicesimo quinto.

Sept. 2.—Mandate to the Dean of Clun to denounce ecclesiastical censures on all who hold intercourse with the tenants of Chastroke, Aston, and Mellington, who were excommunicated for resistance to episcopal control and for outrages committed.

DECANO DE CLONE.—Thomas, etc., Decano de Clone, salutem, etc. Licet homines trium villarum nostrarum de Chastroke, Astone, et Moletone, ad castrum nostrum pleno jure spectancium, qui a dominio Ecclesie nostre Herefordensis propria temeritate diverterunt, super revertendo ad dominium Ecclesie predicte et nostrum hactenus legitime monueritis et competenter, eosdemque nominatim in singulis ecclesiis vestri decanatus[1] propter suam manifestam offensam excommunicatos denunciari faciatis, prout in vestris litteris certificatoriis plenius continetur; iidem tamen homines, paucis exceptis, claves Ecclesie penitus contempnendo, in sue salutis dispendium et Ecclesie nostre et nostri dampnum non modicum, predictam sentenciam excommunicacionis non formidant; set mala malis de die in diem accumulando, nos et nostros in dictis tribus

1—In MS. *diaconatus.*

villis nobis adherentes, bonis nostris, bladis, fructibus, et rebus aliis, manu potenti et vi armata incessanter spoliare non verentur, in nostri et nostrorum grave prejudicium et ecclesiastice libertatis elusionem pariter et contemptum. Quia igitur in talibus penam necessario oportet aggravari, vobis mandamus, sub pena canonice districcionis, quatinus omnes communicantes cum hominibus predictarum trium villarum, quorum nomina vos scimus habere debere, illis dumtaxat exceptis qui se Ecclesie nostre et nobis reformare curarunt, singulis diebus Dominicis et Festivis, campanis pulsatis, accensis candelis, publice et sollempniter, in singulis ecclesiis vestri decanatus et aliis locis publicis, excommunicatos denunciari faciatis, sive contrahendo, vendendo, moram faciendo, tractando, opem vel operam eis prestando, sive consilium vel auxilium dando, vel alio quoquo modo, in mercimoniis seu foro vel alibi communicaverint cum eisdem, nisi quatenus jura permittent. Loca autem omnia in quibus morantur vice et auctoritate nostra ecclesiastico supponentes interdicto; inquirentes nichilominus diligenter ubi, et in quibus ecclesiis, predicti excommunicati ad divina audienda admittuntur, et eciam de communicantibus cum eisdem ; et si alicubi ad ecclesiastica recipiantur sacramenta. Predictos vero excommunicatos in fata decedentes Christiane inhibemus districte tradi sepulture. Et si forte post predictam sentenciam excommunicacionis corpus aliquod predictorum in loco sacro tumulatum extiterit, ipsum sub pena canonica exhumari faciatis indilate. Et breviter volumus et precipimus quod omnia sacramenta ecclesiastica eis tam vivis quam morientibus omnino denegentur, quousque beneficium absolucionis optinere meruerint in forma juris. Qui vero contra hanc nostram inhibicionem fecerint pro certo penis debitis et gravissimis subjacebunt. Ad hec omnes illos qui die Sabbati proxima post Ascensionem Domini terram nostram apud castrum de Lydebury North depredarunt hominesque nostros interfecerunt, ac bona nostra et nostrorum rapuerunt, et qui postmodum per inquisicionem premissorum rei comperti fuerant, cum omnibus communicantibus eisdem fautoribusque eorumdem, modo superius prenotato nominatim denunciari similiter faciatis excommunicatos. Qualiter vero hoc mandatum nostrum fueritis executi, etc., citra Festum Sancti Mathei Apostoli nobis vel Officiali nostro constare faciatis, etc. Valeatis. Datum apud Bikenore, iiij Nonas Septembris.

July 1, 1276.—Thomas de Wichenford and John de Ebulo have agreed to refer their rival claims to the Church of Wichenford to the arbitration of the Bishop, at the desire of the Bishop of Worcester. He decides in favour of the former, who is to pay twenty-three marks yearly to the latter; who being a foreigner and much occupied with more important work, cannot discharge the parochial duties.

ORDINACIO THOME DE WYCHEFORDE.—Universis Christi fidelibus presentem paginam inspecturis Thomas, etc. Ea que legitimis sanccionibus et canonicis tradicionibus, secundum estimacionem quorumdam, videntur adversa, satis a majoribus poterunt tollerari, si ad federa pacis inter contendentes congruencius ineunda utilitatemque plurimorum competencius inducendam procedere dinoscantur. In negocio siquidem sive causa, quod seu quam Venerabilis in Christo Pater, Dominus Godefridus, Dei gracia Wygorniensis Episcopus, nobis commisit, inter Thomam de Wicheforde, clericum, ad ecclesiam Sancti Petri loci ejusdem de jure vacantem, a veris patronis ipsius eidem Domino Wygorniensi, loci diocesano, legitime presentatum, ex parte una, et magistrum Johannem de Ebulo,[1] qui, ecclesie possessioni prefate de facto iucumbens, admissionem et institucionem presentati asseritur contra justiciam impedire, pro eo quod post illam ecclesiam Sancti Petri, cui animarum cura est annexa, quesitam, alia beneficia cum cura consimili absque dispensacione Sedis Apostolice dicitur recepisse, debitamque residenciam in ipsa ecclesia Sancti Petri, licet ad hoc juxta canonica instituta pluries evocatus facere recusavit; clericus memoratus et magister Gilbertus de Haywode, Procurator magistri Johannis sufficiens in sequentibus habens mandatum, post diutinam concertacionem super ecclesia prelibata, et jure, si quod ad ipsam vel in illa partes eedem habebant, nostre ordinacioni, dicto, seu laudo se totaliter submiserunt. Nos itaque inter ipsas partes, postquam ad nostrum preceptum juribus sibi quoad ecclesiam premissam competentibus pura voluntate spontanea renunciarunt, de consilio nobis assidencium et patronorum ipsius ecclesie consensu expresso, sic duximus ordinandum. In nomine Felicissime Trinitatis, Amen. Cum inter Thomam de Wycheforde, etc. . . ut supra, ex parte una, et magistrum Johannem de Ebulo, qui ecclesiam eandem tenet de facto, questio super ipsa ecclesia coram commissariis Domini Wygorniensis

1—John de Ebulo was a favoured Papal chaplain, who besides a variety of benefices and prebends at Laon and Lisieux and a pension of forty marks in Lichfield, was promised another prebend and dignity in England. (Papal Reg. I. 388). He had Papal provision of a prebend in St. Paul's; but this was given to Cantilupe. and to make amends he was to have a pension. Ibid I. 417.

Episcopi diucius verteretur, ex altera; nos, Thomas, permissione divina Minister Herefordensis Ecclesie, quibus idem Dominus in causa seu negocio prelibato commisit in solidum vices suas, inter cetera perpendentes quod dictus presentatus literatura et moribus decoratus ac racione lingue precipue habilis existit, ad instruccionem parochianorum ecclesie memorate, quodque prefatus Johannes ad regendum ecclesiam eandem vix vel nunquam descendere poterit majoribus occupatus, submissionibus et renunciacionibus utriusque partis in forma juris factis premissis et admissis, pro bono pacis et utilitatis ordinamus, dicimus, et laudamus quod sepefatus Thomas de Wicheforde ad ecclesiam Sancti Petri loci ejusdem admittatur, et ipsam habeat ac teneat quoad vivit, ipsumque Thomam admittimus ad eandem; perpetuum silencium magistro Gilberto de Haywode, Procuratori magistri Johannis, ac ipsi magistro in procuratoris sui persona, super ecclesia predicta sentencialiter inponentes. Volumus eciam et ordinamus quod idem Thomas, et sui successores in ecclesia hujusmodi, viginti tres marcas sterlingorum annuatim, apud Novum Templum Londoniarum, de ipsius ecclesie fructibus et obvencionibus in Festo Ascensionis Dominice et Omnium Sanctorum, pro equalibus porcionibus, dicto magistro Johanni exsolvant, vel certo nuncio illius literas de solucione tante pecunie deferenti; prestacione hujusmodi quamdiu vixerit ipse magister omnimodo duratura. Quod si prefatum Thomam in solucione pecunie memorate vel partis ipsius terminis prenotatis cessare contingat, clericum eundem ecclesia premissa exnunc decernimus esse privatum, nisi citra mensem ab ipsis terminis continue connumerandum pecunia sepefata, prout superius est expressum, integre fuerit numerata. Datum et actum apud Stantone, Kalendis Julii, anno gracie M°CC°LXX° sexto.

Sept. 26, 1276.—Memorandum of letters dimissory for Robert de Coddington.

PRO QUODAM CLERICO DE KOTYNTONE.—Memorandum quod Robertus de Kotintone, clericus, habet litteras dimissorias ut possit ordinari a quovis Episcopo Cantuariensis Provincie, eo non obstante quod de nostra diocesi oriundus existit; proviso tamen quod habeat titulum competentem. Datum apud Bosebury, vj[to] Kalendas Octobris, anno Domini M°CC°LXX° vj[to], Pontificatus nostri ij°.

Sept. 20.—Licence of non-residence for study for one year in England to William Brun, Rector of Rock.

Memorandum quod data est licencia magistro Willelmo Brun, Rectori ecclesie de Aca, studendi in Anglia per unum annum, ita ut valeat fructus ecclesie sue integre percipere; proviso quod ipsa, etc. Datum Gloucestrie xij Kalendas Octobris.

Oct. 6.—Ordinance for the Church of Burford. The custody is committed to John Sheldesley as curator, who is to provide for the services and pay six marks yearly to Geoffrey de Burford while at his studies.

BUREFORDE.—Thomas, etc., Galfrido de Burforde, clerico, salutem, etc. Ponderantes pericula que, pro defectu correccionis discipline regiminis debite, in parochia ad quam per J[ohannem], bone memorie, predecessorem nostrum, admissus fueras de gracia speciali, multipliciter contingunt; tueque compacientes necessitudini, ne quasi mendicando vivas, in obprobrium ordinis clericalis, tuis defectibus exigentibus dicto beneficio spoliatus; volentes utrique incomodo salubriter obviare, tibi caritative de fructibus beneficii dicti victui providebimus necessaria, et ecclesie predicte obsequii debiti cum regimine famulatum. Ordinamus igitur de tua spontanea et expressa voluntate,—in nomine Sancte Trinitatis, Amen,—quod magister Johannes de Sheldesleye, custodie nomine vel curatoris, corporalem possessionem dicti beneficii habeat, duraturam a Festo Sancti Michaelis proximo futuro usque ad idem Festum trium annorum continue subsequencium et completorum; tibique, Galfrido de Bureforde, sex marcas bonorum et legalium sterlingorum, ad quatuor anni terminos annuatim solvendas, videlicet in Festo Omnium Sanctorum viginti solidos; in Festo Purificacionis proximo sequentis viginti solidos; in Festo Pentecostes proximo sequentis viginti solidos; et in Festo Beati Petri ad Vincula xx solidos; de qua pecunia volumus te per idem tempus diligenter scolasticis vacare disciplinis, ut, expleto termino, sciencia et moribus laudabiliter ornatus, alterius cura vel regimine ulterius non egeas cujuscunque. Idem autem magister J[ohannes] totum residuum annuatim recipiet beneficii memorati, faciens ecclesie predicte ydonee per ministrum ydoneum deserviri. Ita tamen quod idem J[ohannes], ad predictam ecclesiam personaliter frequenter accedens, monicionibus salutaribus et exemplo bone vite que ad edificacionem animarum pertinent, ibidem studeat seminare. De fructibus autem hujus anni, nunc in horreis existentibus, reservamus nobis potestatem ulterius providendi qualiter antiqua debita tua que exigis tuis creditoribus exsolvantur. Volumus tamen quod idem magister J[ohannes] de ministris ydoneis ecclesie provideat supradicte, ne debitis obsequiis defraudetur; et nos eidem magistro J[ohanni] providebimus unde debeant sustentari ministri memorati. In cujus rei testimonium sigillum nostrum fecimus huic scripto dupplicato; cujus una pars penes te remanebit, altera penes magistrum superius memoratum. Datum apud Colne Sancti Aylwini,[1] ij Nonas Octobris, anno Domini M°CC°LXX° sexto.

Mandate of induction by the Dean of Burford.

Fol. 32.

BURFORDE.—Mandatum est Decano de Bureforde quod inducat magistrum Johannem de Sheldesleye in corporalem possessionem porcionis ecclesie de Bureforde que est Galfridi de Bureforde, et hoc nomine custodie vel curatoris. Et pateat data per litteram ordinacionis proximo suprascriptam.

Oct. 14.—Mandate of induction of Richard de Stratford to the prebend vacated by Edmund Mortimer is sent to the Hebdomadary. His collation to the same.

R[ICARDUS] DE STRATFORDE.—Mandatum est Ebdomodario Herefordensis Ecclesie quod inducat in corporalem possessionem magistrum Ricardum de Stratford illius prebende que fuit domini Edmundi de Mortuo Mari. Datum Londoniis, ij Idus Octobris, Pontificatus nostri anno secundo.

Thomas, etc., magistro Ricardo de Stratford, salutem, etc. Prebendam quam in Ecclesia Herefordensi tenuit dominus Eadmundus de Mortuo Mari tibi cum suo onere conferimus intuitu caritatis. In cujus rei, etc. Datum Londoniis, ij Idus Octobris, anno Domini M°CC° septuagesimo sexto.

Oct. 17.—Institution to the Church of Little Cowarne of John de Colwall, presented by the Abbot and Convent of Gloucester.

PARVA COUERA.—Thomas, etc. Johanni de Colewelle, clerico, salutem, etc. Ad presentacionem religiosorum virorum Abbatis et

---

1—The church and manor of Colne St. Aylwin's were given to the Abbey of Gloucester, for expenses of hospitality.

Conventus Sancti Petri Gloucestrie, verorum patronorum ecclesie de Parva Coura, te ad ipsam ecclesiam admittimus caritative et canonice instituimus in eadem, secundum formam Constitucionis, etc. Datum Londoniis, xvj Kalendas Novembris.

Letter to the Bishop of Bangor desiring him to warn Llewelyn to restore to the See of Hereford the three villages which had of old belonged to it.

EPISCOPO BANGORENSI.—Reverendo Patri in Christo, etc., Domino Bangorensi, etc. Ecclesiarum negocia, et ea que jura, immunitates, libertatesve contingunt earundem, summa ope et alacri studio ab omnibus, maxime ipsarum prelatis, eo forcius et libencius unanimiter prosequenda sunt quo invadencium ecclesie bona hiis diebus avida rapacitas in medio intolerabiliter erepsit, et quo sublimes et majores, qui eam tueri et deffendere ex debito tenerentur, ipsam licet matrem suam numerosis injuriis tanquam ingrati afficiunt, et prout vestram discrecionem latere non credimus, diris concussionibus et oppressionibus nephariis incessanter expugnare pro viribus cotidie non verentur. Sane nobis ad regimen predicte Ecclesie Herefordensis, licet essemus ad hoc indigni, divina providencia nuper assumptis, terras, possessiones et res alias ad Ecclesiam predictam pleno jure spectantes a plerisque contra Deum et justiciam occupatas intelleximus et detentas, in ipsorum occupancium salutis dispendium et gravem Ecclesiastice libertatis lesionem, ac predicte Ecclesie Herefordensis prejudicium non modicum et gravamen. Propter quod officii nostri debitum adimplere volentes, quatenus potuimus in hac parte, omnes hujusmodi malefactores et reos in sentencia majoris excommunicacionis incidisse ipso facto publice et sollempniter denunciavimus in genere; prout in statuto B[onifacii] bone memorie, Archiepiscopi Cantuariensis, de communi consensu omnium suffraganeorum suorum dudum super hoc edito, et summorum Pontificum auctoritate postmodum confirmato, plenius continetur. Quam quidem sentenciam Venerabilis Dominus Robertus, nunc Archiepiscopus Cantuariensis, suis suffraganeis in suis diocesibus precepit et injunxit firmiter et sepius publicandam. Cumque de hujusmodi sacrilegis post dictam sentenciam generalem specialius inquireremus, compertum est nobis per fidedignos quod L[eulinus], Princeps Wallie, quasdam terras et possessiones pertinentes ad Ecclesiam nostram predictam, videlicet villas de Chastrok, Astone, et Molestone, ad castrum nostrum de Ledebury North jure dominii spectantes, quas Episcopi Herefordenses qui pro tempore fuerant pacifice tanquam domini possederunt jam per aliqua tempora, in anime sue periculum violenter occupavit, et eas adhuc taliter detinet occupatas, licet per predecessorem nostrum, ut audivimus, et nos postea super restitucione dictarum villarum Ecclesie facienda humiliter et devote fuisset sepius requisitus. Et quia predictas occupaciones sine ipsius nostrique et Ecclesie nostre periculo ulterius tolerare non possumus nec debemus, contra eundem tanquam sacrilegum nos procedere oportet, quatenus jura et Sanctorum Patrum statuta suadent et permittunt; quod, novit Deus, valde faceremus inviti. Verum quamquam contra ipsum, quem sufficienter monitum et rogatum credimus et scimus in premissis, graviora statuere possemus, ad presens ex abundanti[1] tamen ipsum adhuc dignum fore duximus monendum, ut perversorum protervitas, et malicia eorum forte qui eum de restituendo dictas terras impediunt, liquidius in omnibus convincantur. Quia igitur non solum juxta statuta canonica set secundum sancciones imperiales, unius provincie preses alterius presidis sentenciam in sua provincia exequi habet et publicare cum effectu, fraternitatem vestram in Domino rogamus et requirimus, cum instancia qua possumus ampliori, quod mutua vicissitudine, ob universalis Ecclesie comodum et honorem, predictum Principem, de quo verisimiliter talia audiri non deberent, diligenter moneatis et efficaciter inducatis quod predictas tres villas de Chestrok, Astone, et Molestone infra mensem a tempore monicionis per vos faciende eidem Ecclesie nostre et nobis restituat, et de injuriosa occupacione Deo et Ecclesie satisfacere studeat competenter; denunciantes eidem quod, nisi fecerit, exnunc contra eundem procedetur quatenus rigor juris et equitatis racio suadebunt. Quid vero super hiis vobis facere placuerit et feceritis, ac eciam de responso ipsius Principis, nobis si placet quamcicius poteritis constare faciatis per litteras vestras patentes, harum seriem continentes.

Nov. 3.—Acknowledgment of the annuity due to the Bishop's champion, Thomas of Bridgnorth, who is ready to maintain in duel his rights against the Earl of Gloucester.

THOME DE BRUGES PUGILI.—Omnibus Christi fidelibus Thomas, Dei gracia Episcopus Herefordensis, salutem, etc. Noverit univer-

1—In MS. *habundanti.*

sitas vestra nos teneri Thome de Bruges, pugili,[1] pro homagio et servicio suo, in vj solidis et viij denariis sterlingorum annuatim percipiendis de camera nostra, ad Festum Sancti Michaelis, ubicumque tunc fuerimus, dum idem Thomas potens est officium pugilis exercere. Et dictus Thomas nobis promisit, prestito sacramento, quod contra Dominum Gilbertum, Comitem Gloucestrie et Hertfordie, et quemcunque alium, exceptis dumtaxat dominis suis quibus ante presencium confeccionem extitit obligatus, pro nobis pugnabit, cum per nos fuerit requisitus. Nos autem eidem Thome cum pro nobis pugnare debebit, super quo inter nos et ipsum poterit convenire, tam pro stipendiis quam pro sua sustentacione et omnibus aliis necessariis eidem exhibendis plene satisfaciemus. In cujus, etc. Datum apud Westmonasterium, die Martis proxima post Festum Omnium Sanctorum, anno gracie M°CC°LXX° vj$^{to.}$

Nov. 1.—Acknowledgment of a debt of one hundred pounds to William de Rotherfield, Dean of York, to be paid at Boston Fair.

DECANUS EBORACENSIS.—Memorandum quod Dominus Thomas, Herefordensis Episcopus, tenetur domino Willelmo de Retherefeud,[2] Decano Eboracensi, in centum libris sterlingorum in proximis nundinis apud Sanctum Botulfum solvendis per litteram obligatoriam Episcopi. Datum apud Westmonasterium, circa festum Omnium Sanctorum, anno Domini M°CC°LXX° vj$^{to.}$

Memorandum that the petitions entered below were given to the charge of the Proctors named.

Memorandum quod peticiones subscripte tradite erant nuncio magistri Henrici de Havekele,[3] et earum prosecuciones commisse Johanni de Bekeles et Johanni dicto Waleys; qui, vel substituti ab eis, sunt dati Procuratores ad eas impetrandas et in judices consenciendum, prout patet per procuratorium sibi directum cujus transcriptum inferius inseritur.

1—A similar payment of half a mark was made by the Dean and Chapter to their champion, whose receipts are still preserved.
2—William de Langton, or de Rotherfield, nephew of Archbishop Gray and Dean of York, was elected Archbishop in 1265, but the Pope quashed the election on the ground that he had held more benefices than were canonically allowed. (Hist. of the Church of York, II, 481. Rolls.)
3—The probate of the estate of H. de Hawkley, Canon of Hereford and Lincoln, was the cause of bitter dispute between Archbishop Peckham and Bishop Cantilupe; v. Introduction.

The Bishop's appeal to the Pope to appoint Judges to decide his suit against the executors of Geoffrey de Coberley, who refused to pay him a debt of the deceased, and against the Bishop of Worcester who has sequestered the estate of the deceased.

PETICIONES CONTRA G[ALFRIDUM], RECTOREM ECCLESIE DE KEMESEYE ET ALIOS.—Significat Sanctitati vestre Thomas, Episcopus Herefordensis, quod, licet magister Galfridus de Coberleye, Rector ecclesie de Hamptone, Wygorniensis diocesis, in quadam pecunie[1] summa eidem teneretur quoad vixit, dominus Galfridus de Rynweye, Rector ecclesie de Kemeseye, et alii executores testamenti dicti defuncti, ejusdem diocesis, ac ejusdem loci Episcopus, quamquam bona ipsius defuncti ad hec sufficiant, in retinendo dictam summam pecunie injuriantur eidem. Propter quod petit, vocatis qui fuerint evocandi, sibi justiciam exhiberi. Et petit Judices.

Significat, ut supra, quod dominus Galfridus, etc., dictam summam injuste solvere contradicunt laudantes Venerabilem Patrem, Dominum Wygorniensem Episcopum, sue retencionis auctorem, licet idem Episcopus nullam justam causam habeat dictam pecunie summam retinendi. Unde petit Judices, etc.

In litteris istis impetrandis jungantur executores et Episcopus, si quo modo fieri potest, ita quod tam executores quam Episcopus, si necesse fuerit, per easdem litteras possent conveniri. Alioquin impetretur contra executores separatim super debito injuste retento, ut supra. Et impetretur alia littera contra Episcopum super injusta sequestracione dicti debiti, secundum formam peticionis infrascripte.

Significat, ut supra, quod, cum dominus Galfridus, etc., Venerabilis Pater, Dominus Wygorniensis Episcopus, predictam pecunie summam in casu a jure non permisso sequestravit, et adhuc sub arto retinet sequestro, in ipsius anime defuncti periculum et dicti Herefordensis Episcopi prejudicium non modicum pariter et gravamen. Unde petit Judices, etc.

Fol. 33.

Nov. 8.—Appointment of John de Beccles and John called the Welshman as the Bishop's Proctors at the Court of Rome.

PROCURATORIUM.—Noverint universi quod ad impetrandas litteras in Curia Romana contra Venerabilem Patrem, Dominum Wygorniensem Episcopum, et Dominum Galfridum de Ryndweye,

1—In M.S. *peccunie* throughout.

capellanum, Rectorem ecclesie de Kemeseye, aliosque executores testamenti magistri G [alfridi] de Coberleye, quondam Rectoris ecclesie de Hamptone, Wygorniensis diocesis, et in judices consenciendum contradicendumve, nos, Thomas, miseracione divina humilis minister Ecclesie Herefordensis, dilectos nobis in Christo, Johannem de Bekeles et Johannem dictum Walensem, clericos, Procuratores nostros, conjunctim et divisim, damus specialiter et constituimus per presentes, aliorum Procuratorum nostrorum mandata seu potestatem in eadem Curia per hec minime revocando. Damus eciam eisdem vel eorum alteri potestatem alium vel alios sibi substituendi in premissis. In cujus, etc. Datum apud Folehame, vj Idus Novembris, anno gracie M°CC°LXX° sexto.

Appeal to the Pope to excuse the payment of the arrears of the tenth levied for the succour of the Holy Land, due from the late Bishop who was in debt at his death.

PETICIO.—Petit Thomas, Episcopus Herefordensis, ex solita benignitate Sedis Apostolice, et gracia speciali sibi concedi ne ipse vel Ecclesia sua in prestacione decime deputate in subsidium Terre Sancte, pro primo anno et secundo, oneretur seu gravetur in aliquo, cum idem dicto tempore de fructibus nichil percepit Episcopatus memorati; et bone memorie Johannes, predecessor ejus, qui dictos fructus eo tempore recepit, tempore mortis sue in tantum ere alieno exstitit obligatus quod bona sua omnia ad liberacionem eris alieni longe non sufficiunt, nec ipso superstite quicquam de dicta decima exactum exstitit ab eodem. Bona vero ipsius defuncti ob fiscale debitum adhuc ita occupata sunt quod nulli creditorum suorum vel Ecclesie satisfieri potest de bonis memoratis. Et ita Ecclesia quasi in infinita summa pecunie pro debitis predecessoris sui remanet obligata. Unde equum sibi videretur si pro tempore suo tantummodo ad prestacionem decime teneretur memorate. Hanc peticionem porrigendam seu prosequendam vel non, et sub qua forma, ista vel alia, vestri discrecioni relinquimus omnino; veritatem enim ipsius rei satis novit Deus, et vos similiter nostis.

Nov. 18.—Mandate to the Official to induct John of Monmouth, who is presented to the church of Wolferlow by the Prioress and Convent of Acornebury, with the consent of the Canons of Bromyard.

CORPORALIS INDUCCIO MAGISTRI JOHANNIS DE MONEMUTHE ECCLESIE DE WEFERLOWE.—Officiali Herefordensi, etc. Quia ad presentacionem religiosarum mulierum, Domine Priorisse et Conventus de Acornebyry, cum consensu Canonicorum de Bromyarde, dilectum nobis in Christo magistrum Johannem de Monemuthe ad ecclesiam de Weferlowe vacantem, et ad presentacionem predictarum de jure spectantem, admisimus intuitu caritatis, sub forma cujusdam ordinacionis, de qua vobis alias plenius constabit; vobis mandamus quatinus eundem magistrum J[ohannem], vel ejus Procuratorem nomine suo, in possessionem corporalem dicte ecclesie inducatis et defendatis inductum. Datum apud Folehame, xiiij Kalendas Decembris, Pontificatus nostri anno secundo.

Nov. 18.—Instructions to the Seneschal respecting appointments of bailiffs at Whitbourne and Ross, together with rules for the management of the estates and the order of the accounts to prevent the recurrence of the mismanagement and arrears of past years. Orders are also given for the arms required for the defence of the Marches, and for the precautions to be observed in conciliating the inhabitants and the garrison of Montgomery.

SENESCALLO.—Thomas, etc., magistro J[ohanni] de Bradeham, Senescallo suo, salutem, etc. Mittimus vobis per Willelmum de Fareleye, latorem presencium, transcriptum cujusdam littere quam per nuncium Constabularii nostri de Castro eidem Constabulario nostro mittimus, mandantes ut vos dictum Constabularium cum familia Castri vivere faciatis, secundum tenorem transcripti memorati. Quia intelleximus, et adhuc intelligimus, quod balliva de Wyteburne sit vacans, et fuerit diu,[1] et qualitercunque vos intelligatis per ea que vobiscum et cum aliis sepe tractavimus de eadem, iterato mandamus quatinus Robertum de Furches ad ballivam admittatis eandem, et hoc celeriter ne alibi in servicio illusus se ponat. Et quia, Johanne de Clare ex parte vestra referente, intelleximus quod Willelmus de Chylteham competens esset ad ponendum in balliva de Ros, et ille Ricardus modo ballivus de Ros insufficiens penitus extat ibidem, mandamus quatinus, castigato dicto W[illelmo] de prius commissis, ut dicitur, et correpto, si bona fide coram pluribus repromittat quod in balliva de Ros custodienda bene et fideliter per omnia se habebit, tunc ipsum celeriter ponatis ibidem; dum tamen meliorem eo non possitis habere, alium quantocius amovendo, videntes tamen quod dictus Ricardus, si de aliquibus administraverit, fidelem de hiis compotum reddat. Ad hec licet aliqua que credantur

Fol. 33b.

1—In MS. *fuit diu est.*

ad nostrum commodum cedere super compoto tangebantur, vera tamen voluntas nostra in hiis expressius patefiat, et vero vos ipsam voluntatem nostram sic vobis declaratam sequamini in honestis, nec contra ipsam venire in aliquo presumatis. In primis mandamus quatinus redditum nostrum de isto termino Sancti Andree et de aliis terminis insimul faciatis ad prepositos locorum integre colligi, et custodiri ad opus nostrum, quousque pro eodem receptorem miserimus specialem; ita quod nichil inde in alios usus quantumcunque necessarios expendatur; et quod de lx libris vel circa de arreragio prepositorum et aliorum ministrorum compoti preteriti leventur xl libre celeriter que parentur[1] pro clarissimis arreragiis per omnimodam cohercionem, et preposito de Prestebyry per ipsos qui dictum arreragium debent portentur, et per tallias liberentur hac vice, ut, cum nos apud Prestebyry in brevi miserimus pro eisdem, dicte[2] xl libre possint inveniri parate. Item quod nullus prepositus de cetero vel alius minister liberet alii preposito denarios quos ille liberans habet liberare ad garderobam nostram, propter pericula que iminere possent recipienti et propter mixciones recepcionum; set ille liberans directe liberet ad garderobam nostram, vel illi quem ad hujusmodi recepcionem specialiter deputaverimus, istis predictis arreragiis dumtaxat exceptis ex causa qua dicto preposito de Prestebyry volumus liberare. Item quod nullus prepositus liberet de cetero bladum, animalia, vel aliud instaurum ballive sue nisi racionabile precium apponatur, et quod tallia fiat inter liberantem et recipientem de precio rei liberate et non de ipsa re [ut] vera proficua maneriorum possint lucidius apparere. Item quod fiat visus compotorum prepositorum, de quarterio anni in quarterium, per Senescallum, vel saltim per loci ballivum cum clerico Senescalli, et maxime propter ista gravia arreragia de Sugwas et de Ros, in quibus locis si facti fuissent visus, ut predictum est, et in aliis locis similiter potuisset ante compotum semen emi et instaurum, ad nostrum commodum non modicum, et grangie nostre potuissent integre modo fuisse ubi non credebatur prepositos ante compotum, maxime de Ros et de Sugwas, talia arreragia debuisse. Item quod bladum et alia venalia in maneriis vendantur tali seysina et tempore competenti, et in reprisis[3] maneriorum tale moderamen apponatur, et quod utensilia et alia semel empta in maneriis ita salvo custodiantur per totum quod de extenta maneriorum nobis respondeatur ad minus, de qua extenta, ut intelleximus, non modicum amisimus

---

1—In MS. *purantur*.   2—In MS. *decem*.
3—*Reprisis*, deductions from the rental for annuities and rent-charges.

isto anno proterito; de quo non sufficimus admirari; alias in Episcopatu de ista perdicione tractabimus, et videbimus qualiter hujusmodi perdiciones possimus in posterum evitare. Item quod extenta corrigatur per totum ubi error aliquis invenitur, et hoc cum celeritate qua potest, et maxime apud Ledebury. De modo faciendi vineam nostram de Ledebury vobis apercius scribemus; set quia tempus non adest in brevi eandem faciendi, distulimus de factura ejusdem plus ista vice mandare. Item mandamus quod non sitis ita solliciti nec assidui circa curias tenendas et placita audienda quin ad gaynagium[1] terrarum et exitus grangiarum et alia aprovamenta[2] maneriorum habeatis cor directum et animum vigilantem; in gaynagiis vero, et instauro, ac aprovamentis hujusmodi consistit non modicum commodum, et absque labe peccati; non dicimus quin circa unum et aliud, quatenus fideliter et juste potest fieri, intendatis. De relevio Comitatus Herefordensis differemus, ut consultum est: fidelitatem bene potuimus capere a domino N. Syflewast sine nostri prejudicio, ut consultum erat nobis: quo ad sectam vero respectus nostre littere exibit in brevi. Ceterum, receptis hiis litteris, adeatis Castrum nostrum, ut de familia ibidem modo quo predictum est possitis ordinare; portantes vobiscum arma existencia apud Sugwas, ita quod in adventu eorum qui[3] modo sunt venturi ad partes illas per Regem pro Marchia custodienda sitis ibidem ad videndum qualiter incipiunt factum suum, et vos tunc temporis sciant ibi si forte aliqua velint vobis dicere vel mandare. Valeatis. Datum apud Folehame die Mercurii in Octabis Sancti Martini. Si constabularius noster bladum et avenam hominum de tribus villis ad Castrum nostrum tanquam staurum nondum fecerit cariari, tunc eidem injungatis quod illud faciat nomine empcionis, vel quocunque alio modo commodum nostrum facere poterit; dum tamen procedat de voluntate vel permissione hominum predictorum, quod eis debet placere propter periculum Walensium, qui libenter ea raperent, et propter periculum eorum de Castro de Mungomery nunc existencium et cito veniencium, qui fortassis bona predictorum hominum ad instaurandum Castrum suum raperent et asportarent; fingentes eos, et si mendaciter, esse adversarios. Et si constabularius alibi providerit de blado, avena, vel alio instauro per patriam ad emendum, vel emerit jam sicut continetur in dicto transcripto littere sibi misse, tunc de redditu nostro Sancti Andree faciatis vos solvere per manus vestras, quantum custaverint dicta bona sic empta, non

---

1—*Gaynagium*, cultivation, arable land. 2—*Aprovamenta*, profits.
3—In MS. *quo*.

obstante dicto mandato de isto redditu vobis dato. Ita tamen quod cercioremur per vos quantum sit solutum pro eisdem bonis, et quod residuum redditus ad opus nostrum, ut supradicitur, conservetur; istud bladum et aliud instaurum bonum est emere, ut videtur, propter caristiam que creditur in estate et maxime propter adventum istorum qui sunt modo venturi; erunt enim vocati omnes ad Festum Sancti Johannis Baptiste qui servicium debent Regi, quod tunc sint apud Wygorniam cum suo servicio. Istud mandatum totaliter fecimus registrari, ut retinere possimus memoriter qualiter in suis articulis fuerit exeqützum.

Nov. 19.—Mandate to the Official to induct *William de Montfort* to the Precentorship which Hervey de Borham held, and which is now declared vacant, as no dispensations have been exhibited by him.

PRO H[ERVEO] DE BORHAM.—Thomas, etc., Officiali suo salutem, etc. Cum vir discretus, dominus Herveus de Borham, in forma juris vocatus, ut super pluralitate beneficiorum et dignitatum secum esse dispensatum coram nobis ostenderet, idem per Procuratorem comparens, quibusdam transcriptis exhibitis, terminum admisit peremptorium ad exhibendum et docendum in premissis quod sibi posset expedire cum effectu; quo termino adveniente, et nobis ultra terminum de gracia diucius expectantibus, nichil in predictis exhibere seu docere curavit. Nos igitur precentoriam Ecclesie nostre, cujus possessioni de facto incumbit dominus H[erveus] supradictus, attendentes vacantem esse; nolentes diucius expectare, ne per nostram negligenciam potestas eam conferendi ad superiorem devolveretur, dilecto nobis in Christo, magistro Willelmo,[1] clerico nostro, eandem contulimus intuitu caritatis. Quocirca vobis mandamus quatinus ipsum, vel procuratorem ejus, in corporalem possessionem induci faciatis et defendatis inductum, eidem stallum in choro et locum in capitulo, prout moris est, assignantes. Valeatis. Datum apud Foleham, xiij Kalendas Decembris, Pontificatus nostri ij°.

1—William de Montfort, afterwards Dean of St. Paul's, died suddenly in 1294 at Westminster from excitement at the King's demand of one half of the official income of the clergy. Besides prebends in London, Lichfield, and Hereford, he held ten benefices in various dioceses. (Papal Reg. 1 March, 1291).

Nov. 19.—*Mandate to Luke de Bree to exercise in the Bishop's name the jurisdiction belonging to the office of Dean, which is now disputed by the rival claimants with the result that offences remain uncorrected.*

Thomas, etc., magistro L[uce] de Bree, ejusdem Ecclesie Canonico, salutem, etc. Quanto ex pastoralis officii debito magis astringimur in hiis que ad salutem animarum pertinent delectari, tanto anxiis doloribus conturbamur cum aliqua perpendimus iminere que salutem earum impediunt et viam preparant ad Jehennam. Hinc est quod, magistro Egidio de Avenebury et Johanne de Aqua Blanca super jure decanatus Ecclesie nostre predicte litigantibus, ad quem, de consuetudine approbata, ut dicitur, spectat jurisdiccio, cura salutaris negligitur animarum, dum idem se mutuo inpugnantes prefate jurisdiccionis exercicium in subditos delinquentes modo debito non exercent. Ponderantes igitur pericula preterita ac presencia, que ob defectum correccionis in subditis dicti decanatus contigerunt et cotidie contingunt, volentes per ea cavere de futuris, habito super hiis cum viris prudentibus ac jurisperitis tractatu diligenti, de consilio eorundem correccionis officium ad jurisdiccionis spectans exercicium dicti decanatus nobis assumpsimus exercendum. Quocirca vobis mandamus tenore presencium firmiter injungentes, quatinus prefatum correccionis officium vice et auctoritate nostra exequamini cum effectu, contradictores et rebelles per censuram ecclesiasticam compescendo. Valeatis. Datum apud Foleham, xiij Kalendas Decembris, Pontificatus nostri anno secundo.

Dec. 17.—*The Bishop, in deference to the remonstrances of the Chapter reported to him by Adam de Fileby, consents to delay his action so far as the interests of the Chapter may be concerned.*

Thomas, etc., Dominis Capitulo ejusdem Ecclesie, salutem, etc. Sollicitudine pastoralis officii prout statutis canonicis obligamur, saluti gregis nobis a Deo commissi pro viribus insistentes, hoc semper optavimus et optamus ut Ecclesie nostre negocia vestro consilio, auxilio pariter et assensu, unanimiter dirigantur, ut sue libertates per omnia maneant illibate, et nos in districti Judicis examine villicacionis nostre sana consciencia possimus reddere libere racionem. Verum cum vos, in adjutorium regiminis convocati, trepidantes de prejudicio ubi timor non extat, quasi errores deviancium, ut prima facie videtur, approbantes, cum eis non resistitis nec

THE REGISTER OF BISHOP CANTILUPE (FOL. 34B. PAGE 113).

resistere sustinetis, nobis, qui noctes insompnes ducimus ut vobis
et aliis quietem preparemus, consiliis—ne dicamus conspiracionibus
—vos preparastis insurgere, admirari non sufficimus in premissis
que causa vel occasio vestre resistencie seu rebellionis esse queat,
cum intencionis nostre nunquam fuerit in vestri prejudicium aliquid
attemptare, prout per nostram protestacionem sub manu publica
vobis recitatam plenius perpendere potuistis ; unde, ut prediximus,
ultra id quod possumus admiramur cur, in nostrum dedecus et
vituperium, factum nostrum vobis nullatenus prejudiciale retractare
et ab inceptis totaliter desistere per vestras litteras nos rogastis ;
dilectum in Christo filium magistrum Adam de Fileby, concanonicum vestrum, ad nos transmittentes, qui nobis ex parte vestra
quedam que, ut vobis et sibi vere videbatur, in prejudicium et libertatis Capituli vestri lesionem vertebantur, de quibus nobis in parte
scripsistis, plenius explanavit. Nos ergo licium materiam dirimere,
fomitem odii et discordie destruere radicitus affectantes, in hiis que
Capitulum mere contingunt supersedere volumus indilate. In hiis
autem que ad Decanos pertinent volumus remissius exequi negocium
inchoatum, factum nostrum quo ad eos non in toto revocantes, set
pocius, vestris et predicti Magistri A[de] precum instanciis inclinati,
tolerabiliter expectantes usque in quindenam Sancti Hillarii ; ut, si
vos interim aliquam viam inveneritis qua possit iminentibus periculis obviari, eandem in termino predicto nobis, ubi tunc fuerimus,
presentatam approbemus, aut eam, si statum nostrum non deceat,
reprobantes correccionis officium districcius exequamur. Voluntatem
enim nostram et intencionem in premissis magistro Ade, presencium
portitori, commisimus vobis plenius explanandum. Voluntatem
vestram in hiis et aliis nobis per vestras litteras intimetis. Valeatis.
Datum apud Arleye juxta Redinge, xvj Kalendas Januarii, Pontificatus nostri anno secundo.

Nov. 19.—The Mayor and citizens of Hereford are notified that Luke de Bree is charged, by authority of the Bishop, with the jurisdiction belonging to the office of Dean.

PRO DECANATU HEREFORDENSI.—Thomas, etc., Majori et com-
munitati civium Civitatis predicte salutem, etc. Sincere caritatis
affectus, quem erga vos ut dilectos in Christo filios hactenus habuimus corditer et habemus, nos admonet, inducit pariter et compellit,
ut ad ea que bonum pacis, tranquillitatis, et concordie vobis creare
seu salubriter inducere poterunt totis visceribus intendamus. Hinc

est quod, durante contencione lamentabili inter magistrum Egidium de Aunebury et dominum J[ohannem] de Aqua Blanca super decanatu Ecclesie nostre, extendente¹ inter quamplures vestros concives racione dictorum litigancium quasi quadam adherencia cum predictis, exorte sunt (instigante diabolo) varie contenciones, propter quas pax Ecclesie multipliciter perturbatur, tranquillitatis navis submergitur procellis sevientibus viciorum, amoris et concordie vinculo dissoluto, odii fomes ac discordie cordibus inseritur plurimorum, [ex] quibus oriuntur animarum pericula, ac inter vos scandala quamplurima generantur, maxime cum non habeatis cum effectu qui delinquentes corrigat aut querelantibus exhibeat justicie complementum. Nos ex officii nostri debito vestris turbacionibus, gravaminibus, et periculis paterno conpacientes affectu; volentes, ut tenemur, quantum possumus, animarum periculis obviare ac vestris utilitatibus providere; de consilio magnatum et jurisperitorum, dum durat predicta contencio inter E[gidium] et J[ohannem] memoratos, exercicium jurisdiccionis ad decanatum Herefordensem pertinentis in manus nostras assumpsimus; quam dilecto nobis in Christo filio magistro L[uce] de Bree, prefate Ecclesie Canonico, vice et auctoritate nostra commisimus exercendam sive exequendam, ut, servata Sancte Matris Ecclesie disciplina, vobis quies vera mentis et corporis et salus animarum in posterum preparetur. Quocirca vos omni qua possumus affeccione rogamus quatinus eidem magistro L[uce], vice nostra predictum officium exercenti, intendere velitis, tanquam nobis consilium et auxilium impendendo; attendentes quod ad nullius lucri temporalis commodum inhiat, prout ei precepimus, set solum ad salutem et mores reformandos viriliter debet² laborare. Valeatis. Datum apud Foleham, xiij Kalendas Decembris, Pontificatus nostri anno secundo.

Nov. 19.—The Bishop sends Luke de Bree and John de Bradeham to confer, in his name, with the Chapter.

CAPITULO HEREFORDENSI PRO DECANATU EJUSDEM.—Viris venerabilibus, etc., Capitulo Herefordensi, Thomas, etc., salutem, etc. Attendentes vos in partem sollicitudinis regiminis nobis commissi in Ecclesiam predictam divina providencia convocari, speramus firmiter quod, in hiis quibus animarum salus et Ecclesie nostre status reformacio poterunt iminere, nobis et nostris assistere

1—In MS. *extendentibus*.   2—In MS. *debeat*.

velitis devocione quadam filiali, presertim in hiis que nulli nostrum generant prejudicium, set ad Dei laudem pertinent pariter et honorem. Quapropter, cum in decanatu Ecclesie nostre multa fuerint, prout melius nostis, ad que de consilio seniorum manus apponere cogimur inviti, dilectos nobis in Christo magistros Lucam de Bree et Johannem de Bradeham, clericos nostros, vobis transmittimus; omni vos affeccione qua possumus requirentes quatinus illos, vice nostra negocium et causas negocii vobis plenius exponentes, favorabiliter exaudire velitis; magistro Luce concanonico vestro, cui vices nostras committimus in negocio per eundem vobis exponendo, assistentes consilio et auxilio et favore, ut invicem onera mutuo supportantes errores et peccata destruendo, legem Dei valeamus adimplere. Valeat cetus vester reverendus semper in Domino. Datum apud Foleham, xiij Kalendas Decembris, Pontificatus nostri anno secundo.

Nov. 19.—Notice given to the clergy and laity of the Deanery of the jurisdiction entrusted to Luke de Bree.

PRO DECANATU HEREFORDENSI.—Thomas, etc., omnibus rectoribus, vicariis, capellanis, et aliis subditis in decanatu prefate Ecclesie constitutis, salutem, etc. Cum tocius conditor creature ad hoc propiciatus humanam voluit carnem assumere, et divinitatis sue gracia racionalem creaturam, ad similitudinem suam conditam, dirupto quo captivabatur vinculo, pristine libertati restituens a periculis liberare, salubriter agetur si pastoris incumbens officiis animarum obviet periculis et circa salutem earumdem laboret pro viribus et intendat. Hinc est quod cum notorium sit et manifestum multa et varia animarum pericula inter subditos decanatus predicti contigisse et cotidie contingere, quo dolemus, eo quod, lite durante inter magistrum Egidium de Aunebury et dominum Johannem de Aqua Blanca super jure ipsius decanatus, in delinquentes correccionis officium minime exercetur; volentes, ut tenemur ex officii nostri debito, predictis periculis adhibere remedium salutare, de consilio prudentium ac jurisperitorum correccionis officium nobis, sine prejudicio alterutrius litigancium predictorum, assumpsimus exercendum; cujus execucionem, vice et auctoritate nostra, dilecto nobis in Christo filio magistro L[uce] de Bree, Canonico Ecclesie supradicte, commisimus effectualiter exequendam. Quocirca vobis mandamus tenore presencium, sub pena districcionis canonice firmiter injungentes, quatinus in hiis que correccionis prefate aut jurisdiccionis officium contingunt, non obstante reclamacione vel appellacione cujuscunque, obediatis eidem; alioquin contra vos tanquam filios inobediencie procedemus, quatenus de jure fuerit precedendum. Datum apud Foleham, xiij Kalendas Decembris, Pontificatus nostri anno secundo.

Jan. 18, 1277.—Memorandum of the induction of Philip de Assefort to the chapelry of Collington Minor, and of the institution of John de Wicumbe to the Church of Barrow; also of the mandate of induction.

COLYNTONE.—Memorandum quod Philippus de Assefort, capellanus, corporalem habet possessionem capelle de Colyntone minoris, set nondum est institutus in eadem, et debet querere suam institucionem; et fuit inductus apud Bosebury, xv Kalendas Februarii, anno Domini M°CC°LXX° sexto.

Item memorandum quod dictis die et loco Johannes de Wicumbe, clericus, admissus est ad ecclesiam de Barewe, et institutus est, secundum formam Constitucionis, in eadem; et injunctum est Officiali quod inducatur in corporalem possessionem. Litteram vero institucionis non habet.

Jan. 11, 1276.—Memorandum of the visitation of Leominster Priory, when the Bishop himself examined the Prior and Sub-Prior, and other monks through his Official and clerks.

LEOMINSTERIA: PONTIFICATUS DOMINI THOME, EPISCOPI HEREFORDENSIS, SECUNDO ANNO.—Memorandum quod anno Domini M°CC°LXX°vj^{to}, indiccione quinta, iij Idus Januarii, Venerabilis Pater, Thomas, etc., fuit in prioratu Leominsterie causa visitandi monachos ejusdem prioratus; et proposito verbo Dei in capitulo loci, visitavit idem Pater, et examinavit primo Stephanum de Wattone, Priorem domus, et postmodum Robertum de Fikeldene, subpriorem domus; et magister Gilbertus de Heywode, clericus dicti Domini Episcopi, de mandato ipsius Episcopi visitavit et examinavit fratrem Willelmum de Wyntone et fratrem Jordanum de Multone et fratrem Ricardum de Wyntone, monachos ejusdem domus. Et magister Lucas de Bre, tunc Officialis Herefordensis, de mandato ejusdem Domini Episcopi eodem tempore visitavit et examinavit fratrem Johannem de Tudyntone, monachum ejusdem loci. Magister vero Adam de Fileby ex mandato ejusdem dicto die visitavit.

Et fuerunt presentes dictis die et loco in visitacione predicta domini Johannes de Wynbeldone, Willelmus de Faukeburne, capellani, domini Johannes de Clare, Johannes de Say, Nicholaus de Oxone, Johannes de Kemeseye, clerici dicti Episcopi, magistri Philippus de Kynardesleye et Willelmus de Lodelowe, et Rogerus de eadem, Adam, vicarius Leominsterie, Stephanus de Wentenoure, capellanus, Ricardus de Claverleye, capellanus, Herbertus de Sobedone, vicarius, Thomas, vicarius de Aylmundestre, Johannes de Kyngtone, capellanus, Henricus de Stowa, capellanus, Thomas Faber, capellanus, Ricardus Witbred, capellanus, Johannes Gynes, diaconus, Hugo Paulyn, diaconus, Philippus de Stowa . . . diaconi, Robertus Pistor, Willelmus de Merdis, subdiaconi, Johannes de Oxone, Willelmus atte Hulle, Nicholaus Cultellarius, Henricus Apparitor, Petrus de Haddestone, Thomas de Salculke, Johannes de Stakebache, Richardus le Porcher, Hugo Kanne, et Hugo de Firmario.

Dec. 16, 1276.— Memorandum of Priest's orders conferred on Adam Beaufitz after receipt of letters dimissory from the Bishop of Worcester, and promise of a yearly allowance of sixty shillings from John Beaufitz as title.

Memorandum quod die Mercurii proxima post Festum Sancte Lucie anno Domini M°CC° septuagesimo sexto accessit ad nos Adam Beaufis, capellanus, Wigorniensis diocesis, petens quod super ordinacione sua per litteras nostras testimoniales per[h]iberemus litteras dimissorias super ordinibus diaconatus et presbiteratus a quolibet Episcopo Cantuariensis Provincie recipiendis, a Domino Wigorniensi ei concessas ostendens, simul cum litteris eidem super certo titulo concessis, quarum tenor talis est,—Reverendo Patri suo in Christo, Domino G[odefrido], Dei gracia Wigorniensi Episcopo, suus Johannes Biaufyz de Estlegge,[1] humilis et devotus in omnibus salutem cum omni honore, obedienciam et reverenciam. Venerandam Paternitatem vestram dignum duxi deposcendam quatinus Adam Biaufiz, dilectum nostrum nuncium, latorem presencium, divine caritatis intuitu et precum mearum intuitu ad ordines promovere velitis. Onus quidem sue promocionis in me penitus suscipio; et vos, Domine, et omnes successores vestros indempnes conservare promitto; dans eidem Ade Biaufiz annuatim sexaginta solidos sterlingorum de camera mea, quousque provisum sit ei in beneficio ecclesiastico. In cujus rei testimonium litteras meas,

1—Both the personal and local names are variously spelt in the MS.

signo meo signatas, Paternitati vestre mitto patentes. Datum apud Estleche, die Dominica proxima ante Festum Sancti Laurencii, anno gracie M°CC° septuagesimo quinto. Et quia titulus iste insufficiens reputatur, corporalem prestitit sacramentum se nunquam Episcopum Herefordensem inpetiturum racione alicujus tituli seu beneficii consequendi. Tenor autem litterarum eidem J [ohanni] concessarum talis est,—Omnibus Sancte Matris Ecclesie filiis Thomas, etc. Noverit universitas vestra nos dominum Adam Beaufiz de Estlecche, de diocesi Wygorniensi oriundum, littera dimissoria Domini Godefridi, Dei gracia Wygorniensis, super hoc inspecta, ad presentacionem nostri Capituli Herefordensis in presbiterum ordinasse. In cujus, etc. Datum apud Arleye juxta Radinge, xvij Kalendas Januarii, anno gracie M°CC°LXX° sexto.

Jan. 15, 1277.—Memorandum of the various terms proposed in Chapter as to the decanal jurisdiction which the Chapter should assume and delegate to some one or more, with or without the consent of the rival claimants.

HEREFORDE PRO JURISDICCIONE.—Memorandum quod anno Domini M°CC°LXX°vj°, xviij Kalendas Februarii, in presencia Thome, Herefordensis Episcopi, Pontificatus sui anno secundo, super contencione decanatus racione jurisdiccionis exercende in eodem decanatu pendente causa, ex parte Capituli et parcium, videlicet magistri Egidii et Cancellarii, fuerunt provise formule infrascripte, Domino Episcopo ipsas audiente, set expressum consensum vel tacitum plane non adhibuit. Prima forma pacis est hec; videlicet quod Capitulum assumat jurisdiccionem [decanatus de consensu illorum qui super decanatu contendunt; dum tamen caveatur illis competenter de indempnitate.

Secunda est quod Capitulum assumat ipsam jurisdiccionem, eis contradicentibus, appellantibus, et reclamantibus; modo tamen curiali, ne consentire videantur in prejudicium cause eorum.

Tercia est quod partes committant jurisdiccionem certe persone, seu certis personis, qui eam nomine decani gerant; et emolumenta et perquisita conserventur in thesauraria Herefordensi usque in eventum causarum.

Et promittunt partes Capitulo quod infra Dominicam qua cantatur *Letare, Jerusalem,* unam ex predictis formis acceptabunt fideliter et bona fide.

Jan. 24.—Induction of Walter de Middleton to the Vicarage of Bredwardine without letters of institution.

BREDWORTHIN.—Memorandum quod dominus Walterus de Miteletone, capellanus, inducitur in corporalem possessionem vicarie ecclesie de Bredworthin, ix Kalendas Februarii, Pontificatus nostri anno secundo. Tamen non habet litteras de institucione.

Jan. 17.—Institution of John de Wycombe to the chapelry of Barrow, on the presentation of the Prior and Convent of Wenlock.

BAREWE.—Thomas, etc., filio suo Johanni de Wicumbe, clerico, salutem, etc. Ad presentacionem religiosorum virorum, Prioris et Conventus de Wenloke, verorum patronorum capelle de Barewe, te caritative admittimus et Rectorem instituimus in eadem, etc.; salvis predictis religiosis et ecclesie sue de Wenloke consuetudinibus et pensione viginti solidorum in Festo Sancti Johannis Baptiste sibi annuatim solvenda in dicta capella debitis et consuetis. In cujus etc. Datum apud Prestone, xvj Kalendas Februarii, anno Domini M°CC°LXX°vj^{to}.

Mar. 17.—Iustitution of Walter de Astley to the Vicarage of Stoke Say. Mandate of induction.

STOKE SAY.—Memorandum quod dominus Walterus de Asteleye, capellanus, habuit apud Bosebury, xvi Kalendas Aprilis, Pontificatus nostri anno secundo, institucionem vicarie de Stoke Say; et mandabatur Officiali quod poneret eum in corporalem possessionem ejusdem.

Jan. 7.—Memorandum of the collation of William de Montfort to the Precentorship, and of the induction of his Proctor.

PRECENTORIA ECCLESIE HEREFORDENSIS.—Memorandum quod vij Idus Januarii, apud Bosebyry, collata fuit magistro Willelmo de Monte Forti precentoria Herefordensis Ecclesie, et die Martis proximo subsequente inductus fuit magister Ricardus de Cuysele, Procurator ejusdem magistri W[illelmi], in corporalem possessionem dicte precentorie, Pontificatus nostri anno secundo.

The sequestration of the Church of Stretton is released, and Walter, who claims to be Rector, is to be ordained sub-deacon when he is in his 18th year.

STRETTONE.—Memorandum quod concessum est Waltero, filio W., medici, qui se gerit pro Rectore ecclesie de Strettone, cum sit jam, ut testatum est, in xvij° anno, quod, ipso intrante in xviij° anno, ad proximos ordines accedat in subdiaconum ordinandus, et interim relaxetur sequestrum.

Mar. 28.—Memorandum of licence to study abroad for three years to Roger de Ludlow, Rector of Onibury.

ONEBURY.—Item memorandum quod magister Rogerus de Lodele habuit Herefordie, v Kalendas Aprilis, licenciam studendi in partibus transmarinis per triennium ab Annunciacione Beate Virginis, anno predicto; qui Rogerus est Rector ecclesie de Onebury.

Memorandum that William Mortimer is granted the custody of a portion of Burford at the Bishop's pleasure.

BUREFORDE.—Item memorandum quod magister Willelmus de Mortuo Mari habet corporalem possessionem porcionis de Bureford, nomine custodie, ad voluntatem Domini.

Memorandum that Philip the Welshman has the custody of Stretton Church at the Bishop's pleasure.

STRETTONE IN STRETTONE DALE.—Item memorandum quod magister Philippus le Waleys habet corporalem possessionem ecclesie de Strettone in Strettone Dale, custodie nomine, ad voluntatem Dominie.

April 6.—Memorandum that William Daubeny is instituted to the Church of Ross.

Ros.—Item memorandum quod dominus Willelmus de Albaniaco habuit institucionem ecclesie de Ros, apud Sugwas, viij Idus Aprilis.

April 22.—Collation of Luke de Bree to the Treasurership vacant by the death of William le Rus, and mandate of induction sent to the Hebdomadary. This was repeated as an earlier mandate was expressed in conditional terms.

THESAURARIA ECCLESIE HEREFORDENSIS.—Memorandum quod Dominus contulit intuitu caritatis magistro Luce de Bre thesaurariam Ecclesie Herefordensis, quatenus vacavit per mortem domini

Willelmi le Rus, apud Arleye juxta Radinge, Idibus Aprilis. Et in eadem forma mandatum est Ebdomodario Ecclesie memorate quod inducat eum in corporalem possessionem dicte thesaurarie, stallum in choro, locum in capitulo, prout moris est, assignando eidem. Datum die et loco supradictis. Quia mandatum directum dicto Ebdomodario modificatum vel condicionatum videbatur, propter quod in suspenso remansit dictum negocium, iterum scriptum est magistro Willelmo de la Hay, vel Ebdomodario, simpliciter nulla adjecta condicione; et hoc apud Kensintone, x Kalendas Maii, anno supradicto.

Apr. 22.—*Memorandum that Philip the Welshman is instituted to Stretton Church, in Stretton Dale. As he is already in possession, no mandate of induction is required.*

STRETTONE IN STRETTONE DALE ITERUM.—Memorandum quod magister Philippus dictus le Waleys habuit institucionem ecclesie de Strettone in Strettone Dale secundum formam Constitucionis, etc., apud Westmonasterium, x Kalendas Maii. Et non est mandatum Officiali quod inducat eum in corporalem possessionem, quia, ut patet superius, prius habuit corporalem ejusdem ecclesie possessionem, tamen nomine custodie.

Jan. 4, 1277.—*Memorandum that William de St. John is collated to the prebend vacated by Hervey de Borham, and mandate of induction is sent.*

MEMORANDUM COLLACIONIS PREBENDE QUAM TENUIT H[ERVEUS] DE BORHAM.—Item memorandum quod ij nonas Januarii, apud Samford juxta Oxoniam, collata fuit magistro Willelmo de Sancto Johanne prebenda quam tenuit dominus Herveus de Borham in Ecclesia Herefordensi; et mandatum fuit Ebdomodario dicte Ecclesie, die et loco supradictis, et Pontificatus nostri anno secundo, quod dictum magistrum W[illelmum], vel ejus Procuratorem, in corporalem inducat possessionem prefate prebende, prout moris est, etc.

Apr. 13.—*Memorandum of mandate to the Official to induct Adam de Berecroft to the Vicarage of Meole Brace if the results of the usual inquiry are satisfactory.*

CUSTODIA VICARIE DE MOELES.—Item memorandum quod mandabatur Officiali, Idibus Aprilis, apud Arleye juxta Radinge, quod, si omnia in inquisicione facienda super vicaria ecclesie de Moeles pro domino Ada de Berecroft, capellano, per Dominum Abbatem de Wygemore ad eandem presentato, rite fierent, eundem in corporalem possessionem dicte vicarie, custodie nomine, poneret ex nostra gracia speciali;—Pontificatus nostri anno secundo.

May 11.—Request that the Bishop of Worcester will allow William de Montfort to be inducted to the church of the prebend of Inkberrow, to which he has been collated.

EPISCOPO WYGORNIENSI PRO ECCLESIA DE YNTEBERGE.—Venerabili Patri in Christo, Domino G [odefrido], Dei gracia Episcopo Wygorniensi, Thomas, etc., salutem et fraterne caritatis in Christo semper affectum. Cum ecclesia de Ynteberge, vestre diocesis, Ecclesie nostre Herefordensis sit prebenda, et ad nostram collacionem dinoscatur spectare; quam quidem prebendam dilecto nobis in Christo magistro Willelmo de Monte Forti nuper contulimus intuitu caritatis; Paternitatem vestram requirimus et rogamus in Domino quatinus predicto magistro Willelmo, vel Procuratori ejusdem, corporalem possessionem dicte ecclesie ingredi volenti, prout moris est, benignum consensum adhibere velitis pariter et assensum. Valeat Paternitas vestra semper in Domino Jhesu Christo. Datum apud Arleye, v Idus Maii, anno Domini M°CC°LXX°vij°.

Apr. 13.—William de Montfort is collated to the prebend of Inkberrow, vacated by the death of William de Kingston.

COLLACIO PREBENDE DE YNTEBERGE.—Thomas, etc., magistro Willelmo de Montforti salutem, etc. Prebendam de Ynteberge ad nostram Ecclesiam Herefordensem pertinentem, per mortem domini Willelmi de Kyngestone vacantem, et ad nostram collacionem spectantem, tibi intuitu caritatis conferimus per presentos. In cujus, etc. Datum apud Arleye, Idibus Aprilis, anno gracie M°CC°LXX° septimo, Consecracionis nostre anno secundo.

May 30.—Institution of Geoffrey de Aylun, presented by the Prior and Convent of Llanthony Prima to the Vicarage of Yazor. Mandate of induction.

Fol. 36b.

YAUESORE.—Thomas, etc., domino Galfrido de Aylun, capellano, salutem, etc. Ad vicariam ecclesie de Yawesore, ad presentacionem religiosorum virorum, Prioris et Conventus Lantonie Prime, verorum patronorum ejusdem, te caritative admittimus et perpetuum vicarium canonice instituimus in eadem. In cujus, etc. Datum apud Arleye juxta Radinge, iij Kalendas Junii, anno Domini M°CC°LXX°vij°. Et mandatum est Officiali quod inducat eum, etc.

May 31.—Letters dimissory granted to John of Monmouth for sub-deacon's orders.

MAGISTRO JOHANNI DE MONEMUTA.—Memorandum quod ij Kalendas Junii apud Arleye, magister Johannes de Monemuta habuit litteras dimissorias ad recipiendum ordinem subdiaconi a quocunque Episcopo Cantuariensis Provincie, non obstante quod de nostra diocesi oriundus et in eadem beneficiatus existit.

Notice of the Bishop's grant of wood for fuel and repairs to his tenant Roger de Evesham at Brinkesty in Whitbourne.

ROGERUS DE EVESHAM.—Universis presentibus et futuris Thomas, etc., salutem. Noveritis nos pro nobis et successoribus nostris concessisse Rogero de Evesham, et heredibus vel assignatis suis, quod habeant focale, housbote et haybote, in bosco nostro de Brinkestye sine vasto, et hoc per visum ballivi nostri de Bromeyerd seu forestarii ejusdem bosci, ad illud capitale mesuagium quod de nobis tenet in manerio de Whyteburne, sine impedimento nostri et successorum nostrorum imperpetuum. In cujus, etc. Hiis testibus, dominis Waltero de Helion, Egidio de Berkeley, Rogero de Borhhulle, Ricardo de Baggindene, Eustachio de Whyteneye, militibus; Hugone de Pauntone, Willelmo de la Fenne, et aliis.

The hospice of the parson of Powick assigned to the Bishop as quarters by the King's Marshal, a year before the assembly of magnates summoned to meet the King at Worcester on July 1, was refused him in favour of the Earl of Gloucester. As his baggage has been sent to Whitbourne, he can only occupy by a few of his people the quarters which by the King's orders are now re-assigned.

DE HOSPICIO DE POYWYKE.—Memorandum quod, cum in Octabis Nativitatis Sancti Johannis, anno Domini M°CC°LXX^{mo.} septimo, Rex Edwardus, convocatis proceribus et aliis magnatibus terre, apud Wygorniam venire deberet, et ab illinc in Walliam esset profecturus, et Thomas, Herefordensis Episcopus, per suos bene per tres septimanas ante diem predictam hospicium persone de Poywyke petierat sibi assignari, racione liberacionis Marescalli Regis, scilicet domini Galfridi de Everle, fere per annum sibi prius facte; et dominus Radulfus Bluet, tunc tenens locum Marescalli, respondit quod omnia hospicia ab Henle usque ad Poywyke inclusive Comiti Glovernie et suis, de precepto Regis speciali, assignavit; et de hoc conquerebatur dictus Episcopus Domino Regi in presencia dicti Radulfi, et precepit Rex eidem Radulfo quod sine dilacione dictum hospicium dicto Episcopo liberaret; quod et factum fuit; tamen Episcopus illa vice ibi non jacuit, quia totum hernesium suum jam premiserat apud Whyteburne, set aliqui de suis ibidem pernoctabant.

Apr. 27, 1277.—Letter from Pope John XXI. directing the Bishop to inquire into the character of Peter de Llanrothal, who is of illegitimate birth, and to grant him a dispensation for Holy Orders, if found worthy. The letter is presented, and Peter is bidden to study singing for a whole year.

LITTERA PAPALIS PRO PETRO DE LANRETHAL, CLERICO.—Johannes Episcopus, Servus servorum Dei, Venerabili Fratri Episcopo Herefordensi salutem et apostolicam benediccionem. Constitutus in presencia nostra dilectus filius Petrus de Lanrethal, clericus tue diocesis, nobis humiliter supplicavit ut cum eo super defectu natalium, etc., ut supra (p. 65). Volumus autem quod dictus clericus per annum in cantu studeat antequam ad hujusmodi dispensacionis graciam admittatur. Datum Viterbii, v Kalendas Maii, Pontificatus nostri anno primo. Memorandum quod hec littera presentata fuit Thome, Episcopo Herefordensi, die Jovis proximo ante Festum Beate Margarete Virginis per Petrum Llanrethal apud Sugwas, anno Domini M°CC°LXX°septimo; et injunctum est ei ut per annum continuum discat cantum.

July 10.—Walter de Kemsey is instituted to the Vicarage of Lindridge.

LANDRUGGE.—Memorandum quod dominus Walterus de Kemeseye habuit institucionem vicarie de Lindrugge apud Witeburne, vj Idus Julii, anno Domini M°CC°LXX°septimo, quam Dominus ei contulit auctoritate Concilii Lugdunensis intuitu caritatis; cujus possessionem ad mandatum Domini antea habuit.

July 14.—Walter de Burton has letters of institution to the Vicarage of Bridstow, possession of which had been before conditionally granted.

BRIDESTOWE.—Memorandum quod dominus Walterus de Beritone optinuit litteram institucionis vicarie de Bridestowe, apud Sugwas, ij Idus Julii, anno supradicto; cujus prius possessionem optinuit per Officialem ad mandatum Domini condicionaliter eidem Officiali directum.

Licence of non-residence for a year to study is granted to Robert de Lacy, Rector of Brampton Bryan, at the instance of Brother Joseph, the King's Treasurer.

BROMPTONE BRIAN, LICENCIA STUDENDI.—Memorandum quod Dominus, ad instanciam fratris Josep, Thesaurarii Domini Regis, Roberto de Lasci, Rectori de Bromptone Brian, litteratorie concessit quod a Festo Sancti Michaelis, anno Domini M°CC°LXX°vij° usque in annum continuum possit scolasticis disciplinis vacare. Datum apud Sugwas.

July 20.—Mandate to the Official to cite James, Archdeacon of Salop, to appear before the Bishop or his commissaries to answer for plurality of benefices, non-residence, and other offences.

CITACIO ARCHIDIACONI SALOPIE.—Thomas, etc., Officiali suo salutem, etc. Quanto statuta canonica salutem magis respiciunt animarum, tanto ex officii nostri debito eandem exequi forcius obligamur, et districcione canonica contravenientes pro viribus cohercere. Cum igitur vir venerabilis et discretus magister Jacobus Archidiaconus Salopie in multis obviaverit, ut accepimus, canonicis institutis, vobis tenore presencium firmiter injungendo mandamus quatinus dictum Archidiaconum peremptorie citetis quod compareat coram nobis die Veneris proximo post Exaltacionem Sancte Crucis, ubicunque tunc fuerimus in Episcopatu nostro, vel coram comissariis nostris in majori Ecclesia Herefordensi, si nos dicto die extra Episcopatum nostrum esse contingat, quo jure plura beneficia curam animarum habencia retineat, et quare in suo Archidiaconatu secundum formam Constitucionis non resideat, ostensurus, et super sequestro nostro in prebenda sua de Ledebury violato; necnon et super criminibus sibi obiciendis responsurus, et juri pariturus.

Quid autem inde feceritis nos, vel commissarios nostros, dictis die et loco, per vestras litteras patentes harum seriem continentes, reddatis cerciores. Valeatis. Datum apud Sugwas, xiij Kalendas Augusti, Consecracionis nostre anno secundo.

July 22.—Mandate to the Dean of Frome to cite James de Aquablanca, prebendary of Ledbury, Peter and Poncius de Cors, prebendaries of Bromyard, and the Rectors of Whitburne and Ullingswick to appear before the Bishop and answer to the charges of non-residence and repeated contumacy.

Et in consimili mandatum est Decano de Froma.

Thomas, etc., Decano de Froma salutem, etc. Affectantes variis periculis occurrere que ex eorum absencia iminent qui in nostra diocesi tenentur animas regere in suis beneficiis legitime commorantes, vobis tenore presencium firmiter injungendo mandamus quatinus Jacobum[1] de Aqua Blanka, Rectorem unius prebende de Ledebury, Petrum et Poncium de Cors,[2] Rectores duarum prebendarum in Ecclesia de Bromyard, Hugonem de Turnun, Rectorem ecclesie de Wyteburne, item . . . Rectorem ecclesie de Ullingwike, auctoritate nostra, in ecclesiis suis predictis, publice et sollempniter moneatis quatinus citra Festum Beati Mathei, Apostoli, ad suas ecclesias sub pena privacionis redeant, in eis residenciam facturi, prout precipiunt canonice sancciones; citantes eos nichilominus in locis supradictis quod compareant coram nobis die Veneris proximo post Exaltacionem Sancte Crucis, ubicunque, etc. Quid autem super hiis feceritis, etc. Datum apud Sugwas, xj Kalendas Augusti, Consecracionis nostre anno secundo.

Nov. 24, 1276.—Papal Bull authorising the Bishop to appropriate the revenues of the Churches of Ledbury and Bosbury, of which he is patron, to the charges of the Episcopal Table.

BULLA PAPALIS INDULTA EPISCOPO HEREFORDENSI SUPER ECCLESIIS DE LEDEBURY ET BOSEBURY IN PROPRIOS USUS RETINENDIS.—Innocencius Episcopus, Servus servorum Dei, Venerabili Fratri Episcopo Herefordensi salutem et apostolicam benediccionem. Cum Episcopalis mense defectus eo sit gravior quo forcius tenentur Episcopi ex officii sui debito existere hospitales, nos, audita necessitate mense tue, cujus adeo tenues asseris esse proventus

---

1.—In MS. *Johannem*.
2.—They were nephews of the Chancellor, of the Aquablanca family, and are otherwise designated as *de Salinis*.

ut hospitalitatem ex eis nequeas excercere, tuis precibus inclinati, auctoritate tibi presencium indulgemus ut liceat tibi de Ledebury et de Bosebury ecclesias tue diocesis, in quibus jus optines patronatus, ad collacionem tuam, ut asseris, pleno jure spectantes, in usus proprios cum vacaverint retinere. Ita tamen quod in eis facias per ydoneos vicarios deserviri, et eis ex earumdem proventibus porcionem congruam assignari, ex qua comode sustentari valeant ac hospitalitatem et alia Ecclesie onera supportare. Nulli igitur omnino homini liceat hanc paginam nostre concessionis infringere vel ei ausu temerario contraire. Si quis autem hoc attemptare presumpserit, indignacionem Omnipotentis Dei et Beatorum Petri et Pauli, Apostolorum ejus, se noverit incursurum. Datum Laterani, viij Kalendas Decembris, Pontificatus nostri anno primo.

July 20.—Mandate to the Dean of Archenfield to cite Thomas de St. Gilles, calling himself Rector of Tretire, to answer to the charge of plurality of benefices.

CITACIO MAGISTRI THOME DE SANCTO EGIDIO.—Thomas, etc., Decano de Irchenfield salutem, etc., Cum magister Thomas de Sancto Egidio, gerens se pro rectore ecclesie de Retir, alias vocatus fuisset ostensurus quo jure plura beneficia curam animarum habencia retineret, nec id hactenus facere curaverit, vobis firmiter injungendo mandamus quatinus predictum magistrum Thomam peremptorie citetis quod compareat coram nobis, vel commissariis nostris, die Jovis proximo ante Festum Sancti Petri ad Vincula, ubicunque, etc. Quid autem super hiis feceritis, etc. Valeatis. Datum apud Sugwas, xiij Kalendas Augusti, Consecracionis nostre anno secundo.

July 15.—At the instance of Thomas de Ingelthorp, Dean of St. Paul's, London, sequestration of the tithes of Coddington was released till Michaelmas.

KOTINTONE.—Memorandum quod die Jovis proximo ante Festum Beate Margarete, anno predicto, ad instanciam magistri Thome de Ingelthorp, Decani Londoniensis, fecit Dominus graciam Rectori ecclesie de Kotintone, continuandam a dicto die Jovis usque ad Festum Sancti Michaelis proximo venturum. Et ob hoc mandetur ballivo de Bosebury quod interim non paciatur fructus ipsius ecclesie usquam distrahi per prefatum Rectorem.

Sept., 1256.—Deed of gift by Bishop Peter of lands in Holme Lacy, bought by him of the Prior and Convent of Craswell and others, and vested by him in the Chapter for the good of his own soul, and of the souls of other Bishops of the Diocese and of [Bernard] Prior of Champagne and others, on condition that certain quantities of corn should be distributed at stated times to all poor applicants. If the monks of Craswell reclaim their lands, others are to be bought for five hundred marks, and for this sum all the Bishop's personal property is to be pledged.

Of any wardships or marriage rights that may accrue half the proceeds are to go to the Dean and Chapter, and half to the fabric fund of the Cathedral; the forty-two oxen and carts now on the land are to be the property of the Chapter, as also the emblements. Formal acceptance of the same by the Dean and Chapter, who undertake that every Canon, on his installation, shall swear to observe the conditions of this charter.

CARTA DE HAMME.—Universis Christi fidelibus presentes litteras inspecturis vel eciam audituris A[ncelinus] Decanus et Capitulum Herefordensis Ecclesie salutem in Domino Jhesu Christo. Ad universitatis vestre noticiam volumus pervenire nos, visa et inspecta utilitate Ecclesie nostre, a Venerabili Patre nostro P[etro], Dei gracia ipsius Ecclesie Episcopo, totam terram cum omnibus suis pertinenciis, pascuis, molendinis, planis, nemoribus, homagiis, et rebus aliis, quam quidem terram monachi de Crasswelle, Grandemontensis Ordinis, in villa [sive] parochia de Hamma Lacy tenuerunt, et aliquo tempore possederunt, et omnem aliam terram cum omnibus suis pertinenciis quam memoratus Episcopus in dicta parochia sive villa tenebat seu possidebat, de communi consensu tocius Capituli recepisse, sub convencionibus, paccionibus, et condicionibus que in litteris super collacione dictarum terrarum et pertinenciarum a memorato Venerabili Patre nobis facta confectis plenius continentur. Quarum litterarum tenor talis est.—Universis Christi fidelibus, etc., Petrus, etc., eternam in Domino salutem. Noverit universitas vestra quod nos dedimus, etc., Deo et Beate Marie ac Beato Ethelberto, Martiri, omnibusque Sanctis Dei, et Decano et Capitulo Herefordensi, in puram et perpetuam elemosinam, pro salute anime nostre et pro animabus antecessorum et successorum nostrorum, Episcoporum, et pro anima felicis recordacionis [Bernardi][1] quondam Prioris Campaniensis, et pro animabus

---

1—Bernard of Champagne, an agent of Bishop Peter, was murdered in the Cathedral, as the Annalist of Tewkesbury says, *Quidam Francigena, non religiosus sed irreligiosus, . . . meritis suis exigentibus . . . se in capella sua (S. Marie Magdalene, Ann. Wigorn.) missam audiente, a quibusdam perimitur (Ann. de Theok. p. 148).* John de Frome was arrested as guilty of the murder, and was claimed as a cleric by Bishop Peter, but handed back to the King's officers when no sign of tonsure was found. Taken to London he was claimed by the Bishop of London as a reputed cleric, and then again by the Bishop of Hereford. The King writes from Gascony in much perplexity to direct the Official of Canterbury to keep him in ward till the question could be decided. (Gascon Rolls, 3711, 3712.) The name Bernard is given in a deed of sale in the Chapter Archives.

omnium parentum et benefactorum nostrorum, omniumque fidelium defunctorum, septem carrucatas terre quas acquisivimus in manerio et parochia de Hamme Lacy, videlicet terras quas emimus ab Abbate et Conventu de Lavendene, et terram quam emimus a magistro Willelmo de Batone, clerico nostro, et terras quas emimus a Priore de Crasswelle et ejusdem loci fratribus Ordinis Grandemontensis, cum capitali mesuagio et aliis mesuagiis, grangiis, et omnibus aliis edificiis, etc., redditibus, nemoribus et molendinis, gardinis, vinariis, piscariis, stagnis, rivariis, pratis, pascuis, viis, semitis, et omnibus aliis aisiamentis, et omnibus homagiis libere tenencium et non libere tenencium, et specialiter cum homagio domini Henrici de Bradele et heredum suorum, et omnibus aliis rebus et libertatibus et liberis consuetudinibus, tam nominatis quam non nominatis, ad omnes predictas terras pertinentibus; salvo nobis et successoribus nostris de dictis terris antiquo servicio debito et consueto. Dedimus eciam, etc., quatuor libras sterlingorum annui redditus quas debent nobis Prior et Conventus [Sancti] Gutlaci Herefordie pro molendinis Herefordie que emimus et eisdem ad firmam perpetuam concessimus. Et quia pium est pauperibus in necessitatis tempore subvenire, volumus, et de consensu predictorum Decani et Capituli ordinamus, quod pro predictis omnibus iidem Decanus et Capitulum ducentas et quadraginta summas duri bladi, videlicet boni mixtilionis annuatim pauperibus erogent, et in pane distribuant in Domo Episcopali Herefordensi duobus anni mensibus, in Junio scilicet et Julio, ita quod dicta distribucio fiat ter in qualibet septimana duorum mensium predictorum, et cuilibet pauperi venienti detur qualibet [die] ipsius distribucionis panis tante quantitatis quod ex eo possit per unam diem commode sustentari; et in qualibet septimana dictorum mensium, durante dicta distribucione, fiat provisio competens et sufficiens per unam diem in pane fratribus minoribus Herefordie residentibus. Et si forte contigerit tantam multitudinem pauperum ad distribucionem supradictam confluere quod non posset distribucio usque ad finem dictorum mensium perfici, ut est dictum, fiat secundum formam predictam quamdiu sufficiet dictum bladum. Et siquid post dictos duos menses de dicto blado residuum fuerit, distribuatur in subsequentibus septimanis. Volumus eciam et ordinamus quod fratribus de Crassewelle[1] quingente marce solvantur de pecunia nostra si quitare voluerint

[1]—The monks of Craswell appear to have accepted the terms here proposed. In 1539 the estate was leased by the Dean and Chapter for 198 years at a reserved rent of six pounds. John Scudamore, grandson of the original lessee, gave the tithes of Fownhope in exchange for it in 1581.

et quitaverint jura et acciones, siqua eis competunt in rebus superius nominatis. Quod nisi fecerint dicti fratres, et terras quas ab eis emimus evicerint, de dictis quingentis marcis emantur terre equivalentes, et loco terrarum predictarum subrogentur. Pro quibus quingentis marcis eisdem Decano et Capitulo omnia bona nostra mobilia obligamus. Et quousque terre predicte empte fuerint, vel commode emi potuerint, detrahatur de distribucione supradicta quantum secundum estimacionem bonorum virorum fuerit detrahendum. Volumus eciam et de consensu predictorum Decani et Capituli ordinamus quod, quocienscunque garda vel maritagium, aut utrumque, heredum vel successorum domini Henrici de Bradele ad eosdem Decanum et Capitulum devenerit quoquo modo, medietas tocius emolumenti ipsorum garde vel maritagii, aut utriusque, cedat eisdem Decano et Capitulo pleno jure, ut in hoc saltem, si super premissis in aliquo gravati fuerint, releventur. Alia vero medietas applicetur fabrice et refeccioni Ecclesie Herefordensis Cathedralis. Et ut liberius et libencius memorati Decanus et Capitulum adimpleant et perficiant supradicta, volentes in beneficiis nostris excrescere, quadraginta et duos boves quos in dicto manerio habebamus, cum curribus, quadrigis, et carrucis ibidem ad presens existentibus, eisdem dedimus et concessimus cum predictis; et hac vice expensis nostris faciemus terras que seminande fuerint seminari. Ipsi vero Decanus et Capitulum primo supradictam distribucionem facient anno ab Incarnacione Domini millesimo ducentesimo quinquagesimo octavo, et postea quolibet anno imperpetuum, prout est superius ordinatum. In cujus rei testimonium sigillum nostrum presentibus apposuimus. Datum mense Septembri, anno Domini millesimo ducentesimo quinquagesimo sexto. Nos vero prefati Decanus et Capitulum supradictam collacionem sub predictis convencionibus, paccionibus, et condicionibus nobis factam, gratam et ratam habentes et quantum in nobis est, approbantes, vovemus Deo et Beate Marie genitrici sue, et Beato Ethelberto, Martyri, omnibusque Sanctis Dei, et eidem Venerabili Patri promittimus bona fide omnia supradicta generaliter et singula singulariter firmiter imperpetuum observare et fideliter adimplere; volentes et statuentes quod quilibet Canonicus, cum jurabit statuta et consuetudines Herefordensis Ecclesie observare, ut moris est, juret specialiter quod ea que in presentibus litteris continentur fideliter imperpetuum observabit. Renunciamus eciam in hoc facto beneficio restitucionis in integrum, doli, et in factum accioni, et omnibus defensionibus competituris et competentibus, et omni juris beneficio seu auxilio

Episcopi Herefordensis. 131

per quod supradicta possent infirmari in toto seu in parte, vel eciam nulla dici; subicientes nos spontanea voluntate jurisdiccioni Herefordensis Episcopi qui pro tempore fuerit, quo ad observacionem omnium predictorum sine strepitu judiciali; unica tamen monicione premissa, per omnimodam censuram Ecclesiasticam, si necesse fuerit, nos compellat. In quorum omnium robur, memoriam, et testimonium presentes litteras, etc. Datum Herefordie, mense Septembri, anno Domini M°CC° quinquagesimo sexto.

July 28.—The custody of the Church of Pencombe is entrusted for six months to John de Chandos, at the presentation of Eustace de Whitney.

PENECUMBE.—Thomas, etc, magistro Johanni de Chaundoys, capellano, salutem, etc. Ecclesiam de Penecumbe, ad presentacionem dilecti in Christo filii, domini Eustachii de Wynteneye, militis, veri patroni ejusdem, tibi caritatis intuitu ad sex menses continuos commendamus secundam formam Constitucionis, etc. In cujus, etc. Datum apud Sugwas, v Kalendas Augusti, anno Domini M°CC° septuagesimo septimo.

Magister Johannes de Chaundos habet aliam ecclesiam in Diocesi Saresbiriensi, que vocatur Hamptone Meysi.

July 22.—The Bishop fixed a day for Thomas de St. Gilles to shew by what right he holds several benefices with cure of souls.

MAGISTRI THOME DE SANCTO EGIDIO.—Memorandum quod die Jovis proximo ante Festum Beati Jacobi, Apostoli, Dominus prefixit diem magistro Thome de Sancto Egidio ad peticionem ipsius Thome; diem videlicet Jovis proximum post Festum Sancti Petri ad Vincula, ubicunque, etc., ostensuro, etc.

Aug. 7.—The Deans of Pontesbury and Clun are instructed to warn and, if need be, excommunicate in the Churches of Montgomery and Churchstoke offenders who have carried off the cattle of the Bishop's tenants, and extorted tolls from them in their markets.

Thomas, etc., Decanis de Pontesbiry et de Clone salutem, etc. Intelleximus quod quidam terras nostras et Ecclesie nostre Herefordensis, tumultuario mentis impulsu, contra jura et libertates nostras et Ecclesie nostre, sunt ingressi, capientes averia Maddok dicti capellani, Walteri filii Johannis de Linleye, et aliorum hominum nostrorum; et ea extra nostram libertatem abducentes, tolnetum eciam ab hominibus nostris, libertate Ecclesie nostre non obstante, in suis mercatibus extorquentes, in prejudicium libertatum nostri et Ecclesie nostre et dampnum non modicum seu gravamen. Quocirca vobis mandamus tenore presencium firmiter injungentes quatinus in singulis Ecclesiis vestrorum decanatuum, et maxime in ecclesia de Monte Gomeri et ecclesia de Chyrchestoke, habita de premissis inquisicione diligenti, si inveneritis ita esse, tunc legitima monicione premissa, nisi fuerit nobis et Ecclesie nostre de predictis injuriis infra octo dies satisfactum, omnes dictos transgressores sentenciam majoris excommunicacionis incurrisse ipso facto publice et sollempniter denuncietis in genere. Quid autem super hiis feceritis nobis citra festum Beati Bartholomei, Apostoli, ubicunque, etc.; interim autem de nominibus transgressorum plenius inquirentes; de quibus eciam nos certificare curetis citra Festum superius memoratum. Valeatis. Datum apud Sugwas, vij Idus Augusti, Consecracionis nostre anno secundo.

Aug. 5.—Mandate to the Dean of Pontesbury to hold inquiry and report the names of those who have robbed the Prior of Alberbury and the Chapel of Bettws, and to promulgate sentence of excommunication.

DECANO DE PONTESBYRY.—Mandatum est Decano de Pontesbyry quod denunciet in genere excommunicatos omnes qui, contra immunitatem[1] Ecclesie et libertatem Herefordie, depredaciones et sacrilegia commiserunt in bonis Prioris de Albebury et capelle de Betteus[2] pertinentis pro parte ad Priorem de Chirebury, inquisicione habita et legitima monicione premissa, et quod nomina malefactorum inquirat, et super hiis nos certificet.[3] Datum Nonis Augusti. Item mandatum est eidem quod omnes dictos malefactores, canonica monicione premissa, excommunicet nominatim. Datum in Festo Assumpcionis Beate Virginis, et certificabit citra Nativitatem Beate Virginis.

1—In MS. *emunitatem*, as also below.
2—Betty y Cwm was in 1331 a dependency of the Parish Church of Clun. (Eyton, Shropshire. xi. 245.)
3—In MS. *certificaret*.

Episcopi Herefordensis. 133

Aug. 28.—*Mandate to the Official to give public warning that any who have taken away charters or muniments of the Cathedral or churches of the diocese, or are cognizant of such offences, will be excommunicated.*

PRO PRIVILEGIIS, CARTIS, ET ALIIS MUNIMENTIS ECCLESIAM HEREFORDENSEM CONTINGENTIBUS.—Thomas, etc., Officiali suo salutem, etc, Cum canon late sentencie singulos involvat qui facultates Ecclesie diripiunt, jura perturbant, et libertates infringunt, non inmerito debent sentencie mucrone percelli qui privilegia, cartas, ac alia munimenta quibus in premissis censentur Ecclesie protegi seu deffendi, manu sacrilega subtrahere et subtracta detinere temere presumpserunt. Hinc est quod, cum nos alias vobis scripsisse meminimus quod in majori Ecclesia Herefordensi, necnon et in singulis [ecclesiis] ejusdem Civitatis, simul cum conventualibus et aliis nostre diocesis, sollempniter et publice monicionem faceretis quod omnes et singuli qui de privilegiis etc., nos et Ecclesiam nostram predictam qualitercunque contingentibus, causa quacunque vel occasione detinuerint, vel aliquid hujusmodi de eorum detentoribus sciverint, nobis citra Festum Beati Laurencii proximo preteritum, sub pena majoris excommunicacionis restituerent vel referrent; super quo licet nobis aliqua suggerantur que presumpcionis violentis contra quosdam sint verisimiliter inductiva, tamen mandato nostro non est paritum ut vellemus. Quocirca vobis mandamus tenore presencium firmiter injungentes quatinus in locis premissis omnes et singulos qui de premissis privilegiis, etc., subtraxerunt,[1] et nostra monicione legittima non obstante, adhuc detinent sic substracta, excommunicacionis sentencia denuncietis sollempniter et publice innodandos, quam exnunc proferimus, nisi citra Festum Sancti Michaelis proximo futurum eadem nobis restituant sine more dispendio longioris; omnes eciam et singulos denunciantes eadem sentencia innodandos qui de premissis aliquid sciverint, nisi infra tempus predictum illud nobis plenarie curaverint intimare. Quid autem, etc. Datum apud Prestebury, v Kalendas Septembris, Consecracionis nostre anno secundo.

1—In MS. *subtraxherunt.*

July 27.—Writ to the Sheriff of Gloucestershire to summon the Bishop before the Barons of the Exchequer at Shrewsbury, as Executor and heir of the late Bishop of Worcester, to answer together with Godfrey, Bishop of Worcester, for a debt from his estate to the Crown.

LITTERA DOMINI REGIS IMPETRANS CONTRA HEREFORDENSEM PER WYGORNIENSEM.—E[dwardus], Dei gracia Rex Anglie, etc., Vicecomiti Gloucestrie salutem. Precipimus tibi quod venire facias coram Baronibus de Scaccario nostro apud Salopiam, in Octabis Sancti Michaelis, Thomam, Episcopum Herefordensem, cui bona et catalla Walteri, quondam Wygorniensis Episcopi, defuncti, devenerunt, ad respondendum nobis unacum Godefrido, Episcopo Wygorniensi, cui eundem diem dedimus, de xliij libris, xvj solidis, viij denariis, obolo, qui nobis debentur de debitis predicti Walteri, sicut predictus Godefridus racionabiliter monstrare poterit quod inde respondere debeat. Et habeas ibi tunc hoc breve. Teste R. de Northwode, apud Westmonasterium, xxvij die Julii, anno regni nostri quinto.

Mandate to the Dean of Pontesbury, repeating the instructions given on Aug. 7.

DECANO DE PONTESBURY.—Thomas, etc., Decano de Pontesbury salutem. Meminimus nos alias vobis mandasse quod in ecclesia de Monte Gomeri, et aliis locis sollempnibus vestri decanatus, publice et sollempniter nunciaretis in genere excommunicatos omnes contra libertatem et immunitatem Ecclesie Herefordensis venientes, et eas quantum in ipsis est perturbantes seu eciam impedientes. Quod quidem mandatum si nondum fueritis executi, vobis tenore presencium firmiter injungendo mandamus quatinus diebus Dominicis et Festivis illud mandatum exequamini in forma superius memorata, citra Festum Sancti Michaelis proximum nos certificantes, personaliter comparentes coram nobis unacum littera vestra etc, ubicunque, etc.

Licence of non-residence to study for three years granted to Walter of Bath, R. of St. Keyne (Kentchurch), and William Brun, R. of Rock (?), and for one year to Stephen, R. of Staunton.

LICENCIE STUDENDI.—Memorandum quod concessum est magistris Waltero de Batone, Rectori ecclesie de Sancta Kayna, et

Willelmo Brun, Rectori ecclesie de¹ Hake, quod uterque studere possit per tres annos continuos a Festo Sancti Michaelis, anno Domini M°CC°LXX° septimo, per litteras Domini. Item concessum est Stephano, Rectori ecclesie de Staundone in foresta de Dene, quod Parisius studeat per annum continuum a predicto Festo Sancti Michaelis

Sept. 22.—Letters of institution to the Church of Credenhill granted to Philip Talbot, sub-deacon, on the presentation of Richard Talbot. He was not actually instituted, being only in minor orders.

CREDEHULLE.—Memorandum quod x Kalendas Octobris, anno Domini M°CC°LXX° septimo, apud Sugwas, optinuit Philippus Talebot, subdiaconus, litteram institucionis ecclesie de Credehulle, ad presentacionem domini Ricardi Talebot, militis, cujus corporalem possessionem possidebat tempore bone memorie Domini J[ohannis], predecessoris nostri. Institucionem vero non [optinuit] quia infra Sacros tunc temporis non erat.

License of non-residence to study for one year granted to Stephen de Clun, R. of Clun, and to the Rector of Clungunford, and to a brother of the Sheriff of Shropshire.

LICENCIE STUDENDI.—Item memorandum quod concessum est magistro Stephano de Clone, Rectori ecclesie de . . .² et Rectori ecclesie de Clonegumford quod possint studere per annum a Festo Beati Michaelis, anno Domini M°CC°LXX° septimo. Et idem est concessum cuidam qui est frater Vicecomitis Salopie, Rectori ecclesie de . . .²

The case of the two portionists of Bromyard, nephews of the Chancellor of Hereford (cited July 22) is deferred to the Ordination at Christmas at the instance of the Queen and their friends.

MEMORANDUM.—Negocium de duobus nepotibus Cancellarii Herefordensis, porcionariis de Bromyard, remanet sub expectacione usque ad proximos Ordines ante Natale Domini venturum, ad instanciam Domine Regine et quorumdam amicorum pro eis supplicancium. Fiat tamen vocacio eorumdem prius incepta, prout ordo juris expostulat.

1—In MS. *del.*   2—The names were here omitted.

Licence of non-residence to study for one year granted to Gunther de Naves, Rector of Byford, whether he has or not an earlier licence.

MEMORANDUM.—De Guntero de Naves, Rectore ecclesie de Byforde, concessit Dominus quod possit stare, a Festo Sancti Michaelis usque ad annum continuum, in scolis, per litteram suam quam dicitur habere.[1] Et si litteram non habeat, concedit illud idem predicto Guntero, ad instanciam domini Archidiaconi Herefordensis.

The Rectors of Whitbourne and Ullingswick (cited July 22) are respited.

Fol. 39b. MEMORANDUM.—Item memorandum quod negocium domini Hugonis de Turnun, Rectoris de Wyteburne, expectabitur, sub forma tamen citacionis usque ad proximum diem juridicum post Festum Purificacionis, prout in littera citatoria plenius continetur. Idem est concessum Rectori ecclesie de Ullingwike.

Geoffrey de Viriaco and the Rector of Hope Mansel, who have failed to appear on the stated day before the Bishop, are to be summoned to present themselves on a later day.

MEMORANDUM.—Gyfridus de Viriaco et Rector ecclesie de Hope Maloysel, legitime vocati quod comparerent coram nobis, ubicunque fuissemus in Episcopatu nostro, adveniente die, cum preconia voce in valvis Ecclesie vocati nullo modo comparuerunt. Et ideo decretum fuit quod iterum vocarentur quod comparerent sub pena privacionis coram nobis proximo die juridico post Festum Purificacionis Beate Marie, super multiplicata contumacia et plurimis sibi obiciendis responsuri et recepturi quod justicia suadebit.

Oct. 2.—Adam de Fileby is collated to the prebend which William, Treasurer of Lausanne, has resigned through his Proctor. Mandate of induction.

LAUSANENSIS.—Prebendam quam tenuit dominus Willelmus [de Sarreta], thesaurarius ecclesie Lausanensis, in Ecclesia nostra Herefordensi, vacantem per resignacionem predicti Willelmi, que facta fuit nobis per Willelmum de Boneville, constitutum in presencia nostra ad dictam resignacionem faciendam nobis nomine domini

[1]—A licence for two years was granted in April (p. 45).

sui, super qua firmiter repromisit dictus Procurator quod nobis habere faceret litteram signatam sigillo officialitatis Curie Cantuariensis; illam dictam prebendam contulimus magistro Ade de Fileby intuitu caritatis; et hoc vj Nonas Octobris, apud Castrum Episcopi. Et mandatum est Ebdomodario Herefordensi quod inducat, etc.

The Archdeacon of Salop, who has failed to appear before the Bishop at the stated day, or the three following days, is to be summoned again.

ARCHIDIACONUS SALOPIE.—Quia Archidiaconus Salopie, legitime vocatus quod compareret coram nobis die Veneris proximo post Exaltacionem Sancte Crucis, cum super vocacione ejus in forma juris fuissemus certificati, ipsoque in valvis ecclesie Leominstrie voce preconia vocato, ac ipso nullo modo comparente, ipsum per dies plurimos expectavimus; cumque coram nobis minime comparere curaret, eum reputavimus contumacem; reservantes nobis penam contumacie sibi infligendam cum videbitur nobis expedire. Et decrevimus illum iterum fore vocandum.

Sept. 22.—Mandate to the Dean of Pontesbury to summon Raymund de Bevyle, Rector of Montgomery, to appear before the Bishop to answer for his non-residence.

DECANO DE PONTESBURY CONTRA RECTOREM DE MONTE GOMERY.—Thomas, etc., Decano de Pontesbury salutem, etc. Affectantes variis periculis occurrere que ex eorum absencia iminent qui in nostra diocesi tenentur animas regere in suis beneficiis legitime commorantes, vobis tenore presencium firmiter injungendo mandamus quatinus dominum Reymundum de Bevyle, Rectorem ecclesie de Monte Gomery, auctoritate nostra in ecclesia sua predicta publice et sollempniter moneatis quod, citra Festum Beati Thome, Apostoli, ad suam ecclesiam sub pena privacionis redeat, in eadem residenciam facturus, prout precipiunt canonice sancciones; citantes eum in loco supradicto quod comparcat coram nobis proximo die juridico post idem Festum, ubicumque, etc. Datum apud Sugwas, x Kalendas Octobris, Consecracionis nostre anno tercio.

Oct. 10.—Collation of Adam de Fileby to the prebend, as in entry of Oct. 2.

Memorandum quod vj Idus Octobris, apud Castrum Episcopi, Dominus contulit magistro Ade de Fileby illam prebendam quam dominus Willelmus de Sarreta, cancellarius[1] Lausanensis, tenuit in Ecclesia Herefordensi, ad resignacionem ipsius W [illelmi]. Et scriptum fuit Ebdomodario Herefordensi quod eundem Adam induceret, etc. Datum ut prius.

Oct. 6.—Memorandum of the institution of William de Brocbury to the Church of Willey, on the presentation of Simon Bras. Mandate of induction.

WILLARLEGE.—Memorandum quod ij Nonas Octobris, apud Welebache, admisit Dominus dominum Reginaldum de Brocbury, capellanum, ad ecclesiam de Willarlege, ad presentacionem Symonis Bras, veri patroni ejusdem; et ei fecit litteras institucionis. Et mandabatur Officiali quod induceret eum, etc.

Oct. 6.—Institution to the Vicarage of Meole Brace of Adam de Leintwardine, on the presentation of the Abbot and Convent of Wigmore.

MELES.—Item memorandum quod ij Nonas Octobris apud Whelbache, admisit Dominus dominum Adam de Leintwarthin, capellanum, ad vicariam ecclesie de Moles, ad presentacionem Abbatis et Conventus de Wygemore; et eidem fecit litteras institucionis; cujus vicarie prius de gracia possessionem habuit corporalem.

Sept. 22.—Mandate to the Dean of Frome to summon again the Rectors of Whitbourne and Ullingswick, who have failed to appear before the Bishop on the stated days.

DE RECTORIBUS DE WITEBURNE ET ULLINGWIKE.—Thomas, etc., domino . . Decano de Froma salutem, etc. Meminimus nos vobis alias scripsisse quatinus Hugonem de Turnun, Rectorem de Wyteburne, et . . , Rectorem de Ullingwike, auctoritate nostra in ecclesiis suis predictis publice et sollempniter moneretis quod citra Festum Beati Mathei, Apostoli, ad suas ecclesias sub pena privacionis redirent, etc.; citantes eos nichilominus in locis

1—He was styled *thesaurarius* above.

supradictis quod comparerent coram nobis die Veneris proximo post Exaltacionem Sancte Crucis, ubicunque etc. Super cujus mandati nostri execucione plene per vos certificati, die supradicta, dictis Rectoribus in ecclesia et foribus ecclesie de Leominstre legitime voce preconia vocatis, coram nobis nullatenus comparuerunt nec infra terminum sibi denunciatum residere in suis ecclesiis curaverunt, in nostri mandati delusionem et contemptum. Licet igitur justicia suadente possemus contra eosdem ad sentenciam privacionis processisse, volentes tamen micius agere cum eisdem, misericordiam rigori preferentes, et dictam sentenciam sub spe emendacionis prorogantes, vobis tenore presencium firmiter injungendo mandamus quatinus, etc., moneatis eosdem quod citra Festum Purificacionis Beate Virginis redeant, etc. Quare diem eisdem peremptorium prefigimus, ultra quem eosdem expectare non proponimus quin contra eos procedamus, quatenus de jure fuerit procedendum; citantes eos nichilominus peremptorie quod compareant coram nobis die Jovis proximo post Conversionem Sancti Pauli, ubicumque, etc. Datum apud Sugwas, x Kalendas Octobris, Consecracionis nostre anno tercio.

Like mandate to the Dean of the Forest to summon the Rector of Hope Mansel, and to the Dean of Wenlock in the case of Geoffrey, the portionist of Castle Holdgate.

HOPE MALOYSEL.—In consimili forma demandatum est Decano de Foresta de . . Rectore ecclesie de Hope Maloysel, et . . Decano de Wenlake pro Gifredo de Viriaco, porcionario ecclesie Castri de Holegot, et sub eadem data.

Oct. 3.—Acknowledgment of the receipt of five hundred marks from the estate of Bishop John to stock the episcopal estates, and a promise that the Bishop's executors shall pay a like sum to his successor.

DE D MARCIS QUAS EPISCOPUS THOMAS RECEPIT A SUO PREDECESSORE.—Noverint universi quod nos, Thomas, etc., recepimus de bonis bone memorie J[ohannis], predecessoris nostri, pro instauro ipsius Episcopatus quingentas marcas sterlingorum; quam quidem pecunie summam nos et executores nostri successori nostro promittimus reddere bona fide. In cujus, etc. Datum apud Castrum Episcopi, v. Nonas Octobris, anno Domini M°CC°LXX° septimo.

Oct. 10.—A copy of a mandate of the Prior of Westminster, executed by the Official of Worcester, is sent to Adam de Fileby that he may draw up a petition to the Papal Court. He is also to ask that the questions at issue with the Bishop of St. Asaph, and other persons named, may be referred to judges delegated for the purpose.

MISSA AD CURIAM.—Magistro Ade de Fileby salutem, etc. Mittimus vobis execucionem Prioris Westmonasterii, ejus mandato contra nos factam per Officialem Wygorniensem, rogantes quatinus ex eadem eliciatis peticionem quam nobis videbitis magis expedire, illam ad Curiam transmittentes ut super ea secundum quod inter nos condictum fuerat impetretur, dictam siquidem execucionem nobis, cum ad nos veneritis, reportetis. Contra Dominum. . . . Assavensem, et eos quorum nomina vobis mittimus, similiter impetretis, prout videritis expedire. Valeatis. Datum apud Pauntesbury, vj Idus Octobris, Consecracionis nostre anno tercio.

> Johannes filius domini Griffini Wennonwyn, Rector de Pola.
> Adam ab Meurike, de Meyboth.
> Heylinus ab Mathew, Rector de Berthone.
> Griffinus, Vicarius de Pola.
> Johannes, Capellanus de Guildefeld.
> Gregorius, Capellanus in eadem.
> Magister Johannes, filius Ade ab Meurike.
> Nicholaus et Ricardus, Armigeri. Johannes, Rector de Pola.
> Griffinus, filius Maredyit Seys.
> Griffinus Pykestone.

May 7.—Writ to the Sheriff of Shropshire instructing him to summon the Bishop before the Justices in Shrewsbury, in an action of quare incumbravit, for disturbing the right of Theobald de Verdun to present to the Church of Ludlow.

Fol. 40b.

DE ECCLESIA DE LODELOWE.—E[dwardus], Dei gracia, etc., Vicecomiti Salopie. Si Theobaldus de Verdun[1] fecerit te securum de clameo suo prosequendo, tunc summoneas, etc., Thomam, Episcopum Herefordensem, quod sit coram Justiciariis nostris apud Salopiam in Octabis Sancti Michaelis; ostensurus quare, cum presentacio ydonee persone ad ecclesiam de Lodelowe ad ipsum Thoobaldum hac vice pertineat, eo quod idem Theobaldus et

---
1—Theobald de Verdun had married the grand-daughter and co-heiress of Walter de Lacy, and inherited Longtown Castle, and lands in Ewias Lacy.

Galfridus de Genevile, et Matilda, uxor ejus, participes hereditatis que fuit Walteri de Lacy, quondam patroni ecclesie predicte, ad ipsam ecclesiam alternis vicibus debeant presentare, et nulla contencio inde inter eos aut alios in Curia nostra, aut aliqua alia contencio mota sit, idem Episcopus ecclesiam illam incumbravit,[1] quo minus dictus Theobaldus presentacionem suam, sicut ad ipsum pertinet, consequi posset, in ipsius Theobaldi dampnum non modicum et gravamen, ut dicit. Et habeas ibi, etc. Teste meipso apud Westmonasterium, vij die Maii, anno quinto.

Apr. 25, 1278.—Mandate to the Official to cite Peter Eymer, Canon of Hereford, before the Bishop to answer for holding another benefice besides that of Morton, and farming his prebend without licence; and to cite also Stephen de St. George, portionist of Burford, for plurality of benefices.

CONTRA MAGISTRUM P[ETRUM] EYMER PRO PLURALITATE BENEFICIORUM.—Thomas, etc., Officiali suo salutem, etc. Citetis peremptorie magistrum Petrum Eymer, Canonicum Herefordensem, publice et testato, in eadem Ecclesia, quod compareat coram nobis in Octabis Ascensionis Dominice, ubicumque, etc., responsurus, et ostensurus quo jure ecclesiam de Mortone parochialem que prebende sue existit annexa pariter, et quoddam aliud beneficium cum simili cura optineat pariter; et cur eandem prebendam ad firmam tradidit sine nostra licencia speciali. Item citetis peremptorie Stephanum de Sancto Georgio, porcionarium ecclesie parochialis de Bureforde, quod compareat coram nobis aut nostro commissario modo et die predictis, ostensurus quo jure alia beneficia cum cura consimili tenere contendat unacum isto. Quid de hoc nostro mandato feceritis, etc. Datum apud Arleye, vij Kalendas Maii, Consecracionis nostre anno tercio.

Apr. 25.—Mandate to the Official to cite the portionists of Bromyard, Ledbury, and Castle Holdgate, with the Rectors of Hope Mansel, Whitbourne, and Ullingswick, for plurality and contumacy.

ITEM CONTRA PLURES PLURA BENEFICIA TENENTES ET NON RESIDENTES, ET PRO CONTUMACIIS IN ORDINIBUS.—Thomas, etc., Officiali suo salutem, etc. Licet Petrum et Poncium, porcionarios ecclesie parochialis de Bromyard, Jacobum de Aqua Blanka, porcionarium

---

[1]—The claimants appear to have succeeded in their action, for in Feb., 1278, John de Meudone was instituted, Theobald de Verdun being patron *hac vice*.

parochialis ecclesie de Ledebury, Hugonem de Turnon, Rectorem ecclesie de Wyteburne; item . . Rectorem ecclesie de Ullingwyke, . . Rectorem ecclesie de Hope Maloysel, et Gifredum de Viriaco, porcionarium ecclesie Castri de Halegot, semel et iterum in eisdem beneficiis super non residencia et contumacia in Ordinibus et pluralitate beneficiorum peremptorie citari fecerimus, ipsosque sic citatos postmodum per semestre tempus et ultra canonice duxerimus expectandos; ipsi tamen nec per se nec per alios comparere curarunt, nos et sua beneficia contemptibiliter deserentes. Quocirca, ut eorum inobedienciam iterum convincamus, vobis mandamus quatinus ipsos faciatis citari in suis beneficiis memoratis peremptorie quod compareant in Octabis Ascensionis Dominice, ubicumque, etc.; denunciantes publice in locis eisdem quod, sive citra venerint sive non, procedetur contra eos prout de jure fuerit procedendum. Quid de hoc mandato feceritis, etc. Datum apud Arleye, vij Kalendas Maii, anno Domini M°CC°LXX° sexto.

May 7.—Commission to the Treasurer to act as the Bishop's delegate in regard to the pluralists named above.

COMMISSIO AD PRESCRIPTA DOMINI ULTIMA NEGOCIA.—Thomas, etc., thesaurario in eadem, salutem, etc. In causa seu negocio quam vel quod contra magistrum Petrum Eymer, etc., ex nostro officio movemus, vices nostras vobis committimus, cum cohercionis legitime potestate. Datum apud Bedefunte, Nonis Maii, Consecracionis nostre anno tercio.

Oct. 13, 1277.—Instruction to Walter Fitz Reginald, portionist of Pontesbury, to cite Reginald Fitz Peter, lord of the manor of Pontesbury, to appear before the Bishop on the charge of breaking open barns and removing sequestrated fruits.

LITTERA DE DOMINO REGINALDO, FILIO PETRI, CITANDO.— Thomas, etc., Waltero, filio Reginaldi, porcionario ecclesie de Pontesbyry, salutem, etc. Perniciosum valde esset exemplo si magnatum et potentium injurias, contra Deum et ecclesiasticas libertates personarumque earum voluntarie et minus juste commissas, impunitas relinqueremus, qui ex officii nostri debito salubre remedium apponere tenemur in premissis. Cum igitur nobilis vir, dominus R[eginaldus], filius Petri, dominus de Pontesbyry, seras et ostia[1] horreorum magistri Thome de Wyntone, comporcionarii

1—In MS. *hostia*.

vestri in ecclesia dicta de Pontesbyry, propria auctoritate, et contra voluntatem dicti magistri Thome, nuper fregerit violenter, bonaque ejusdem et fructus in eisdem horreis existentes asportaverit, seu asportari demandaverit, violenciamque predictam et asportacionem ratas habuerit, necnon et sequestrum auctoritate nostra factum in fructibus memoratis violaverit multipliciter, seu preceperit violari, aliasque predicto magistro Thome, et aliis ejusdem ecclesie porcionariis, in multis nimis injuriosus exstiterit[1] et molestus, in ecclesiastice libertatis prejudicium, et contra immunitatem ecclesiis et ecclesiasticis personis indultam, nostrique similiter contemptum et gravamen; que omnia ex testimonio didicimus competenti; volentes anime sue saluti, in quantum possumus, paterna affeccione prospicere in premissis, vobis mandamus, etc., quatinus predictum dominum R[eginaldum] peremptorie citetis quod compareat coram nobis proximo die juridico post Festum Omnium Sanctorum, ubicumque, etc. Datum apud Pontesbyry, iij Idus Octobris, Consecracionis nostre anno tercio.

Oct. 14.—Mandate to Reginald de Astley, chaplain of Pontesbury, to act with or without Walter Fitz Reginald, the portionist, in citing Reginald Fitz Peter as above.

ITEM DE CITANDO EUNDEM.—Thomas, etc., domino Reginaldo de Astle, capellano parochiali de Pontesbury, salutem, etc. Mandamus vobis, etc., quatinus, visis istis, unacum domino Waltero filio Reginaldi, porcionario ecclesie de Pontesbury, citetis peremptorie dominum R[eginaldum], filium Petri, quod compareat coram nobis, ubicumque, etc., proximo die juridico post Festum Omnium Sanctorum, etc. Vos autem dictum negocium nostrum solus exequamini si predictus W[alterus], quod non credimus, illud exequi vobiscum inobedienter non curaverit, modo in predictis litteris annotato. Datum apud Whelbache, ij Idus Octobris.

May 8, 1278.—Mandate to Canon Thomas de St. Omer and William de Ludlow, Rector of Greete, to make inquiry as to the advowson of Much Marcle, as to which there is a suit of darrein presentment before the justices between Walter de Balon and the Abbot of Lyre, and information is asked of the Bishop in the King's name.

MAGNA MARCLE.—Thomas, etc., magistris Thome de Sancto Omero, Canonico Herefordensi, et Willelmo de Lodelawe, Rectori

---
1—In MS. *exstitit*.

ecclesie de Grete, salutem, etc. Mandatum Domini Regis recepimus in hec verba,—Edwardus, etc., Venerabili in Christo Patri, Thome, Herefordensi Episcopo, salutem. Sciatis quod, cum Walterus de Balon in Curia nostra coram Justiciariis nostris apud Westmonasterium arrainavit assisam ultime presentacionis versus Abbatem de Lyra de ecclesia de Magna Markeleya, que vacat ut dicitur, idem Abbas venit in eadem Curia et dixit quod predicta ecclesia non vacat, immo plena est et consulta de ipso Abbate et Conventu suo; qui eam tenent in proprios usus et multo tempore transacto tenuerunt. Et ideo vobis mandamus quod certificetis Justiciarios nostros apud Westmonasterium in Octabis Sancte Trinitatis, per litteras vestras patentes, utrum predicta ecclesia sit vacans vel non; et si non sit vacans, de quo et ad cujus presentacionem et a quo tempore plena fuerit. Et habeatis ibi hoc breve. Teste R[ogero] de Seystone apud Westmonasterium, vij die Maii, anno regni nostri sexto. Quocirca vobis mandamus quatinus, vocatis omnibus quorum interest, diligentem inquisicionem super articulis antedictis in pleno loci Consistorio faciatis, et quod inveneritis per eandem per litteram vestram, harum seriem continentem, sub signis vestris clausam, citra diem Sancte Trinitatis nobis faciatis constare. Datum apud Bedefunte, viij Idus Maii, anno Consecracionis nostre tercio.

Letter to the Prior and Convent of Wormesley, following a visitation, in which the Bishop directs that no more Canons shall be admitted without his consent, as the house is much in debt; that rules of silence shall be better observed; that no women stay at night within the walls. He bids them consider if it will not be better to recall such of their members as are away in attendance on certain magnates.

WORMELEGE.—Thomas, etc., Priori et Conventui de Wormeleye salutem, etc. De ordinata immakulate religiositatis forma caritateque non ficta, et omnium fratrum vestrorum unitate, apud vos nuper inventis, grates Altissimo agimus et referimus speciales; paupertati eciam vestre et exilitati bonorum ad domum vestram spectancium, ut didicimus, piis et paternis visceribus, novit Deus, compatimur, et remedium quale possumus in hoc, et in aliis que per visitacionem ipsam nostra correccione digna esse reperimus, ex officii nostri debito decrevimus adhibendum; propter quod quedam vobis et domui vestre, ut credimus, necessaria presentibus seriatim significamus, que sub pena canonice districcionis firmiter studeatis

Episcopi Herefordensis. 145

in omnibus observare. Attendentes igitur in primis es alienum quo estis, ut fertur, obligati, et nimis tenuem bonorum vestrorum substanciam, vobis districcius inhibemus ne aliquem fratrem vel canonicum, nobis inconsultis et irrequisitis, ad religionem vestram aliquatenus admittatis, ut sic mutua deliberacione super hoc habita, plenius apparere valeat ut[1] ingredi volentis religionem vestram ingressus Deo, vobis, et monasterio vestro utilis existat et necessarius. Secundo, volumus et precipimus silencium in ecclesia vestra, claustro, refectorio, et dormitorio, secundum regulas et observancias Ordinis vestri, solito striccius observari. Tercio, cum non solum a malo set ab omni specie et occasione mali abstinere debeatis, inhibemus in virtute obediencie qua nobis tenemini, et sicut canonicam ulcionem volueritis evitare, ne infra septa Monasterii vestri mulieres quecunque pernoctentur, moram ibidem per dies aliquos faciendo, prout hoc idem a Venerabili Patre nostro, Domino Cantuariensi Archiepiscopo in sua Visitacione vos recepisse novimus in preceptis. Porro canonicos aliquos domus vestre in obsequiis quorundam magnatum secularium de vestra licencia intelleximus commorantes, quorum presencia et mora in domo continua [a] nonnullis estimaretur vobis et sibi quamplurimum profectura; set, quia de hoc cerciorati non fuimus ad plenum, revocacionem eorundem vestre discrecioni et consciencie dignum duximus penitus relinquendam. Vos igitur in premissis ita habeatis ut gloriam et premium mereri possitis in futurum et graciam in presenti. Statuta autem et ordinaciones predicti Venerabilis nostri Domini, Cantuariensis Archiepiscopi, et aliorum predecessorum nostrorum, apud vos edita, rata habentes et firma, volumus et injungimus in omnibus similiter observari. Valeat vester cetus venerabilis et in melius proficiat in eternum. Datum, etc.

Oct. 25, 1277.—Mandate to the Dean of Pontesbury to cite the Rectors of Worthen, Westbury, and Pontesbury to appear before the Bishop to answer for failure to attend his Visitation, plurality of benefices, and other charges. He is also to collect the procurations due.

PONTESBURY.—Thomas, etc., Decano de Pontesbyry salutem, etc. Mandamus vobis quatinus Rectores de Worthyn, Westbury, et de Pontesbury citetis peremptorie quod compareant coram nobis, ubicunque etc., die Sabbati proxima post Festum Omnium Sanc-

---

1—In MS. *aut.*

torum, pro eo quod Visitacioni nostre in ecclesiis memoratis prout tenebantur personaliter interesse non curarunt, et super pluralitate beneficiorum que aliqui ipsorum sine dispensacione habere dicuntur; necnon et super aliis, etc.; procuraciones vero racione Visitacionis nostre in ecclesiis memoratis, et aliis vestri decanatus, nobis debitas levari faciatis, sub pena canonice districcionis, citra diem memoratum. Et quid super hiis feceritis nobis, etc. Datum apud Castrum Episcopi, viij Kalendas Novembris, Consecracionis nostre anno tercio.

The custody of the Westwood copses is assigned to Madoc de Eyton for an immediate payment of ten marks and a yearly one of two marks, with liability to fines in the Bishop's Court in case of failure of duty.

DE CUSTODIA WESTWODE.—Universis, etc., Thomas, etc., salutem, etc. Noverit universitas vestra nos concessisse et dedisse Madoko de Eytone, heredibus et assignatis suis, custodiam bosci nostri de Westwode,[1] cum omnibus libertatibus et exitibus que de custodia dicti bosci de jure exeunt, vel toto tempore nostro exire poterunt; habendum et tenendum etc., sicut umquam aliquis forestarius eam liberius tenuit tempore beate memorie Episcopi P[etri] de Aqua Blanka, predecessoris nostri; ita videlicet, quod predictus Madokus, heredes vel assignati sui, ballivis nostris de Castro Episcopi fideliter respondebunt de omnibus attachiamentis tempore suo exeuntibus de predicta custodia, et quod nullum attachiamentum inde celabunt per plus quam nobis de hoc inven[er]it. Quod si non fecerint, et de hoc legitime attincti fuerint, judicium curie nostre ad Castrum Episcopi de hoc, per awardam ipsius curie, ipse Madokus, heredes sui vel assignati, sustinebunt. Dictus autem Madokus, heredes sui vel assignati, pro dicta custodia sua nobis annuatim reddent duas marcas argenti; videlicet, unam marcam ad Festum Annunciacionis Beate Marie, anno Domini M°CC°LXX° viij°, incipiente primo termino, et ad Festum Sancti Michaelis proximum sequens unam marcam; et sic de termino in terminum toto tempore nostro. Pro hac autem concessione et dimissione dedit nobis predictus Madokus pre manibus decem marcas sterlingorum pro ingressu. In cujus rei, etc. Datum, etc.

1—MS. *Astwode.*

Oct. 26.—After Visitation of the Prior and Convent of Chirbury the Bishop directs them to enclose their buildings, and check the access of women and others which has caused notorious scandals. Necessary conferences with laymen on business may be held in the Parish Church or graveyard. Owing to their debts their number must not be increased without his sanction, nor the rules of silence disregarded; nor must the Prior absent himself from cloister, refectory, or dormitory. No property must be alienated. Canons of doubtful antecedents must not go outside the enclosure without trustworthy companionship. Report must be made of the punishments of those of ill-repute.

CHIRBURY PRO CORRECCIONIBUS.—Thomas, etc., Priori et Conventui de Chirebury salutem, etc. Quanto viri regulares et religiosi, ex Ordinis sui debito, vite preeminencia et conversacione laudabili aliis in speculum esse tenentur sanctitatis, qui divina providencia in ipsius sortem specialiter sunt electi, tanto acerbius reprehensione digni et diversis penarum generibus procul dubio affligendi sunt, si in legem Dei sui et contra religionis sue observancias quicquam indiscrete et frequenter commiserint per quod scandalum mentibus aliorum non inmerito valeat generari, cum ea que a clero et maxime religiosis aguntur de facili trahuntur a subditis in exemplum. Sane ex commissa regiminis nobis a Deo cura officium Visitacionis in vestro Prioratu nuper impendentes, nonnulla displicencia ex relatu fidedignorum intelleximus, necnon et aliqua oculata fide perpendere potuimus, que animum nostrum contra vos non modicum movere poterant, et que ad animadvertendum in vos penali judicio variis ex causis racionabiliter, novit Deus, satis fuerant inductiva. Illa igitur que correccione seu reformacione digna esse censemus, prout ad presens super hiis deliberare valeamus, reservantes nobis penam pro commissis, vobis seriatim presentibus significamus; in quibus diligencius corrigendis si negligentes fueritis vel remissi, eciam pro presentibus et futuris, indubitanter canonicam evitare non credatis ulcionem. In primis itaque filii karissimi, firmiter precipimus injungendo quod infra septa monasterii vestri vosmet ipsos ita materialiter includi faciatis ne omnibus extraneis laicis et mulieribus et aliis indistincte ingrediendi loca vestra, [in] quibus contemplacioni et divino cultui secrecius vacare debetis, prout hactenus, de quo dolemus, fieri consuevit, inposterum pateat facultas accedendi, set circa inclusionem vestri et ecclesiam vestram construendam solito efficacius laboretis, licet victu, vestitu, et aliis aliquantulum vos vitam ducere oporteat arciorem. Ex frequenti enim accessu extraneorum, quos pro defectu clausure forte excludere non potestis, scandala quamplurima de vobis oriuntur, et aliqui vestrum enormiter diffamati sunt, ita quod obloquendi de vobis plerisque datur occasio et materia similiter detrahendi. Secundo, cum parliamenta, tractatus, seu collaciones in locis vestris secretis, precipue cum extraneis pro negociis temporalibus vel hiis que utilitatem domus contingunt, aliqua habueritis pertractanda per Priorem, vel alios obedienciarios domus; in ecclesia parochianis deputata, vel in cimiterio, non in Conventu canonicorum, claustro, refectorio, vel dormitorio, cum modestia congruente talia licite pertractentur. Tercio, ut ecclesiam vestram et clausuram supradictam facilius construere possitis,[1] et propter es alienum quo adhuc estis pregravati, numerum canonicorum vestrorum, dum tamen cultus divinus in ecclesia vestra honeste sustentari valeat, citra Visitacionem nostram proximam, vel saltem nobis inconsultis, augeri districcius inhibemus. Quarto, in refectorio, dormitorio, claustro et aliis locis silencio deputatis interius loquentes, non sicut retrotemporibus inter vos actum est, ore exteriori, silencium curetis arcius observare. Ad hec mandamus et districte precipimus quod Prior sit frequens in claustro, jacens in dormitorio, comedat in refectorio, nisi extraneorum adventus vel alia justa causa hoc debeat impedire. Inhibemus eciam omnes alienaciones; et alienata, tam in spiritualibus quam in temporalibus, in quantum poteritis secundum Deum et justiciam precipimus pro viribus revocari; et nos circa revocacionem eorundem consilium et auxilium, prout decet, adhibere parati erimus, Domino concedente. Precipimus insuper quod omnes et singuli vestre congregacionis fratres sint regulares, obedientes Priori suo, sine scismate et murmuracione; continenciam similiter servare et propriis renunciare, que de substantia vestra professionis sunt, ex parte Jhesu Christi districtissime precipimus injungendo. Inhibemus eciam ne aliquis canonicus vel frater, suspectus vel alias notatus seu diffamatus, exeat septa Prioratus sine sano comitatu. De hiis autem qui diffamati sunt infra breve tempus debitas correcciones per Priorem ipsum fieri precipimus; ita quod de correccionibus ipsis et modo suo procedendi in hac parte nos citra Octabas Sancti Martini reddat in omnibus cerciores. Quia vero circa administracionem rerum temporalium vestrarum diversi diversa senciunt, habita super hoc deliberacione pleniori, quo ad honorem Dei et utilitatem vestram expedire viderimus, congruis

1—In MS. *possetis*.

loco et tempore per Dei graciam intendimus ordinare. Quo itaque ordinato illud per litteras nostras faciendum vobis dabimus in mandatis. Ista autem que vobis scribimus in presenti unacum aliis regularibus observanciis diligenter et fideliter observetis, in remissionem peccatorum vestrorum, cum benediccione Dei et nostra. Valeatis. Datum apud Castrum Episcopi, vij Kalendas Novembris, Pontificatus nostri [anno] iij°.

Aug. 2, 1277.—Mandate to the Deans of the Diocese to warn the beneficed clergy not to store their fruits on other than glebe land, in order to evade ecclesiastical distraint.

Thomas, etc., Decanis universis per Herefordensem dyocesim constitutis salutem, etc. Ex relatu fidedignorum nuper didicimus competenti, quod nonnulli beneficiati vestrorum decanatuum decimas ecclesiarum suarum extra solum et territorium ecclesiarum suarum, tradendo eas laicali potestati, et aliquociens vendendo seu alias multipliciter obligando, in ordinarie jurisdiccionis prejudicium alienare et amovere non verentur, ut eo liberius ecclesiasticas districciones, tam auctoritate superiorum quam nostra, suis meritis exigentibus, faciendas eorum judicio valeant, ut audivimus, evitare. Et quia premissa exemplo perniciosa sunt, et in nostri prejudicium non modicum, ut credimus, sepius attemptata, vobis omnibus et singulis mandamus firmiter injungentes quatinus in ecclesiis vestrorum decanatuum inhibeatis publice et sollempniter, vice nostra, sub pena canonice districcionis, ne talia vel consimilia per quoscumque in posterum aliquatenus perpetrentur. Et si qui ausu temerario contra hanc nostram inhibicionem facere attemptaverint, fructus ecclesiarum suarum, alio mandato nostro nullatenus expectato, sequestrari faciatis indilate. Tradentes itaque et recipientes fructus ecclesiasticos modis supradictis punire et cohercere intendimus, Domino concedente, quatenus justicia suadebit et dictabit ordo juris. Datum apud Sugwas, iiij Nonas Augusti, anno Domini M°CC°LXX$^{mo.}$ septimo. De sequestris autem supradictis, cum per vos facta fuerint, nos quamcicius reddatis cerciores.

Oct. 29.—The charge of the Vicarage of Bodenham is committed to Richard de Tardebigge for six months on the presentation of the Prior and Convent of Brecon. Mandate of induction.

BODENHAM.—Thomas, etc., magistro Ricardo de Terdebigge, capellano, salutem, etc. Vicariam de Bodeham, ad quam per religiosos viros, Priorem et Conventum Breconie, presentatus existis, tibi per semestre tempus continuum commendamus. In cujus rei, etc. Datum apud Corsham in crastino Apostolorum, Simonis et Jude.

Induccio ipsius.—Et mandatum est Officiali quod induceret eum, etc.

Nov. 9.—Mandate to the Dean of Pontesbury to cite Robert de Stoke, portionist of Westbury, and the Rectors of Worthen and Pontesbury to appear before the Bishop.

Citacio Rectorum de Westbury, Worthyn, et Pontesbury.— Thomas, etc., Decano de Pontesbury salutem, etc. Mandamus vobis firmiter injungentes quatinus peremptorie citetis magistrum Robertum de Stoke, porcionarium ecclesie de Westbury, et de Worthyn ac de Pontesbury ecclesiarum Rectores, quod compareant coram nobis, ubicunque, etc., proximo die juridico post Festum Beate Katerine, Virginis et Martiris, etc. Qualiter autem, etc. Datum apud Chetindone, v Idus Novembris.

Mandate to Adam de Fileby to cite once more the Archdeacon of Salop, who has again failed to appear as summoned.

Contra Archidiaconum Salopie.—Thomas, etc., magistro Ade de Fileby, Canonico in eadem, salutem, etc. Licet discretum virum, magistrum Jacobum de Aqua Blanca, Archidiaconum Salopie, dudum per litteras nostras citari fecerimus peremptorie quod compareat coram nobis die Veneris post Exaltacionem Sancte Crucis, anno Domini M°CC°LXX° septimo, responsurus, etc.; idem Archidiaconus ad dictum diem per se vel per sufficientem responsalem nullo modo comparuit; quem postmodum per non modica tempora ex gracia spirituali duximus expectandum. Quamquam igitur, etc., micius tamen volentes agere cum eodem, vobis mandamus quatinus, predictum magistrum personaliter adeuntes, ipsum peremptorie auctoritate nostra iterato citetis quod compareat coram nobis proximo die juridico post Dominicam qua cantatur *Letare Jerusalem*; quem terminum peremptorium assignamus eidem, ubicunque, etc.; denunciantes eidem quod, sive venerit sive non, absencia sua non obstante, ad dictos diem et terminum contra eundem procedemus prout de jure fuerit procedendum.

Nov. 8.—Mandate to the Official and the Hebdomadary to install Peter de Lacy in the prebend which was held by Giles de Avenbury.

P[ETRUS] DE LACY.—Memorandum quod vi Idus Novembris, apud Chetyntone, mandabatur Officiali et Ebdomodario Herefordensi quod sub alternacione inducerent dominum Petrum de Lacy in corporalem possessionem prebende que fuit domini Egidii de Avenbury in Ecclesia Herefordensi; stallum in choro et locum in capitulo, prout moris est, eidem assignantes.

Nov. 8.—Luke de Bree, Treasurer, was collated to the canonical house of Giles de Avenbury.

COLLACIO DOMORUM THESAURARIO HEREFORDENSI.—Eodem die domus que fuerunt predicti magistri Egidii, pertinentes ad Ecclesiam Herefordensem, collate fuerunt magistro Luce de Bre, Thesaurario Herefordensi, intuitu caritatis.

Licence of non-residence to study for one year granted to Hugh, Rector of Westhope, and to Simon, Rector of Coreley and Glazeley.

LICENCIE STUDENDI.—Item memorandum quod Hugo, Rector ecclesie de Westhope, habet licenciam studendi per unum annum a Festo Beati Michaelis. Memorandum quod Symon, Rector de Cornleye et Glasleye, habet licenciam studendi per unum annum a Festo Nativitatis Domini, anno predicto.

Memorandum of an injunction to the Dean of Stottesdon to cite the Rector of Middleton and of Deuxhill for non-residence, and the chaplain for neglect to provide ministrations in the churches.

MITTELTONE ET DEUKESTONE.—Memorandum quod injunctum est Decano de Stottesdone quod faciat citari Rectorem de Mittletone et Deukeshulle ecclesiarum et capellanum earundem, qui non faciunt deservire eisdem prout deberent; unde conquesti sunt parochiani; et quia rector non residet; quod compareant coram nobis, ubicunque, etc., proximo die juridico post Festum Beate Katerine, Virginis et Martiris, responsuri, etc.

Nov. 20.—Mandate to the Official to induct Gilbert de Bornhill presented by Osbert de Avenbury to the custody of the Church of Avenbury.

Fol. 43b.

CUSTODIA ECCLESIE DE AVENEBURY.—Thomas, etc., Officiali suo salutem. Quoniam magistro Gilberto de Bornhulle, nobis per dominum Osbertum de Avenebury, verum patronum ecclesie de Avenebury, ad eandem presentato, custodiam ejusdem commiserimus, vobis mandamus quatinus predictum Gilbertum, per Procuratorem suum, quem pater ipsius G[ilberti] duxerit nominandum, in corporalem possessionem custodie prefate ecclesie inducatis, et defendatis inductum. Valeatis. Datum apud Whelbache, xij Kalendas Decembris.

Nov. 20.—The sequestration of the fruits of Michael de Kendal, Rector of Little Marcle, was released.

Memorandum quod xij Kalendas Decembris relaxavit Dominus sequestrum interpositum in fructibus Michaelis de Kendale, Rectoris ecclesie de Parva Marcle.

Dec. 4.—Mandate to the Dean of Pontesbury to cite again the portionists of Pontesbury, who have failed to answer to the last summons.

CONTRA PORCIONARIOS DE PONTESBURY.—Thomas, etc., Decano de Pontesbiry salutem, etc. Quamquam porcionarios ecclesie predicte de Pontesbury super pluralitate beneficiorum et aliis nonnullis defectibus et criminibus faceremus ad nostram presenciam sepius evocari ; iidem tamen porcionarii in nostri contemptum, ut spera-[vi]mus hactenus comparere, de quo miramur, non curarunt ; et, licet secundum [effectum] statuti editi nuper Lugduni in Concilio Generali, omnes porciones in dicta ecclesia de jure potuissemus vacantes merito pronunciare, et ipsos tanquam illicitos detentores a dicta ecclesia sentencialiter amovere ; volentes micius agere cum eisdem, vobis iterato mandamus quatinus eosdem porcionarios peremptorie citetis quod compareant coram nobis, Officiali, seu commissariis nostris, in vigilia Beati Thome, Apostoli, in majori Ecclesia Herefordensi, dispensaciones si quas habeant ostensuri, et super aliis, etc. ; denunciantes eisdem quod, sive venerint sive non, procedetur contra ipsos secundum quod de jure fuerit procedendum. Et qualiter, etc. Datum apud Sugwas, ij Nonas Decembris.

Dec. 4.—Mandate to the Dean of Pontesbury to cite Sir Robert de Eymer and his seneschal, for taking away by force the fruits of Thomas de Wynton, portionist of Pontesbury, together with the Rector of Hanwood and R. de Stanford, who neglected to serve the Bishop's citation on the above named.

CONTRA RECTOREM DE HANEWODE ET R., CAPELLANUM DE PONTESBURY.—Thomas, etc., Decano de Pontesbury salutem, etc. Cum nuper R., Rectori de Hanewode, et R. de Saunforde, capellano parochiali de Pontesbury, dederimus in mandatis quod dominum Robertum de Ymere, militem, senescallum domini R., filii Petri, et Philippum de Hynetone, quod coram nobis comparerent, ubicunque, etc., in crastino Beati Martini, Confessoris, super sua contumacia ac transgressionibus et violencia factis in fructibus magistri Thome de Wyntone, porcionarii de Pontesbury, responsuri, etc., et quod dictos dominum Robertum et Philippum pro sua contumacia ab ingressu ecclesie suspensos publice denunciarent, et super execucione, etc.; ac iidem Rector de Hanewode et R., capellanus, predicti, in nostri contemptum inobedienter premissa nullatenus facere curarunt; vobis firmiter in mandatis [damus] quatinus predictos Rectorem et capellanum peremptorie citetis quod compareant, etc., in Vigilia Beati Thome, Apostoli, etc. Citetis eciam insuper predictos dominum Robertum de Ymere, militem, et Philippum de Hynetone, quod compareant dictis die et loco super sibi obiciendis responsuri, etc.; denunciantes, nichilominus, eosdem ab ingressu ecclesie esse suspensos propter contumaciam prius contractam. Harum vero denunciacionis et citacionis edictum publice, sollempniter, et testato proponatis in ecclesia de Pontesbury, et locis aliis in quibus dicti miles et Philippus dicuntur deliquisse; et ubi alias mandato nostro legitime fuerant citacione preventi. Qualiter, etc. Datum apud Sugwas, ij Nonas Decembris.

Nov. 30,—The Bishop instructs William de Ludlow, Rector of Greete, to serve in the Consistory when inquiry will be held as to the advowson of Much Marcle (see p. 144); the Official is regarded with suspicion, being in receipt of a pension from the Abbot and Convent of Lyre.

COMMISSIO MAGISTRI W. DE LODELAW PRO ECCLESIA DE MAGNA MARCLYA.—Thomas, etc., magistro Willelmo de Lodelawe, Rectori ecclesie de Grete, salutem, etc. Cum dominus Walterus de Balun, miles, ad ecclesiam de Magna Markleya tanquam vacantem magistrum Aumaricum de Aveny nuper presentaverit, ac Officialis noster, cui racione officii super vacacione ecclesiarum in diocesi Herefordensi hactenus semper scribi consuevit, predictis presentanti et presentato, ut intelleximus, merito suspectus existat, pro eo maxime quod a religiosis viris, Abbate et Conventu de Lyra, qui dictam ecclesiam de Magna Markleya in proprios usus tenere dicuntur, annuam pensionem percipit, et est clericus eorundem, prout idem Officialis noster coram nobis de plano confessus est, in inquisicione facienda super vacacione ecclesie memorate in proximo loci Consistorio die Lune post Festum Sancti Nicholai, vices nostras specialiter vobis committimus per presentes. In cujus rei, etc. Quid vero per inquisicionem inveneritis, etc. Valeatis. Datum apud Bosebury, ij Kalendas Decembris, Consecracionis nostre anno tercio.

Dec. 8.—Mandate to the Dean of Pontesbury to cite Philip de Pontesbury to prove his title to the chapelry of Caus Castle.

CAPELLA DE CAUS.—Thomas, etc., Decano de Pontesbury salutem, etc. Mandamus vobis quatinus citetis Philippum de Pontesbury, clericum, qui si gerit pro Rectore capelle Castri de Caus, quod compareat coram nobis vel Officiali nostro, seu commissariis, in majori Ecclesia Herefordensi in Vigilia Beati Thome, Apostoli, ostensurus quem ingressum habeat in capellam supradictam, et quo jure percipiat, ut dicitur, decimas omnes provenientes de dominico domini de Caus; necnon et super aliis, etc. Datum apud Sugwas, vj Idus Decembris, Consecracionis nostre anno tercio.

Dec. 8.—Commission to Martin de Gaye and Thomas de St. Omer, Canons, and William de Ludlow, Official of the Archdeacon of Hereford, to act for the Bishop in the case of Reginald Fitz Peter.

Fol. 44.

DE DOMINO R. FILII PETRI.—Thomas, etc., magistris Martino de Gayo et Thome de Sancto Omero, Canonicis Ecclesie nostre, et magistro Willelmo de Lodelawe, Officiali domini Archidiaconi Herefordensis, salutem, etc. In negocio quo ex officio nostro proceditur contra dominum Reginaldum, filium Petri, super certis gravaminibus et injuriis Deo et Ecclesie, ut dicitur, per eundem illatis, ad diem proximum juridicum post Octabas Sancti Hyllarii, secundum tenorem retroactorum in dicto negocio, vobis conjunctim et divisim vices nostras committimus per presentes. In cujus rei, etc. Datum Herefordie, vj Idus Decembris, Consecracionis nostre anno tercio.

Nov. 8.—Collation of Peter of Chester, Provost of Beverley, to the prebend of Huntingdon.

COLLACIO PREBENDE DE HUNTYNDONE.—Thomas, etc., domino Petro de Cestria, Preposito Beverlaci, salutem, etc. Prebendam de Huntyndone in Ecclesia Herefordensi, cum omnibus pertinentibus ad eandem, vobis conferimus intuitu caritatis. In cujus rei, etc. ·Datum apud Chetyntone, vj Idus Novembris, anno Domini M°CC°LXX°vij$^{mo.}$

Dec. 21.—Collation of Richard de Swinfield to the prebend resigned by Edmund de Mortimer. Mandate of induction.

Memorandum quod prebenda quam habuit magister R. de Stretforde, ad resignacionem domini E[dmundi] de Mortuo Mari, collata fuit magistro R[icardo] de Suynefeuld, apud Arleye, die Beati Thome, Apostoli, anno Domini M°CC°LXX° septimo. Et eodem die mandatum fuit Thesaurario vel Ebdomodario Herefordensi quod dictus R[icardus] poneretur in corporalem possessionem ipsius prebende.

Dec. 15.—Release of the sequestration on the fruits of John de Wycombe, who was non-resident at Barrow, and had failed to come to the Ordination.

RELAXACIO SEQUESTRI.—Item memorandum quod Dominus relaxavit sequestrum interpositum in fructibus domini Johannis de Wycumbe, quia non venit ad Ordines, vel quia non residet in ecclesia sua de Barewe, apud Prestebury, die Mercurii post Festum Beate Lucie, Virginis.

Release of sequestration of the fruits of W. of Bath, Rector of Kentchurch.

RELAXACIO.—Item dicto tempore relaxatum fuit sequestrum factum in fructibus magistri W. de Batone, Rectoris Sancte Kayne.

Dec. 8.—Institution of Robert de Stanford to the Church of Tasley, on the presentation of Thomas Corbet, of Tasley.

TASSLE.—Item memorandum quod dominus Robertus de Staunforde, capellanus, instituitur in ecclesia de Tassele, ad presentacionem domini Thome Corbet, de Tassele, apud Herefordiam, vj Idus Decembris, anno predicto.

Dec. 8.—Institution of Gilbert de Brunhame to the Church of Abberley, on the presentation of William de St. Omer and Petronella his wife. Mandate of induction.

INSTITUCIO ECCLESIE DE ABBEDELEYE.—Item memorandum quod dictis die et loco habuit dominus Gilbertus de Brunhame institucionem in ecclesia de Aubedele, ad presentacionem domini Willelmi de Sancto Audomaro et Petronelle uxoris ejusdem. Et ipso die mandabatur Officiali, etc.

Licence of non-residence to study at Paris for three years to John, Rector of Aston.

LICENCIA STUDENDI.—Item memorandum quod concessum est Johanni, Rectori ecclesie de Astone, quod possit studere continue Parisius per triennium a Festo Beati Nicholai, anno Domini M°CC°LXX°vij°.

Release of sequestration of the fruits of the above mentioned John, who was non-resident, and did not present himself for Ordination when summoned.

RELAXACIO SEQUESTRI.—Item relaxatum fuit sequestrum interpositum in fructibus predicti Rectoris, eo quod non resedit in dicta ecclesia, nec ad Ordines apud Leoministre celebratos citatus accessit.

Oct. 19.—Release of sequestration in the case of Luke de Wenlock, Rector of the chapelry of Aston.

RELAXACIO SEQUESTRI.—Item sequestrum factum in fructibus Luce de Wenloke, Rectoris capelle de Astone, pertinentis ad ecclesiam de Mamerefelde,[1] relaxabatur in crastino Sancti Luce apud Prestebury.

1—Now Morville.

Nov. 20.—Like release for Hugh de Kendal, Rector of Little Marcle, non-resident, who had failed to appear for Ordination.

RELAXACIO SEQUESTRI.—Item memorandum quod sequestrum causa non residencie, et non accessionis ad Ordines, factum in fructibus Hugonis de Kendale, Rectoris ecclesie de Parva Marcle, fuerat relaxatum xij Kalendas Decembris.

Nov. 20.—The Church of Avenbury is committed to the charge of Gilbert de Bornhill, on the presentation of Osbert de Avenbury.

COMMENDA ECCLESIE DE AVENEBURY.—Item memorandum quod ecclesia de Avenebyry committitur magistro G[ilberto] de Bornhulle, presentato per dominum Osbertum de Avenebury, verum patronum ejusdem, ad voluntatem Domini. Et hoc fuit concessum xij Kalendas Decembris, anno Domini M°CC°LXX°vij°.

Feb. 11, 1278.—Licence of non-residence to study for a year at Paris granted to Edmund of Bath, Rector of Westbury.

LICENCIA E[ADMUNDO] DE BATONIA.—Thomas, etc., domino Eadmundo de Batonia, Rectori ecclesie de Westbury, salutem, etc. Ut per annum continuum a Festo Pascatis, anno Domini M°CC°LXX° octavo, Parisius juris canonice vel theologie studio insudare, et fructus ecclesie tue predicte cum integritate percipere valeas, etc.; proviso quod dicta ecclesia, etc. In cujus rei, etc. Datum apud Bosebury, iij Idus Februarii, anno Domini M°CC°LXX° septimo.

Profession of obedience by William, Abbot of Flaxley.

PROFESSIO ABBATIS DE FLAXLEGE.—Ego, frater Willelmus, Abbas de Flexeleya, subjeccionem, reverenciam, et obedienciam a Sanctis Patribus constitutam, secundum Regulam Sancti Benedicti, tibi, Domine Pater Thomas, Episcope, tuisque successoribus canonice substituendis, et Sancte Sedi Herefordensi, salvo ordine nostro, me exibiturum promitto.

Dec. 31, 1277.—Sequestration released at Newland, on condition of the correction of defects by J. of London, the Rector.

RELAXACIO SEQUESTRI DE NOVA TERRA.—Memorandum quod sequestrum, seu interdictum, ecclesie de Nova Terra, cujus Rector est dominus J. de Londoniis, interpositum, relaxatur apud Londonias, ij Kalendas Januarii, anno predicto, ita quod defectus in ea corrigantur citra Octabas Sancti Hillarii.

Feb. 18, 1278.—Institution to the Church of Ludlow of John Meudon, on the presentation of Sir Theobald de Verdun.

Fol. 44b.

INSTITUCIO RECTORIE DE LODELAWE.—Thomas, etc., domino Johanni Meudone, presbitero, salutem, etc. Ad presentacionem domini Theobaldi de Werdun, militis, ista vice veri patroni ecclesie de Lodelauue, te perpetuum Rectorem in ecclesia instituimus memorata. Datum apud Bosebury, xij Kalendas Marcii, anno Domini M°CC°LXX° septimo.

Feb. 25.—The custody of the Church of Awre is granted to J. de Mettingham until the following Easter. After Easter he was instituted, though not formally.

J. DE METINGHAM.—Thomas, etc., domino J. de Mettingham, salutem, etc. Etsi Episcoporum potestas adeo sit restricta ut due vie ipsis tantummodo reserventur circa admissionem clericorum ad parochiales ecclesias, institucio videlicet et commenda solis presbiteris possit committi; institucio vero non nisi presentibus dari consueverit; vobis tamen pre ceteris curialibus, ut intelleximus, multis condicionibus bonis fulgentibus, custodiam ecclesie de Aure dumtaxat committimus usque Pascha, interim dissimulantes pretactum rigorem; et vestrum Procuratorem in corporalem possessionem nomine vestro usque ad idem tempus mandavimus inducendum. Et vos citra Pascha ad nos venire curetis institucionem et alia que hujusmodi curam contingunt plene suscepturi, sic ut periculum quod vobis, si non veneritis, de predicta ecclesia post Pascha secundum juris rigorem poterit iminere sufficiatis vitare. Datum apud Bosebyry, iiij Kalendas Marcii, anno Domini M°CC°LXX° septimo. Et eidem J. cito post Pasca tradita fuit custodia, que realem sapiebat institucionem et si non vocalem.

Feb., 1278.—Confirmation of the grant in commendam of the Church of Richard's Castle by Bishop John, the documentary evidence of which had been lost by Robert Fulge, the Rector.

COMMENDA ECCLESIE CASTRI RICARDI DOMINO R[OBERTO] FULCONIS.—Thomas, etc., Roberto Fulge, Rectori ecclesie de Castro

Ricardi, salutem, etc. Tua nobis nuper facta supplicacio continebat quod bone memorie Johannes, predecessor noster, ecclesiam ipsam ad quam sibi fueras presentatus canonice, consideratis meritis tuis ac ipsius ecclesie utilitate, tibi tuo perpetuo commendavit; verum tu postmodum literas quas predecessor ipse super commendacione hujusmodi tibi fecerat, ut asseris, casu fortuito perdidisti; propter quod timens ne processu temporis probacionis tibi copia valeat deperire, provideri tibi postulasti humiliter, ac testes recipi qui interfuere commendacioni predicte, et eorum deposiciones redigi in publica munimenta. Nos vero tuis supplicacionibus annuentes testes tuos admisimus; per quos dilucide probavisti commendatam tibi esse predictam ecclesiam a nostro predecessore memorato die Sancti Johannis Evangeliste in Natali Domini, anno gracie M°CC° septuagesimo; ac propter hoc commendacionem ipsam ratam habentes, ut eam sic commendatam teneas liberam tibi concedimus facultatem. Datum apud Bosebiry, mense Februarii, anno Domini M°CC°LXX° septimo.

Mar. 21.—Mandate to the Dean of Frome to cite the foresters, Witlock and Russell, who are suspended for contumacy.

WITLOC ET RUSSELL.—Memorandum quod, cum Dominus Episcopus suspendisset, die Beati Benedicti in Marcio, apud Clone, Russell et quendam nomine Witlok, forestarios Malvernie, propter suam contumaciam, mandavit Decano de Froma quod ipsos denunciaret suspensos, et nichilominus citaret eosdem quod coram eo comparerent in crastino Dominice Palmarum, ubicunque, etc. Et quod citra eundem diem super hoc certificaret.

Mar. 26.—The Proctor of David, portionist of Pontesbury, appeared before the Bishop's commissaries, but had no defence to offer for the acceptance by David of the benefice of Londesborough in the diocese of York. Another day is fixed for the defence.

CONTRA PORCIONARIOS DE PONTESBURY.—Acta in ecclesia de Clunbury, in crastino Annunciacionis Beate Virginis, anno Domini M°CC°LXX°viij°, coram magistris Gilberto de Haywode et R[oberto] de Gloucestria, Domini Thome, Herefordensis Episcopi, commissariis ad sequencia specialiter deputatis, in negocio contra David et Walterum, porcionarios de Pontesbury; videlicet cum Willelmus, frater ejusdem David ac Procurator ipsius, ad expressam peticionem suam haberet crastinum Annunciacionis Dominice peremptorie ex prefixione Episcopi, ad docendum quo jure idem David teneat porcionem unam in ecclesia de Lonesboruh cum simili cura, Eboracensis diocesis, et posterius adepta, sicut idem Procurator fatebatur in judicio; nec ipse nec aliquis ejus Procurator aliquid pro eo dicto die ostendit, licet compareret idem Procurator et pluries super iis esset requisitus; propter quod dicti commissarii prefixerunt eidem Procuratori, et ejus domino per eum, crastinum Dominice Palmarum, coram Domino Episcopo, ubicunque, etc. Item cum predictis die et loco compareret Hugo, filius Galfridi de Pontesbury, Procurator Walteri, unius porcionarii de Pontesbury, et aliquas excusaciones pro domino suo proponeret, tandem dicti commissarii prefixerunt eundem diem crastinum, coram Episcopo ut prius, eidem Procuratori et suo domino per eum, pro termino peremptorio, quod ostendat et doceat quo jure unam porcionem parochialis ecclesie de Pontesbury et aliam cum simili cura teneat. Hec decreverunt mandanda execucioni per Decanum de Pontesbury ex habundanti, quantumcumque appareat quod super eisdem prefixiones sint facte super premissis; hujus autem copiam habuerunt Procuratores predicti.

The Archdeacon of Salop, though summoned repeatedly, has not appeared before the Bishop, nor resided on any of his cures. Adam de Fileby promises in his name that he will appear on the Friday before Palm Sunday.

Fol. 45.

CONTRA ARCHIDIACONUM SALOPSIRE.—Acta in crastino Dominice qua cantatur *Letare Jerusalem* apud Knytetone, cum expectacione usque in diem Mercurii, apud Dilewe, anno Domini M°CC°LXX° viij°, in causa quam movet Dominus Herefordensis ex officio suo contra Archidiaconum Salopsire, videlicet cum per multa certificatoria appareret eundem Archidiaconum dictum diem crastinum ejusdem Dominice habere peremptorium, coram eodem Episcopo, ubicunque, etc., ad ostendendum quo jure plurima tenet beneficia, etc.; item cur, citatus in dicto Archidiaconatu et monitus canonice in loco in quo degat in partibus transmarinis, ut in dicto Archidiaconatu residenciam faceret personalem, ac postmodum expectatus per sex menses, ibidem residere non curet; item et super indebita violacione sequestri, etc.; nec eodem die per se vel per ydoneum responsalem compareret; et Episcopus eundem Archidiaconum usque in diem Mercurii proximo sequentem expectaret, nec Archidiaconus magis tunc quam prius modo debito compareret; tandem, ne Dominus Episcopus contra eum dicto die procederet, tamquam contra contumacem super premissis sicut de jure fuerit procedendum; magister Adam de Fileby, Canonicus Herefordensis, promisit sistere eundem Archidiaconum coram Domino Episcopo die Veneris proxima ante Dominicam Palmarum, ubicunque, etc. Et hec promisit idem magister A[dam] sub pena decem marcarum, etc.; et ob hoc dictus Dominus Episcopus Archidiaconum memoratum expectabit usque in eundum diem in forma predicta.

Apr. 1.—Walter de Ludlow, deacon, presented by the Chapter, has letters of institution to Diddlebury and mandate of induction.

DODELEBURY.—Memorandum quod Kalendis Aprilis, apud Erdeslege, habuit Walterus de Lodelowe, diaconus, litteram institucionis vicarie de Dodelebury, ad presentacionem Capituli Herefordensis, verorum patronorum ejusdem. Et ipso die fuerat demandatum Officiali quod poneret eundem, etc.

Mar. 12.—William de Marcle, subdeacon, collated to the chapel of Pixley, has letters of institution and mandate of induction.

PIKESLEIA.—Item memorandum quod Willelmus de Marcle, subdiaconus, habuit apud Akam, iiij Idus Marcii, litteram institucionis capelle de Pikesleya, auctoritate Episcopi eidem collate illa vice. Et ipso die demandatum fuit Officiali quod ipsum poneret in corporalem possessionem ejusdem capelle, ipsum Rectorem instituendo canonice in eadem.

Mar. 16.—Nicholas de Ley, ordained priest but not by his own Bishop, receives a dispensation.

DISPENSACIO NICHOLAO DE LA LEYE, PRESBITERO ORDINATO A NON SUO EPISCOPO.—Thomas, etc., Nicholao de Leie,[1] presbitero, salutem, etc. Ex eo quod, sine nostris litteris dimissoriis, a Venerabili Patre, Domino Coventrensi et Lichfeldensi Episcopo, presbiteratus Ordinem suscepisti, cum noster esses subditus racione originis et nullatenus alienus, ab execucione ejusdem Ordinis eo ipso fuisti suspensus; quia tamen per fidedignorum testimonium bone conversacionis et vite merita tibi intelleximus suffragari, tecum auctoritate ordinaria dispensamus ut non obstante predicto defectu

1—Ley, a hamlet in Morville manor.

valeas celebrare in Ordine sic suscepto; dum tamen tibi aliud canonicum non obsistat. In cujus rei, etc. Datum Welbache, xvij Kalendas Aprilis, Consecracionis nostre anno tercio.

Apr. 8.—Adam de Fileby, appearing in behalf of the Archdeacon of Salop, asks for particulars of the charges against him, and for a term to be fixed for the defence. Ample time was allowed for deliberation.

CONTRA ARCHIDIACONUM SALOPSIRE.—Acta apud Ros die Veneris proximo ante Dominicam Palmarum, anno Domini M°CC°LXX° octavo, in causa quam movet Dominus Herefordensis ex officio suo contra Archidiaconum Salopsire; videlicet, cum per retroacta appareat quod dictum diem haberet per expectacionem, idem Archidiaconus comparuit per magistrum Adam de Fileby, concanonicum suum, Procuratorem suum legitime constitutum, petentem sibi dari articulum; ac demum articulo optento dilacionem legitimam sibi concedi ad consulendum eundem Archidiaconum trans mare agentem; unde nos, decreta copia instrumentorum quibus fuit usum in judicio parti et nobis, hinc inde, prout fieri debuit, prefiximus eidem Procuratori proximum diem juridicum post Festum Omnium Sanctorum, ad respondendum articulo quem infra eundem diem ita tempestive habebat quod inducias deliberatorias juri consonas ad deliberandum super eodem articulo ante eundem diem sufficienter habere posset.

Sept. 25.—A further adjournment of the case was allowed at the instance of Adam de Fileby.

ARCHIDIACONUS SALOPSIRE.—Diem istorum actorum prefixum prorogavit Dominus, ad instanciam magistri Ade de Fileby, usque in proximum diem juridicum post Dominicam qua cantatur *Quasimodo geniti*. Datum apud Bromfeld ante magnum altare, vij Kalendas Octobris, anno Domini M°CC°LXX° octavo.

Gunther de Naves, at the instance of the same, was given a full year's grace for non-residence, etc., and for not receiving Holy Orders.

GUNTERUS DE NAVES.—Item eisdem die et loco, ad instanciam predicti magistri Ade, fecit Dominus graciam Guntero de Naves

Episcopi Herefordensis. 163

usque ad annum completum, de non residencia, de non suscipiendis Ordinibus, et aliis super quibus alias graciam fecit eidem.

Apr. 11.—The Proctors of Walter and David, portionists of Pontesbury, appeared before Robert de Gloucester, the Bishop's commissary, and asked for a further adjournment of the summons, as they were in foreign parts. This was granted.

CONTRA PORCIONARIOS DE PONTESBURY.—Acta in manerio de Ledebury, in crastino Dominice Palmarum, anno Domini M°CC°LXX° octavo, coram magistro Roberto de Gloucestria, Domini Thome, Dei gracia Episcopi Herefordensis, commissario, tunc specialiter deputato in negocio quo ex officio proceditur contra Walterum et David, porcionarios parochialis ecclesie de Pontesbury; videlicet, cum Willelmus, frater et Procurator ejusdem David, et Hugo, filius Galfridi de Pontesbury, Procurator predicti Walteri, haberent diem Lune in crastino Dominice Palmarum, ubicunque, etc., ad respondendum, etc., et eidem commissario constaret de vocacione eorundem, prout patet tam per retroacta quam per certificacionem Decani de Pontesbury super citacione eorundem confectam; idem Procuratores, nomine dominorum suorum, dictis die et loco comparuerunt, asserentes dominos suos in remotis agentes eisdem die et loco nullatenus posse interesse; propter quod a dicto commissario diem diffusiorem cum instancia petierunt eisdem prefigi. Tandem dictus commissarius, ex predictorum Procuratorum consensu expresso, assignavit eisdem, et dominis suis per eos, diem Lune proximum ante Festum Beati Augustini pro termino peremptorio, coram dicto Episcopo, vel suis commissariis, in majori Ecclesia Herefordensi, ad respondendum, etc.

Apr. 13.—William de Burghill, subdeacon, presented by Osbert de Avenbury, had letters of institution to the Church of Avenbury.

AVENEBURY.—Memorandum quod magister Gilbertus de Boruhhulle, subdiaconus, habuit institucionem litteralem ecclesie de Avenebury, ad presentacionem Osberti de Avenebury, veri patroni ipsius, cujus corporalem possessionem antea optinuit; cujus institucionis data erat apud Newent, Idibus Aprilis, Consecracionis nostre anno tercio.

*Jan. 25.—John de Fairstead, at his own request, was allowed to
defer payment of the arrears due from him when bailiff of
Barling.*

DE ARRERAGIO J[OHANNIS] DE FAIRSTEDE.—Memorandum quod
die Conversionis Sancti Pauli apud Deneham, anno Domini
M°CC°LXX° septimo, Dominus concessit Johanni de Fairstede
respectum arreragii sui de tempore quo fuisset ballivus suus apud
Barlinge, ad instanciam ipsius Johannis, usque ad diem Veneris
proximum ante Purificacionem, anno Domini M°CC°LXX°viij.

*May 18.—At the instance of Ralph de Wickham, Archdeacon of
Bath, the Bishop defers till July the 20th his decision as to
the institution of Philip Burnell to the Church of Chetton, on
the presentation of Hugh Burnell, the nominee being under
age and absent. The delay is not to affect the patron's rights.*

CHETYNTONE.—Memorandum quod magister Radulfus de
Wicham, Archidiaconus Batonie, petens graciam fieri Philippo
Burnello, ad ecclesiam de Chetintone per dominum Hugonem
Burnellum, militem, presentato; Dominus autem, racione minoris
etatis et absencie presentati, dictum negocium suspendebat usque
ad Festum Beate Margarete; ut medio tempore, habito colloquio
cum Domino Batoniensi, communicato consilio videant quid possit
fieri in hac parte. Promisit itaque Dominus dicto Archidiacono
quod infra prefatum terminum nullum tempus curret in prejudicium
dictorum presentantis et presentati. Immo tantum temporis super-
sit tunc quantum restitit a xv Kalendas Junii, quando factum fuit
presens memorandum. Et vult Dominus quod interim ecclesie
deserviatur honeste, et obvenciones eidem per aliquem de suis
recipiantur et conserventur. Datum apud Totenhalle, Kalendis
predictis.

*July 22.—The custody of Chetton is entrusted to Richard, parish
priest of Chetton, until October the 31st, in the name of
Philip Burnell, who till then will have no rights therein.*

ITEM CHETINTONE.—Thomas, etc., domino Ricardo, parochiali
presbitero de Chetintone, salutem, etc. Custodiam ecclesie de
Chetyntone, nunc vacantis, vobis committimus usque ad Vigiliam
Omnium Sanctorum, nomine Philippi Burnell, clerici, salvo jure
cujuslibet retinendam; quem quidem Philippum ita tantum admisimus ut nec possessionem vel proprietatem in eadem ecclesia usque

ad predictum tempus valeat vendicare, set ut vos nomine ipsius tamquam sperandi Rectoris custodiam habeatis. Valeatis. Datum apud Bedefunte in Festo Beate Marie Magdalene, Consecracionis nostre anno tercio.

Sept. 26.—The rights of the patron to the Church of Chetton are to remain meantime unaffected, and afterwards for so long a time as remained of the legal period at the date of his presentation of Philip Burnell.

ITEM CHETYNTONE.—Volumus eciam quod a tempore prime presentacionis prefate usque ad predictum Festum Omnium Sanctorum venturum supradicto patrono nullum fiat prejudicium, quin alium, si videret expedire, post dictum terminum possit presentare; tanto temporis remanente quantum sibi competiit quando primo presentavit predictum Philippum Burnel; ac eciam eidem presentato de admissionis gracia optinenda nichil depereat vel decrescat. Datum apud Castrum Episcopi, vj Kalendas Octobris, anno gracie M°CC°LXX° octavo.

June 4.—Royal mandate to the Treasurer and the Barons of the Exchequer to see that Joseph, Prior of the Hospitallers in England, and Richard, Warden of the Hospital at Buckland, pay to the Bishop the twenty-one pounds yearly for which the custody of the Manor of North Petherton was assigned to them, it being now ascertained that it was part of the estates of Philip de Earley, which were granted to the Bishop during the minority of the heirs for a fine of two hundred pounds.

DE ARLEYE.—Edwardus, Dei gracia Rex Anglie, etc., Thesaurario et Baronibus suis de Scaccario salutem. Cum per finem ducentarum librarum, quem Venerabilis Pater Thomas, Herefordensis Episcopus, fecit nobiscum, concesserimus eidem Episcopo custodiam terrarum et heredum Philippi de Arleye, defuncti, qui de nobis tenuit in capite, habendam usque ad legitimam etatem heredum predicti Philippi, cum omnibus ad custodiam illam spectantibus; ac per quandam inquisicionem, quam per dilectum et fidelem nostrum Radulfum de Sandwyco, senescallum, nuper fieri fecimus, acceperimus quod custodia manerii de Northpethertone, quod fuit predicti Philippi in Comitatu Somersetie, et quod ante predictam concessionem nostram prefato Episcopo factam concesseramus dilectis nobis, fratri Josepo, Priori Hospitalis Sancti

Johannis Jerusalem in Anglia, et fratri Ricardo, Custodi domus Hospitalis predicti de Bokeland, tenendum usque ad legitimam etatem heredum predicti Philippi pro viginti et una libris, nobis reddendis ad Scaccarium supradictum, ad prefatum Episcopum pertinere debet racione concessionis nostre predicte; vobis mandamus quod predictos Priorem et fratrem Ricardum predictas viginti et unam libras prefato Episcopo solvere, et ei inde usque ad legitimam etatem heredum predictorum intendere et respondere, et memoratos Priorem et fratrem Ricardum, quantum ad nos pertinet, quietos inde esse, et sic fieri et irrotulari faciatis. Teste meipso apud Westmonasterium, iiij die Junii, anno regni nostri sexto.

July 7, 1277.—Formal notice of the grant of the lands of Philip de Earley, together with the wardships and marriage rights, to the Bishop on payment of the fine of two hundred pounds by quarterly instalments.

DE ARLEYE.—Edwardus, Dei gracia, etc.. omnibus ad quos presentes littere pervenerint, salutem. Sciatis quod per finem ducentarum librarum quem Venerabilis Pater Thomas, Herefordensis Episcopus, fecit nobiscum; et unde solvet nobis ad Scaccarium nostrum in quindena Sancti Michaelis proxima futura quinquaginta libras, et ad Scaccarium nostrum ad Pascha proximo sequens quinquaginta libras, et ad Scaccarium nostrum ad Festum Sancti Michaelis proximo sequens quinquaginta libras, et ad Scaccarium nostrum ad Pascha proximo sequens residuas quinquaginta libras; concessimus eidem Episcopo custodiam terrarum et tenementorum que fuerunt Philippi de Arleye, defuncti, qui de nobis tenuit in capite; habendam et tenendam eidem Episcopo et assignatis suis, cum advocacionibus ecclesiarum, dotibus, et aliis ad custodiam illam pertinentibus, usque ad legitimam etatem heredum predicti Philippi, unacum maritagio eorundem heredum sine disparagacione.[1] In cujus rei, etc. Teste meipso apud Wigorniam, vij die Julii, anno regni nostri quinto.

The Bishop complains that Thomas Trenot has given in marriage the heir of Stephen de Kentisbury, who held lands in capite, by military service, in the manor of North Petherton under Philip de Earley, though the marriage rights belonged to the Crown and had been transferred to him. He prays for remedy.

DE ARLEYE.—Philippus de Arleye, qui mortuus est, tenuit in capite de Rege, et Stephanus de Kentelesbery tenuit in capite de

---

[1]—Here we have the original meaning of "disparage," to give in marriage to one of lower social status.

Philippo, in manerio de Northperetone per servicium militare. Venit dominus Thomas Trenot et maritavit heredem predicti Stephani, quod maritagium Domino Regi pertinet, in prejudicium Regis; et propter hoc petit Episcopus de hoc remedium. Sciatur quod fratres Josepus et Ricardus, Custos de Boclaunde in Comitatu Somersetie, tenentur Episcopo Herefordensi in xxj libris pro manerio de Northperetone, quod tenent per tradicionem Domini Regis ad tempus usque ad legitimam etatem heredum, ut patet per breve Regis quod habetis inrotulatum; quod manerium fuit Philippi de Arleye. Et rogo quod precipiatis illud breve queri per vestros, ut secundum hoc litteram meam possim habere cum vobis placuerit.

Mar. 12, 1278.—Royal mandate to Ralph de Sandwich to hold an inquest respecting the tenure of Stephen de Kentisbury in North Petherton, and report the results, ordering Joseph de Chauncy to appear in court to prove his claims.

DE ARLEYE.—Rex domino Radulfo de Sandwyke salutem. Cum dederimus et concesserimus Venerabili Patri Thome, Herefordensi Episcopo, custodiam terrarum et heredum Philippi de Arleye, etc.; ac idem Episcopus asseruit coram nobis quod Stephanus de Cantelbere, nuper defunctus, de predicto Philippo tenuit in capite per servicium militare in Northperetone, et quod custodia terre et heredum ipsius Stephani ad ipsum Episcopum, juxta formam concessionis nostre predicte, debeat pertinere; nos, super hoc cerciorari volentes, vobis mandamus quod per sacramentum proborum, etc., diligenter inquiratis utrum predictus Stephanus de prefato Philippo tenuit in capite necne, et per quod servicium; et inquisicionem illam, distincte et aperte factam, sub sigillo vestro et sigillis eorum per quos facta fuerit mittatis, et hoc breve; ita quod illam habeamus coram nobis a die Pasche in xv dies, ubicunque, etc. Et sciri faciatis fratri Josepo de Chauncy, Priori Hospitalis Sancti Johannis Jerusalem in Anglia, quia custodiam illam vendicat, ut dicitur, quod tunc sit ibi, ostensurus quid juris habeat in custodia predicta. Teste meipso apud Quenitone, xii° die Marcii, anno regni nostri sexto.

May 31.—Acknowledgment by Adam de Fileby of a donation of one hundred marks from the Bishop to be devoted at the latter's pleasure to pious uses; the same to be returned in full when required.

Fol. 46b.

OBLIGACIO ADE DE FILEBY.—Pateat universis quod ego, Adam de Fileby, Canonicus Herefordensis, teneor Venerabili Patri, Domino Thome, Dei gracia Herefordensi Episcopo, in centum marcis ex causa donacionis, ut eas pro suo beneplacito in pios usus convertat; quas integraliter solvam cum super eisdem solvendis fuero requisitus. Datum apud Totenhale, pridie Kalendas Junii, anno Domini M°CC° septuagesimo octavo.

May 31.—Grant to Adam de Filely for four years of the fruits of the benefices which were held in the diocese by James de Aquablanca.

ADAM DE FILEBY.—Thomas, etc., magistro Ade de Fileby salutem, etc. Ut fructus beneficiorum que magister Jacobus de Aqua Blanka habet in Herefordensi civitate et diocesi per quinquennium continuum integraliter valeatis percipere, vobis liberam concedimus facultatem; proviso quod eadem beneficia debitis non defraudentur obsequiis, etc. Datum apud Totenhale, pridie Kalendas Junii, anno Domini M° ducentesimo septuagesimo octavo.

June 4.—The sequestration of the Church of Montgomery is released. The Rector is allowed to be non-resident for two years and to farm the fruits, on condition that two marks be spent yearly on repairing the books and vestments, and that two be bestowed on poor parishioners by way of alms. Luke de Bree is charged with the oversight of this.

OFFICIALI PRO ECCLESIA DE MONTE GOMERI.—Thomas, etc., magistro L[uce de Bre], Thesaurario in eadem, salutem, etc. Quoniam sequestrum ecclesie de Monte Gomery ad instanciam aliquorum relaxaverimus in hac forma, quod per duos annos hos continuos dentur quolibet anno due marce ad emendacionem librorum et vestimentorum ibidem, et alie due marce inter pauperes parochianos in elemosinam largiantur; proviso quod dicte ecclesie per presbiterum deserviatur medio tempore ydoneum et honestum; vobis mandamus quod hoc modo dictum sequestrum pro relaxato habeatis, nec Rector medio tempore ad residenciam aut Ordines compellatur. Concedimus eciam dicto Rectori quod ecclesiam suam predictam a die confeccionis presencium per duos annos continuos tradere possit ad firmam honestis clericis; et volumus quod predictum argentum per visum vestrum vel alterius ministri nostri in usus convertatur prescriptos. Valeatis. Datum Londoniis, in Vigilia Pentecostes, Consecracionis nostre [anno] tercio.

May 21.—The King requires the Bishop not to molest further Stephen de St. George, portionist of Burford, who as a clerk in his service is not bound to reside, or proceed to higher Orders.

PRO STEPHANO DE SANCTO GEORGIO.—Edwardus, Dei gracia Rex Anglie, etc., Venerabili in Christo Patri, eadem gracia Episcopo Herefordensi, salutem. Intelleximus quod vos dilectum clericum nostrum, magistrum Stephanum de Sancto Georgio, porcionarium ecclesie de Bureford, vestre diocesis, super porcione sua ejusdem ecclesie, quam de provisione nostra tenet, gravatis et molestatis pro vestre libito voluntatis; nunc ipsum ad omnes Sacros Ordines, nunc ad residenciam in eadem ecclesia faciendam, nunc ad ostendendam dispensacionem super beneficiis suis, vocando, summonendo, et fructus dicte porcionis sequestrando. Cum igitur clerici nostri, sicut scire vos credimus, ad residenciam faciendam in beneficiis suis et ad suscepcionem omnium Sacrorum Ordinum compelli non debeant, dummodo sint in Sacris Ordinibus constituti; ac dictus clericus noster in Sacris existat et nostris familiariter obsequiis immoretur, necnon et porcionem predictam obtinuerit ante Concilium Generale; Paternitatem vestram, de qua spiritualem fiduciam obtinemus, requirimus et rogamus attente quatinus memoratum clericum, nostri amoris intuitu et nostrorum interventu regiminum, pacifica possessione dicte porcionis gaudere libere permittentes, a predictis gravaminibus, molestacionibus, et sequestris de cetero cessare velitis, et ita, si placet, quod vobis astringamur ad grates, et dictus clericus, qui nobis diu servivit fideliter et devote, ad nos iterato recurrere propter ea non cogatur. Teste meipso apud Westmonasterium, xxj° die Maii, anno regni nostri sexto.

May 24.—Mandate to Luke de Bree to suspend action in regard to Stephen de St. George.

Thomas, etc., magistro L[uce de Bre], Thesaurario in eadem, salutem, etc. Mandamus vobis quatinus in negocio domini Stephani de Sancto Georgio, porcionarii in ecclesia de Bureford nostre diocesis, in quo contra eundem super pluralitate beneficiorum proceditis, supersedeatis, donec a nobis super hoc habueritis aliud in mandatis. Valeatis. Datum apud Totenhale, ix Kalendas Junii, anno Consecracionis nostre tercio.

May 19.—Acknowledgement by Walter de Bocking that he had levied fifty marks from the estate of Bishop John le Breton, forty-four of which he had caused to be included in the account of Peter de Chauvent, formerly Sheriff of Gloucester.

RECOGNICIO WALTERI DE BOKKINGE, ANNO REGNI REGIS EDWARDI SEXTO.—Memorandum quod die Sancti Dunstani venit Walterus de Bokkinge coram Thesaurario et Baronibus et recognovit quod per breve Domini Regis H[enrici] levari fecit de bonis et catallis Johannis le Bretun, Episcopi Herefordensis, quinquaginta marcas; de quibus quidem quinquaginta marcis fecit allocari in compoto Petri de Chauvent xliiij marcas tempore quo fuit Vicecomes Gloucestrie, et pro sex marcis residuis affidavit marescallus.

Mar. 4.—Grant to Hamo de Dale, the Bishop's servant, of land in Lydbury North, held by Roger the Chaplain in the time of Bishop Hugh Folyot, on condition of the yearly payment of a pair of silver-plated spurs, or six pence, and attendance twice a year at the Bishop's manor-courts.

Fol. 47b.   CARTA HAMONIS DE DALE.—Pateat universis presentibus et futuris quod nos, Thomas, etc., dedimus, concessimus, et hac presenti carta confirmavimus Hamoni de Dale, servienti nostro, pro homagio et servicio suo, totam illam terram quam Rogerus de Mimede, capellanus, tenuit quondam tempore bone memorie Hugonis Folyot, predecessoris nostri, in manerio nostro de Lydebury North; quam quidem terram circueunt iste mete; incipiendo videlicet ad vadum quod vocatur Sponford, et inde ascendendo ad duas quercus que vocantur Merhokes, et inde usque ad coopertum de Henseshelde, et ex transverso inter coopertum et planum usque ad rivulum de Notebeche, et sic descendendo per dictum rivulum usque ad hayam Domini Regis que vocatur Hauekeshurste, et sic descendendo per metas inter Hauekeshurste et Holdechurchemor usque ad finem de Flytenetone, et inde ascendendo per rivulum de Wolarsbeche usque ad prefatum vadum quod vocatur Sponforde;

habendum et tenendum de nobis et successoribus nostris, cum omnibus suis pertinenciis, dicto Hamoni, et heredibus suis de se legitime procreatis; reddendo inde annuatim ipse Hamo, et heredes sui ab ipso legitime procreati, nobis et successoribus nostris unum par calcarium deargentatorum, vel sex denarios, ad Festum Pentecostes, et faciendo duas sectas per annum ad duas magnas curias dicti manerii nostri, pro omni auxilio, consuetudine, servicio, et seculari demanda. Concessimus insuper dicto Hamoni, et suis heredibus antedictis, pasturam in boscis nostris et extra ad omnia sua animalia, sicut alii vicini sui libere tenentes habent in manerio memorato. Nos quoque et successores nostri totam predictam terram, cum omnibus suis pertinenciis, eidem Hamoni, et prefatis heredibus suis, contra omnes warantizabimus, etc. Hiis testibus, magistro L[uca] de Bree, Thesaurario Herefordensi, magistro Rogero de Sevenake, domino Waltero de Rudmerlege, Canonicis Herefordensibus, magistris Gilberto de Heywode, Roberto de Gloucestria, et Petro de Clyf, dominis Johanne de Wymbeldone, Willelmo de Faukeburne, capellanis, Johanne de Saresbiria, tunc Constabulario Castri nostri, Johanne de Clare, Ricardo de Cleyhangre, et multis aliis. Actum apud Sugwas, die Veneris proxima post diem Cinerum, anno Domini M°CC°LXX° octavo.

Grant of land in Bredenbury, formerly held by John of Salisbury, together with twelve acres in Madresfield, to the Bishop's kinsman, Nicholas de Hodenet, for one hundred marks.

CARTA DE BRUDENEBURY.—Sciant presentes et futuri quod nos, Thomas, etc., dedimus, concessimus, etc., dilecto consanguineo nostro, Nicholao de Hodenet,[1] pro homagio et servicio suo, et pro centum marcis argenti quas nobis dedit pre manibus, omnes terras et tenementa, cum suis pertinenciis, que Johannes de Salesbyry de nobis tenuit in Brudenebury, et que idem Johannes per cartam suam nobis reddidit et quietumclamavit inperpetuum, una cum duodecim acris terre, cum pertinenciis, in Maderfeld; habendum et tenendum, etc. In cujus rei, etc. Hiis testibus, domino Radulfo de Yadefen, milite, Radulfo le Moigne, Warino de Grendene, Stephano de la Were, Laurencio Dabetot, Johanne de Blechedone, Willelmo de Aqua, Thoma de Raone, Thoma Hemyhoke, et aliis.

[1]—The de Hodenets were hereditary seneschals of Montgomery Castle. They held lands under the Cantilupes in Hope Bowdler and elsewhere. In 1286 a dispute between this Nicholas and Thomas de Eton respecting land at Bredenbury was referred to Bishop Swinfield.

1275.—Compotus of John le Breton, Keeper of the Wardrobe to Prince Edward and Keeper of Abergavenny, as returned to the Exchequer by the Executors.[1]

Fol. 48.

Anno regni Regis Edwardi tercio. Herefordie. Compotus Johannis le Bretone, redditus in Scaccario anno regni Regis Edwardi tercio per executores dicti J[ohannis]. Johannes Brito reddit compotum de Clxvijli. xjs. jd. cbolo, de tribus debitis, sicut continetur ibidem. Et de xiijli. de prestito sicut continetur ibidem. Et de CCxxxvijli. xiiijs. iiijd. de diversis debitis, in quibus Regi tenebatur de tempore quo fuit emptor et custos garderobe Regis antequam esset Rex; sicut continetur in quadam cedula quam Adam de Wintone, clericus, liberavit ad Scaccarium; de CClxxviijli. xiijs. xjd. obolo de remanente compoto et arreragiis suis de tempore quo fuit custos de Bergeveny et exitibus ballive predicte, sicut continetur in predicta cedula. Summa DCiiij^{xx}xvijli. vd.; in thesauro nichil. Et eidem pro xlli., quas dudum percepisse debuit per manum Rogeri de Colevile, tunc Vicecomitis Nortfolchie, de dono Regis H[enrici], quas non percepit xlli. per breve Regis. Et pro custu carucarum, stipendiis famulorum, et sustentacione domorum de Bergeveny cum membris appositis per eundem, anno xlij Regis H[enrici], xiijli. viijs. viijd., per breve Regis; et eidem pro lxxvjli. vijs. jd. de quibus respondebat in compoto suo reddito ad Scaccarium Regis antequam esset Rex, apud Bristolliam, coram auditoribus assignatis ad compotum tunc ballivorum suorum anno predicto, lxvjli. vijs. jd. per idem breve; et in quibusdam misis et expensis, quas idem J[ohannes] fecit tempore quo fuit ballivus de Bergeveny; quarum particule continentur in quodam brevi Regis antequam esset Rex, per breve Regis attachiato eidem brevi, lixli. viijs. xid. obolum. Et debet Dvijli. xvs. viij. obolum. Item reddidit compotum de eodem debito; in thesauro nichil. Et Laurencio Bacin, burgensi de Kermerdyn, pro debito Domini anno xlij, per breve Domini Regis nunc de percepto patens, et per breve ipsius Laurencii de recepto patens, lxiiijli. xiijs. iiijd.; et dimidia marca pro quadam stola et fanone,[2] facta ad vestimentum Domini anno xlv, que fuerunt liberata Domino Stephano, capellano, per preceptum Domini; et C solidi appositi in Orbateria[3] ad queyntisas[4] Domini

---

1—A few details of these accounts have been given on p. 35.
2—*Fanone*, scarf.
3—*Orbateria*, the goldsmith's work-shop.
4—*Queyntisas*, gala dresses; the English scholars in Paris, to greet the King and Queen of England, decked themselves in such finery *vestes festivas, quas vulgus cointisas appellant . . . emerunt* (Matthew Paris, v, 477). Robert of Gloucester uses *queyntise* for skill or cunning work.

in Festo Pasche anno xlv; et de xx solidis pro xxiiij robis partitis de ? factis ad easdem queyntisas. Et C solidi pro CC pannis tondendis. Et lix solidi liberati Alexandro, pincerne Domini, anno xliiij, ad cariagium vinorum faciendum per manus Willelmi, Rogeri, et Vigeri valletorum suorum, de quibus idem Alexander, executores vel heredes, debent respondere. Et xxx s. liberati Johanni de Aqua, panetario Domini, ad cariagium, de quibus debet respondere; et vij libre liberate Ade de Vallibus, emptori coquine Domini; et lxijs. viijd. pro duabus carucis, conductis in nundinis Staunfordie, una conducta in nundinis Norhamptonie, duabis carucis conductis in nundinis Wintonie, una conducta in nundinis Sancti Ivonis ad pannos cariandos usque Londonias, cum cariagiis et cordis, anno xlv^{to} et xlvj^{to}; et xxij. quas liberavit Radulfo Basset pro arreragio feodi sui ; unde dictus Johannes habuit mandatum per breve Domini, et hoc patet per breve dicti Radulfi patens de solucione facta; et xxxj li. xv s. quas liberavit Michaeli de Senis de arreragio feodi sui annui: et xxiiij li. quas liberavit fratri Johanni, thesaurario Hospitalis de Clerkenewelle, de mutuo facto Domino in denariis quos liberavit Gerardo balistario et sociis suis, pro arreragio vadiorum suorum, per breve Domini patens ; et xxxv li. xvij s. viij d. ob., quas liberavit diversis mercatoribus pro avena capta per manum magistri Willelmi, quondam clerici Marescalcie Domini; de quibus denariis idem Willelmus vel executores vel heredes eidem debent respondere. Et vj li. quas liberavit Gilberto Talebot ad emendum instaurum, apud Grosmund, Sekenefrit, et Album Castrum in Marchia ; de quibus heres ipsius debet respondere. Et x li. quas liberavit dominis Petro de Waldringeham et Willelmo Turpyn, novis militibus, pro palestria et sellionibus.[1] Et viij li. x s. quas liberavit Rowlando mercatori equorum Domini, per manus Hugonis nepotis sui, quando venit de partibus transmarinis cum equis Domini et camelo; de quibus debet respondere. Et lxvj s. viij d. quos liberavit Johanni Ferre, valleto Domini, de debito xxx marcarum et dimidie, in quibus Dominus ei tenebatur, sicut patet per breve ejus patens. Et Stephano de Monte Ferandi vj li. xiij s. iiij d. in partem solucionis vadiorum suorum. Et xj li. vij s. quas liberavit Willelmo de Wautone in partem solucionis vadiorum suorum, per breve Regis. Et x li. xvij s. ij d. quas liberavit Waltero de Langele de debito xxij marcarum pro duabus runcinis in obsequio Domini per-

1—*Palestria*, etc., riding school and saddle-horses.

ditis, et pro arreragio vadiorum suorum, de quibus breve ipsius Walteri patens habetur in custodia Ade de Wyntone. Et lvijli. xvjs. viijd. quas liberavit Willelmo Apgurwaret, Constabulario de Cardigan, de debito centum librarum, sicut continetur per duo brevia Domini patencia, et per breve dicti Willelmi patens, et per unam talliam. Et lxli. quas liberavit Nicholao, filio Martini, ad sustentacionem castri et garnisionem de Kermerdyn anno xliiij; de quibus debet respondere. Et xxv marc. quas liberavit eidem Nicholao in parte solucionis debiti in quo idem Dominus ei tenebatur, ut dicit, de quibus debet respondere; unde Adam de Wyntone habet duo brevia ipsius Nicholai patencia. Summa hujus brevis usque huc CCCiiij^{xx}xiijli. ixs. vjd. ob.; et debet Cxiiijli. vjs. ijd., et respondit in rotulo sequenti in rotulo compoti.

Another compotus of official out-goings paid by John le Breton, and due to his estate.

Johannes Brito reddit compotum de Cxiiijli. vjs. ijd. de remanencia debitorum que requiruntur super eundem in Herefordia in rotulo precedenti; in thesauro nichil. Et Michaeli de Sancto Edmundo, Constabulario de Kermerdyn, anno xlv^{to}, xxixli. xvs.; et xxiijs. quos liberavit Henrico de la Bone, Constabulario de Gamion, in parte solucionis vadiorum suorum. Et xixli. xiijs. ijd. quos liberavit Stephano Cissori pro vadiis suis a die Exaltacionis Sancte Crucis, anno xliiij^{to}, usque diem Sancti Barnabe, Apostoli, anno xlvj^{to}, per unum annum et dimidium, et iiij^{xx} et ix dies; qui cepit per diem vijd. ob. Et xliij sol. quos liberavit Johanni Muntosin, balistario, pro arreragio vadiorum suorum. Et xxxvjs. viijd. quos liberavit Waltero Arcaud et suis sociis, pro arreragio vadiorum suorum. Et x sol. quos liberavit Ricardo de Wyketone et Facon, servientibus de Gamion, in parte solucionis vadiorum suorum. Et xxli. pro expensis J[ohannis] le Britone, senescalli dominorum Abbatis de Tinterne, Galfridi de Langele, Gilberti Talbot, Arnaldi de Berkle, Thome de Booltone, et Ade de Wyntone, auditorum compoti Rogeri de Leiburne, Rogeri de Stokas, Walteri de Shefhangre, et aliorum ballivorum Domini Londoniensis per tres septimanas, anno xlv^{to}; et xxxli. eidem Johanni, custodi garderobe Domini, a vicesimo secundo die Decembris, anno regni Regis Henrici xliiij^{to}, usque primum diem Julii, anno regni ejusdem xlv^{to}; scilicet per unum annum et dimidium per breve patens de feodo xx librarum annuarum. Et iiij^{xx}xiiij marc. eidem Johanni, senescallo

Domini, a primo die Julii anno regni Regis Henrici xlv^{to} usque ad diem Sancti Barnabe, Apostoli, anno ejusdem xlvj^{to}; scilicet per xlix septimanas, prima die computata, per breve Domini patens de feodo centum marcarum per annum; de quibus omnibus Adam de Wyntone compotum audivit, et premissa testatus est coram nobis; proviso quod predicta pecunia predictis executoribus allocetur, nisi predicta pecunia in toto vel in parte prefato Johanni in vita sua, vel executoribus suis, prius fuerit allocata. Teste meipso apud Westmonasterium, xxvj^{to} die Julii, anno regni nostri quinto. Et habet in superplusagio liij li. ix s. j d.

Final compotus of the estate of John le Breton.

Iste est finalis compotus Johannis le Bretun. Et sciendum est quod, preter omnia supradicta, recepit Hugo de Kendale, dum fuit custos Episcopatus Herefordensis, de bonis dicti Johannis le Bretun, Episcopi, defuncti, per ipsum Hugonem venditis, ut patet per particulas in cyrographo inter dictum Hugonem et Dominum Thomam, nunc Episcopum Herefordensem, et executores dicti Johannis contentas, lxxij li. v d. Et Dominus Batoniensis et Wellensis Episcopus recepit de bonis dicti defuncti, per manus dicti Hugonis, ut patet per dictum cirographum, Lxviiij libras. Summa vij^{xx} li. v s., quas Episcopus Thomas et executores dicti J[ohannis] Episcopi petere debent, una cum liij li. ix s. j d., de superplusagio compoti in Scaccario, si Domino Episcopo et ipsius Consilio hoc visum fuerit faciendum.

Account of scutages and other dues to the Crown which ought to be discharged by the executors of Bishop Peter.

Hec sunt debita que per summonicionem Scaccarii exiguntur de Episcopo Herefordensi; videlicet de Episcopo Herefordensi de tribus scutagiis lxij s. vij d.; et de auxilio ad milites Regis xx s.; et de eodem de remanencia firme de Lugwardin et Maurdyn xviij li. x s. De Episcopo Herefordensi de scutagio Wallie xx li.; de Episcopo Herefordensi de auxilio vj marc.; de Episcopo Herefordensi de duobus scutagiis xl li. x s.; de Episcopo Herefordensi de prestito lxiiij s. iiij d.; de Episcopo Herefordensi de auxilio ad milites Regis faciendo xx sol.; de eodem quia non recepit feodum vij li. Summa iiij^{xx}xviij li. vj s. xj d. Et sciendum quod Emericus, Cancellarius Herefordensis, executor testamenti P[etri], quondam Episcopi Herefordensis, et ceteri coexecutores sui, tenentur acquietare Dominum Thomam, nunc Episcopum Herefordensem, de predictis iiij^{xx}xviij li. vj s. xj d., quia omnia sunt de tempore prefati Episcopi P[etri]; et si Cancellarius et socii ejus dicant contrarium, petat Episcopus quod rotuli de Scaccario scrutentur an predicta debita sint de tempore Episcopi P[etri] vel non.

Nov. 3, 1275.—Walter de Bocking appeared before the Barons of the Exchequer, and testified that £33 6s. 8d. had been received by the Sheriff of Gloucester from the bailiff of Prestbury as to a debt to the Crown from Bishop John, of which £29 6s. 8d. were paid by him to the Wardrobe account, the remainder being allowed him by writ.

W[ALTERUS] DE BOKKYNGE.—Walterus de Bokking venit coram Baronibus de Scaccario apud Westmonasterium in crastino Animarum, anno Regis Edwardi tercio, et cognovit quod Petrus de Campo Venti, dum fuit Vicecomes Gloucestrie, recepit de debito J[ohannis], Episcopi Herefordensis, in quo Domino Henrico Regi tenebatur, xxxiij li. vj s. viij d., quos pacavit in garderoba dicti Domini Henrici Regis, videlicet domino Egidio de garderoba; et, scrutatis rotulis domini Egidii, scilicet anno regni Regis Henrici lvj^{to}, coram dictis Baronibus, in presencia dicti domini Egidii, compertum fuit quod P[etrus] de Campo Venti non liberavit in dicta garderoba nisi xxix li. vj s. viij d.; et tunc confitebatur idem Walterus quod iiij libre de residuo date fuerunt dicto P[etro] de dono Domini Regis Henrici, ad levandas predictas xxix li. vj s. viij d.; et allocate sunt eidem per breve. Et sciendum quod G., ballivus de Prestebury, solvit integraliter predictas xxxiij. li. vj s. viij d., ut patet per unam talliam, scriptam contra P[etrum] de Campo Venti manu cujusdam clerici sui; quam talliam dictus Walterus inspexit, et confitebatur eam scriptam esse manu dicti clerici. Ostendatur dicta tallia coram Baronibus de Scaccario in presencia dicti W[alteri].

May 27, 1278.—Licence of non-residence for two years to study granted to Robert de Halton, Rector of Cleobury North.

DE LICENCIA.—Thomas, etc., Roberto de Halutone, Rectori de Cleobury North, salutem, etc. Tuis supplicacionibus inclinati ut per biennium continuum scolasticis possis intendere disciplinis, fructus ecclesie tue predicte integre percipiendo, licenciam tibi damus; proviso quod dicta ecclesia, etc. Datum apud Westmonasterium, vj Kalendas Junii, anno Domini M°CC°LXX° octavo.

May 23.—The Bishop, by letter to Richard de Heyton, released the sequestration of the fruits of Blaisdon, caused by the non-residence of the Rector, Adam, and his failure to appear at the Ordination.

RELAXACIO SEQUESTRI DE BLECHEDONE.—Memorandum quod x Kalendas Junii apud Totenhale, relaxavit Dominus sequestrum interpositum in fructibus Ade, Rectoris ecclesie de Blechedone, per litteram suam magistro Ricardo de Heytone directam, cum quia non venit ad Ordines, tum quia non residet in ecclesia sua predicta.

Apr. 9.—Letters dimissory granted by the Bishop of Lincoln to Thomas Fitz Gilbert, acolyte, presented to the Church of Foxcote, that he may be ordained subdeacon.

EPISCOPUS LINCOLNIENSIS.—R[icardus], miseracione divina Lincolniensis Episcopus, etc., Thome filio Gilberti, acolito, ad ecclesiam de Foxcote, nostre diocesis, nobis presentato, salutem, etc. Ut a quocumque Episcopo regni Anglie ad titulum ecclesie prenotate licite valeas in subdiaconatum ordinari, dummodo aliud canonicum non obsistat, quam quod racione presentacionis supradicte de nostro foro censeres; liberam tibi, quantum ad nos pertinet, tenore presencium concedimus facultatem. Datum die Sabbati proxima de Passione Domini, anno ejusdem M°CC°LXX° octavo.

Aug. 29, 1275.—Letters dimissory for all Holy Orders granted by Walter, Archbishop of York, to Thomas de Brompton.

W[alterus] permissione divina Eboracensis Archiepiscopus, Anglie Primas, dilecto in Christo filio, magistro Thome de Bromptone, salutem, etc. Devocionis tue precibus ut a quocumque Episcopo Anglie ad omnes Sacros Ordines Canonice valeas promoveri, non obstante, etc., liberam tribuimus facultatem. Datum Londoniis in crastino Sancti Augustini, anno Domini M°CC°LXX° quinto.

Jan. 12, 1303.—Writ to the Barons of the Exchequer to the effect that it had been ascertained by inspection of the Rolls that in the grant specified above (p. 165) the name of Henry was inserted in error for that of Philip, and Arneley for Earley, and that arrears of sixteen pounds of rent from the date of the grant should not be claimed from the executors of Bishop Thomas.

Fol. 49.

Istud breve subscriptum poterit inveniri in filacio majori de Scaccario Domini Regis Edwardi, filii Regis Henrici, anno tricesimo primo regni sui.

Edwardus, etc., Thesaurario et Baronibus suis de Scaccario salutem. Monstravit nobis Venerabilis Pater, R[icardus], Herefordensis Episcopus, unus executorum testamenti bone memorie Thome, nuper Episcopi ejusdem loci, quod cum sexto decimo die Junii, anno regni nostri quarto, per litteras nostras patentes concessissemus eidem Thome manerium de Erleye[1] prope Radinge, cum pertinenciis, quod fuit Henrici de Erly, defuncti, qui de nobis tenuit in capite, et quod fuit in manu nostra racione minoris etatis heredis ejusdem Henrici in custodia nostra tunc temporis existentis; habendum usque ad legitimam etatem heredis predicti; reddendo inde nobis per annum ad Scaccarium nostrum sexdecim marcas, durante custodia predicta; et postmodum, septimo die Julii, anno regni nostri quinto, per finem ducentarum librarum, quem idem Thomas fecit nobiscum per alias litteras patentes, concessissemus ei custodiam terrarum et tenementorum que fuerunt Philippi de Arneleye, defuncti, qui de nobis tenuit in capite; habendum eidem, etc.; idemque Thomas tenuisset tam custodiam manerii illius quam omnium aliarum terrarum et tenementorum que fuerunt ejusdem Philippi die quo obiit, usque ad diem obitus ejusdem Thome. Et postmodum idem Ricardus et coexecutores sui testamenti predicti, eandem custodiam usque ad legitimam etatem Johannis de Erleye, filii et heredis predicti Philippi, virtute finis et concessionis illius, habuissent, per quod ipsi de predictis sexdecim marcis annuis a predicto septimo die Julii exonerari debent; vos, licet dicte ducente libre nobis ad idem Scaccarium nostrum pro custodia illa plenarie sint solute, dictas nichilominus sexdecim marcas annuas a dicto septimo die Julii, ac si manerium illud in ultima illa concessione nostra contentum non

1—This entry, though of a later date than the Bishop's Register, was apparently inserted to complete the history of the Manor of Earley. For some time after Cantilupe's death this estate remained in the hands of his executors, who paid over the proceeds to his sister Juliana. Swinfield used it as a halting place on his way to London, as Cantilupe had done, and held Ordinations in the Chapel of the Manor House.

Episcopi Herefordensis. 179

fuisset, et heres ipsius Philippi infra etatem in nostra custodia adhuc esset, a prefato Episcopo et coexecutoribus suis predictis exigitis, et ipsos pro eisdem sexdecim marcis annuis, a dicto septimo die Julii nobis ad idem Scaccarium nostrum reddendis, distringi facitis minus juste, in ipsorum dampnum non modicum et gravamen. Cum igitur idem Episcopus suggesserit quod error intervenit in scribendo nomen predicti Henrici et cognomen ipsius Philippi, videlicet nomen ipsius Henrici pro nomine predicti Philippi et cognomen de Arneleye pro cognomine de Arleye, et nobis supplicaverit ut sibi, et coexecutoribus suis testamenti predicti, inde remedium fieri faciamus, ac ad requisicionem suam tam rotulos Cancellarie Domini Henrici, quondam Regis Anglie, patris nostri, quam nostre, scrutari fecimus ex hac causa; nobisque constet, per inspeccionem rotulorum Cancellarie dicti patris nostri de anno regni sui quinquagesimo sexto, quod idem pater noster cepit homagium ipsius Philippi, filii et heredis predicti Henrici, de omnibus terris et tenementis que idem Henricus, pater suus, tenuit de patre nostro die quo obiit, et ei terras illas et tenementa reddidit; et per inspeccionem rotulorum Cancellarie nostre quod idem Philippus diem clausit extremum anno regni nostri tercio; et quod terre et tenementa sua anno eodem per mortem ejusdem capta fuerunt in manum nostram, et ab illo anno racione minoris etatis ejusdem Johannis in manu nostra usque ad tercium decimum diem Januarii, anno regni nostri vicesimo, extiterunt; et eciam quod custodie manerii ac terrarum et tenementorum predictorum prefato Thome, sub nominibus ipsorum Henrici et Philippi, annis regni nostri quarto et quinto concesse fuerunt in forma supradicta; per quod liquet quod error intervenit in scriptura nominis et cognominis predictorum; nos, nolentes quod predictus R[icardus], Herefordensis Episcopus, seu coexecutores sui predicti, per errorem hujusmodi indebite graventur, vobis mandamus quod, scrutatis rotulis ejusdem Scaccarii nostri, si vobis constare possit quod predicte ducente libre nobis pro custodia predicta, ut predicitur, sint solute; tunc ipsum Episcopum et coexecutores suos predictos de predictis sexdecim marcis annuis a septimo die Julii supradicto quietos esse faciatis. Teste meipso apud Odyham, xij die Januarii, anno regni nostri tricesimo primo.

Et memorandum quod breve superius memoratum fuit allocatum in magno rotulo de Scaccario anni tricesimi quarti, in comitatu Herefordensi, anno regni Regis Edwardi, filii Regis

Henrici, tricesimo quinto. Et est breve predictum in rotulo burse majoris dicti Scaccarii anni tricesimi quarti.

The account of the dues to the Crown as finally determined after the correction of the error described above.

Finalis inrotulacio firme de Arlcie.

Thomas, Herefordensis Episcopus, debet xvj marcas de firma manerii de Erlege prope Radynge cum pertinenciis, quod fuit Henrici de Erlege, defuncti, qui de Rege tenuit in capite; et quod est in custodia Regis racione terrarum et heredis ejusdem Henrici infra etatem et in custodia Regis existentis; tenendum per talem firmam a xvj die Junii, anno quarto, usque ad legitimam etatem predicti heredis, sicut supra continetur in rotulo xxx°; et CCCClxviij marcas de eadem de annis preteritis. Summa CCCCiiij^{xx}iiij marce. Set non debet summoneri de CCCClxviij marcis que sunt de hoc anno xxxiv, et de xvj marcis precedentis usque videlicet annum sextum computi et de ultima quarta parte anni quinti; nec de eadem firma decetero onerari per breve Regis in quo continetur quod Rex, xvj die Junii, anno quarto, concessit eidem Thome dictum manerium de Erlege, etc., ut supra.

De quibus quidem CC libris pro predicta custodia satisfaciendum est Regi nunc, sicut continetur in rotulis v et vj in Herefordia. Et debet xvj marcas de ultima quarta parte anni iiij^{ti} et iij primis quarteriis anni quinti, ante predictum vij diem Julii.

Dec. 12, 1307.—Writ to the Sheriff of Herefordshire directing him to remove any distraint on the executors of Bishop Thomas for the recovery of the debt claimed in error on account of the manor of Earley.

Fol. 51.

Ultimum breve Domini Regis de solucione arreragii de firma de Erleghe.

Edwardus, etc., Vicecomiti Herefordie salutem. Constat nobis per inspeccionem rotulorum de Scaccario nostro quod Thomas, Herefordensis Episcopus, quietus est ad idem Scaccarium nostrum de xvj marcis annuis de firma manerii de Erleghe prope Radinge cum pertinenciis, quod fuit Henrici de Erleghe, defuncti, qui de nobis tenuit in capite; et de CCCCiiij^{xx}iiij marcis de eadem de anno preterito. Et ideo tibi precipimus quod de demanda quam facis executoribus testamenti predicti Episcopi pro predicto debito pacem habere permittatis, et districcionem, si quam eis ea occasione feceris, sine dilacione relaxes eisdem. Teste W. de Carletone apud Westmonasterium, xij die Decembris, anno regni nostri primo. Per magnum rotulum de anno xxxv Regis Edwardi, patris Regis hujus.

June 14, 1278.—Writ to the Barons of the Exchequer, instructing them that from the rent to be paid by the Prior and Warden of the Hospitallers for Northpetherton (v. entry of June 4) £7 15s. 10½d. should be deducted, as due to Dace Royse, widow of Philip de Earley, and the residue paid to the Bishop.

NORTPERETONE.—Rex Baronibus suis de Scaccario salutem. Cum per finem ducentarum librarum quem Venerabilis Pater, Thomas, Herefordensis Episcopus, fecit nobiscum, concesserimus eidem Episcopo custodiam terrarum et heredum Philippi de Arle, etc.; ac prefatis Priori et Ricardo subtrahantur, per preceptum nostrum, de firma predicta iiijli. ixs. ijd. ob. pro Dace Royse, que fuit uxor predicti Philippi, ex parte una, et quinque marce assignate eidem Royse pro incremento extente predicti manerii ex altera; ita quod predicti Prior et Ricardus solvant nobis ad Scaccarium predictum residuum predictarum viginti et unius librarum, videlicet xiijli. iiijs. ijd.[1] obolum; vobis mandamus quod predictos Priorem et Ricardum predictas xiijli. iiijs. et iijd. obolum prefato Episcopo solvere, et ei inde usque ad legitimam etatem heredum predictorum intendere et respondere, et eosdem Priorem et Ricardum inde quietos esse; et quicquam de prefata firma ad opus nostrum a prefatis Priore et Ricardo, a tempore concessionis nostre prefato Episcopo facte, receperitis, eidem Episcopo in predicto fine allocari, et sic fieri et inrotulari faciatis. Teste meipso apud Westmonasterium, xiiij die Junii, anno regni nostri sexto.

June 17.—Mandate to Richard, Warden of the Hospital of St. John of Jerusalem at Buckland, directing payment as above to the Bishop.

NORTPERETONE.—Edwardus, etc., fratri Ricardo, Custodi Hospitalis Sancti Johannis Jerusalem de Boklande, salutem. Cum

1—This should be 1d. The sum is stated rightly in the Close Rolls, July 4, 1278.

per finem ducentarum librarum, etc. ; nos, volentes ob hoc quod ille xiij li. iiij s. iij d. obolum, quas nobis reddere tenemini annuatim usque ad legitimam etatem predictorum heredum, pro manerio de Nortperetone, quod fuit predicti Philippi, et quod Priori vestro et vobis dimiseramus ante dictam concessionem prefato Episcopo factam, de cetero per manus vestras eidem Episcopo reddantur annuatim usque ad etatem predictam; vobis mandamus quod predictas xiij li. iiij s. et iij d. obolum prefato Episcopo de cetero solvatis in forma predicta, et ei inde usque ad legitimam etatem heredum predictorum sitis intendentes et respondentes; et denarios quos eidem Episcopo inde de cetero solveritis ad Scaccarium nostrum vobis allocabimus. Teste J. de Daleham apud Westmonasterium, xvij die Junii, anno regni nostri sexto.

July 20.—Mandate to the Treasurer and Barons of the Exchequer to inspect the rolls and to send particulars of the sums due to and from the Bishop, that the account may be balanced.

LITTERE REGIS PRO COMPENSACIONE FACIENDA DE DEBITIS.— Rex Thesaurario et Baronibus suis de Scaccario salutem. Cum Venerabilis Pater, Thomas, Herefordensis Episcopus, pro se et predecessoribus suis Episcopis ejusdem loci, nobis in diversis debitis teneatur, ac nos eidem Episcopo, sicut asserit, in quibusdam debitis aliunde teneamur; vobis mandamus quod, scrutatis rotulis vestris Scaccarii predicti, nos de summis debitorum hinc inde reddatis ad plenum cerciores ; et si nos sibi teneamur in aliquibus debitis, ex qua causa et a quo tempore; ita quod quamcito inde fuerimus cerciorati per allocacionem hinc inde, vel alio modo, fieri faciamus in hac parte quod de jure fuerit faciendum. Teste meipso apud Westmonasterium, xx die Julii, anno regni nostri sexto.

Memorandum that two tallies of payment of £100 for Earley were deposited by William de Faukeburne and John de Clare in a leather bag in a chest behind the High Altar of St. Paul's Church in London, where other documents belonging to the Bishop are placed. The key is kept by W. de Faukeburne.

PRO WARDA ET MARITAGIO DE ARLEYE.—Memorandum quod deposite fuerunt due tallie per dominum Willelmum de Faukeburne et J[ohannem] de Clare, de solucione centum librarum pro Arleye, in Ecclesia Sancti Pauli Londoniarum, videlicet in quodam parvo forcerio de corio existente in quadam cista stante retro magnum altare Ecclesie memorate, in qua alie res Domini deponuntur ; cujus ciste clavis penes dictum W. de Faukeburne tunc temporis residebat.

> July 2.—*David, portionist of Pontesbury, appeared before the Bishop and promised to produce evidence that he had only the custody of the Church of Londesborough, and could therefore hold his portion at Pontesbury. His past contumacy was purged.*

CONTRA DAVYD, PORCIONARIUM DE PANTESBURY.—Acta apud Castrum Episcopi coram Episcopo, Domino loci ejusdem, in crastino Octabarum Beati Johannis Baptiste, in negocio quo ex officio proceditur contra dominum David, porcionarium ecclesie parochialis de Pauntesbury; videlicet quod idem dominus David, tunc personaliter comparens coram nobis, etc. ; promisit se ostendere in forma juris quod solam nudam custodiam seu possessionem habet in ecclesia de Londesburuh, Eboracensis diocesis, ut per hoc apparere possit quod sua porcio de Pauntesbury non ideo vacet, quia idem beneficium de Londesburuh absque titulo tenet, et contumacias retrocontractas purgavit idem dominus David competenter. Datum anno Domini M°CC°LXX° octavo.

> July 2.—*Hugh Fitz Geoffrey, appearing for Walter, portionist of Pontesbury, asked for particulars of the charges brought, and promised to take steps that they should be duly dealt with on the day fixed by the Bishop.*

CONTRA WALTERUM, PORCIONARIUM DE PAUNTESBURY.—Actum apud Castrum Episcopi coram Episcopo, Domino loci ejusdem, in crastino Octabarum Beati Johannis Baptiste, anno Domini M°CC°LXX° octavo, in negocio quo ex officio proceditur contra dominum Walterum, porcionarium ecclesie parochialis de Pauntesbury, legitime comparentem per Hugonem filium Galfridi, Procuratorem suum, super pluralitate, etc ; videlicet, cum idem Procurator articulum peteret et haberet, prefixit eidem Procuratori, et domino suo per eum, proximum diem juridicum post Festum Michaelis, pro termino peremptorio ad respondendum eidem ; et idem Procurator fidem suam dedit in judicio quod dominum suum curaret inducere quod in isto negocio efficaciter cum Domino Episcopo, vel suis commissariis apud Herefordiam si idem Dominus in sua diocesi non fuerit, tractatum habebit, ita quod idem negocium tunc finem sorcietur si commode poterit. Et quod in eo amodo maliciose et frustratorie dilaciones seu defensiones non querentur.

July 4.—Peter and Poncius, portionists of Bromyard, and the Rector of Hope Mansel, having had the particulars, and having asked for a copy of the proceedings, which will be given them, are cited to appear on a later day.

CONTRA PORCIONARIOS DE BROMYARDE ET PERSONAM DE HOPEMALOISEL.—Acta coram nobis apud Leominstre, die Lune proximo post Octabas Beati Johannis Baptiste, anno supradicto, in negocio quo ex officio proceditur contra Petrum et Poncium, porcionarios de Bromyard, et Rectorem ecclesie de Hopemaloysel, super non residencia, etc.; videlicet, cum articulum habuerint, et copiam quarumdam prefixionum, citacionum, expectacionum pariter et tocius processus contra eos habiti instanter petierint; prefiximus eis diem juridicum proximum post Festum Beati Mathei, Apostoli, coram nobis, etc. Ita tamen quod citra eundem diem dicta petita copia fiat eisdem.

July 4.—Like action taken with regard to Hugh de Tournon,[1] Rector of Whitbourne, who appeared through his Proctor, John Vicini de Conflens. The fruits in the grange are to be meantime devoted to pious uses.

CONTRA RECTOREM ECCLESIE DE WITEBURNE.—Acta coram nobis apud Leominstre die Lune proximo post Octabas Beati Johannis Baptiste, cum continuacione diei sequentis apud Bosebury, anno Domini supradicto, in negocio quo ex officio proceditur contra [Hugonem de Turnun], Rectorem de Wyteburne, comparentem per Johannem Vicini de Confleto, clericum, Procuratorem suum legitime constitutum, cujus procuratorium remanet in scrinio nostro, super non residencia, etc.; videlicet, cum idem Procurator articulum peteret et haberet; prefiximus eidem, et domino suo per eum, proximum diem juridicum post Festum Beati Hillarii coram nobis, etc. Et idem Procurator concessit quod nos fructus in grangia existentes in pios usus converteremus, pro nostro libito voluntatis.

1—Tournon, on a rock overlooking the junction of the Isère and the torrent Arly, is near Conflens (p. 7), from which Vicini de Confleto came; v. Introduction.

The custody of the Church of How Caple is committed for the year following next Michaelmas to William de Caple, presented by his brother Walter, Knight. Mandate of induction.

CUSTODIA ECCLESIE DE CAPLE.—Memorandum quod Dominus tradidit custodiam ecclesie de Capele domino Willelmo de eadem, ad presentacionem domini Walteri de Caple, fratris ejusdem, militis, a Festo Sancti Michaelis, anno Domini M°CC°LXX° octavo, usque ad idem Festum anno revoluto. Et mandabatur Officiali quod secundum hanc formam poneret, etc.

July 6.—Institution of Walter de Verney to the Vicarage of Park Chapel, on the presentation of William le Brun, and with the consent of the portionists of Ledbury.

INSTITUCIO DE PARCO.—Item memorandum quod ij Nonas Julii, apud Bosebury, habuit dominus Walterus de Verneye, presbiter, institucionem vicarie capelle de Parco, ad presentacionem Willelmi le Brun, veri patroni ipsius, et assensum porcionariorum ecclesie de Ledebury, prout moris est.

July 15.—Roger de Hengham, presented by Eudo la Zouche, had the custody of the Church of Hope Bowdler, on condition that he should be ordained on the next occasion under pain of sequestration.

HOPE BOULLERS.—Memorandum quod Idibus Julii, [anno] M°CC°LXX° viij°, apud Arleye, commisit Dominus custodiam ecclesie de Hope Boulers Rogero de Hengham, clerico, ad presentacionem domini Eudonis la Zuche, veri patroni ipsius, ita quod ordinetur in proximis Ordinibus celebrandis. Alioquin fructus ecclesie memorate sequestrentur, et ordinacioni dicti Domini submittantur.

Aug. 16.—Promise given by special grace to John of Bridgnorth, presented to Little Wenlock by the Prior and Convent of Wenlock, that the Bishop will decide within three or four weeks after Michaelmas as to his institution, after taking counsel with the Bishop of Bath and others.

PARVA WENLAKE.—Memorandum quod xvij Kalendas Septembris, apud Prestebury, concessit Dominus de gracia speciali domino Johanni de Bruges, ad ecclesiam de Parva Wenlake per Priorem et

Conventum de Wenlake presentato, quod in proximo parliamento
Londoniis post Festum Sancti Michaelis futuro, videlicet infra tres
vel quatuor septimanas post idem Festum, dabit finale responsum
eidem Johanni de admissione vel non a[d]missione ad dictam
ecclesiam; et repromisit de gracia speciali se velle uti consilio
Domini Batoniensis, et aliorum fidedignorum quos ad hoc vocaret,
quantum ad admissionem vel non; dum tamen Deum et justiciam
habeant in consulendo.

*Sept. 1.—Canon Nicholas de N. is authorized to contract a loan for
expenses at the Papal Curia to the amount of one hundred
pounds.*

AD CONTRAHENDUM MUTUUM IN ROMANA CURIA.—Universis
hanc litteram inspecturis, Thomas, etc., salutem, etc. Ad contrahendum mutuum cum quibuscumque mercatoribus usque ad
summam centum librarum, et ad recipiendum pecuniam ex ipso
contractu, et expendendum seu largiendum eam pro expedicione
negociorum nostrorum et Ecclesie nostre predicte in Romana Curia
prout expedire videbitur, dilectum in Christo filium N[icholaum][1] de
N., Canonicum Herefordensem, nostrum facimus Procuratorem;
dantes eidem specialem potestatem obligandi nos et Ecclesiam
nostram pro pecunia quam receperit usque seu infra summam prefatam. Datum apud Ticheseye, Kalendis Septembris, anno predicto.

*Sept. 1.—Mandate to Adam de Fileby for renewed citation of Peter
Eymer.*

CONTRA PETRUM EYMERE.—Thomas, etc., magistro Ade de
Fileby, Canonico Herefordensi, salutem, etc. Licet pluries citari
fecerimus Petrum Eymer, Canonicum Herefordensem, tam in stallo
suo in majori Ecclesia Herefordensi quam in parochiali ecclesia de
Mortone, que prebende sue existit annexa, quod compareret coram
nobis, ostensurus, etc.; ipse tamen per se aut responsalem ydoneum
in terminis peremptoriis venire, aut aliquid pro se ostendere non
curavit; licet [in] ecclesia pluribus citacionibus faciendis contra
eum, post tot contumacias, non sit opus; volentes tamen sibi
graciam facere laciorem ut de novo vocetur, vobis districte mandamus quatinus peremptorie citetis eundem Petrum, in loco quo

1—The only Canon mentioned in the Compotus Rolls of this time whose Christian name began with N was a Nicholas commonly called de Hereford, but his place of birth may have supplied another surname.

degit trans mare, quod compareat coram nobis aut Officiali nostro in majori Ecclesia Herefordensi, proximo die juridico post Dominicam qua cantatur *Letare Jerusalem*, ut premittitur ostensurus; denunciantes eidem quod, sive venerit sive non, extunc procedemus contra eum prout de jure fuerit procedendum. Quid de hoc, etc. Datum apud Ticheseye, Kalendis Septembris, anno Domini M°CC°LXX°viij°.

Aug. 29.—Memorandum of letters to two of the Cardinals asking for their favour to Adam de Fileby at the Roman Court.

CARDINALIBUS.—Memorandum quod Dominus iiij Kalendas Septembris, apud Neutonam, scripsit domino Jordano, Dei gracia Sancti Eustachii diacono Cardinali, et domino Latino, Dei gracia Hostiensi Episcopo, Sacrosancte Sedis Apostolice Cardinali, rogans quod magistro Ade de Fileby in suis et ipsius Ade negociis, que eisdem exponeret viva voce, favorabiles essent et benigni.

Sept. 18.—Appointment of Adam de Fileby as Proctor in the suit of Peter de Langon.

PROCURATORIUM.—Item memorandum apud Bosebury; xiiij Kalendas Octobris, anno Domini M°CC°LXX°viij°, hujusmodi procuratorium emanavit, quod in causa quam movet et prosequitur Petrus de Langun, clericus, in Romana Curia, super prebendam de Prestone in Ecclesia Herefordensi, quatenus eadem causa nos contingit, dilectum nobis magistrum Adam de Fileby, ejusdem Ecclesie Canonicum, nostrum fecimus, constituimus, et ordinamus Procuratorem, damusque eidem potestatem, etc.; sicut in communibus procuratoriis fieri consuevit.

Letter to the Cardinal Bishop of Porto commending to him the Bishop's interests and those of Adam de Fileby, as also the dispensation asked for W. de St. John.

Eodem tempore scripsit Dominus Domino Portuensi[1] quod de suo prospero transitu maris gratulabatur, et quod velit sua et Ecclesie Herefordensis, et eciam magistri Ade de Fileby, ac dispensacionem magistri W. de Sancto Johanne, que idem magister Adam eidem exponeret viva voce, habere in Romana Curia recommendata, et ipsa erga Dominum Papam efficaciter promovere.

1—Kilwardby had vacated the office of Archbishop of Canterbury on being made Cardinal of Porto.

Sept. 22.—A further adjournment is allowed in the case of Peter and Poncius, portionists of Bromyard, and of James, the Rector of Hope Mansel.

Fol. 53b.   PORCIONARII DE BROMYARD.—Acta coram nobis apud Sugwas, die Jovis in crastino Beati Mathei, Apostoli, anno Domini M°CC°LXX° octavo, in negocio quo ex officio proceditur contra Petrum et Poncium, porcionarios ecclesie de Bromyarde, et Jacobum, Rectorem ecclesie de Hope Maloysel, super hiis que retroactis continentur; videlicet ad peticionem eorum concessimus eis et eorum cuilibet diem Mercurii proximum post Festum Sancti Michaelis, coram nobis ubicunque, etc., ad ostendendum de titulis beneficiorum suorum, et respondendum articulis diu optentis; et facta fuit copia tocius processus, et ulterius ad faciendum in premisso negocio quod justicia suadebat.

Sept. 27.—Licence of non-residence to study for one year granted to John de Arras, Rector of Neenton, and to Thomas Botterell, Rector of Aston Botterell.

LICENCIA STUDENDI.—Memorandum quod v Kalendas Octobris, anno nostre Consecracionis quarto, apud Castrum Episcopi, fuerunt Johannes de Arraz, Rector ecclesie de Neentone, et Thomas Boterel, Rector ecclesie de Aston Boterel, licenciati studere a Festo Sancti Michaelis usque in annum completum, in forma communi.

Sept. 30.—Michael de Cropthorne, as commissary for the Bishop, further adjourned the hearing of the defence of David and Walter, portionists of Pontesbury.

PORCIONARII DE PAUNTESBURY.—Anno Domini M°CC°LXX° octavo, in crastino Festi Sancti Michaelis, Reverendus Pater, Dominus Episcopus Herefordensis, injunxit michi Michaeli de Croppethorn oraculo vive vocis, quod audirem negocium contra David et Walterum, porcionarios de Pauntesbury, suscitatum, et quod statuerem quod est justum. Quo die David predictus comparuit per magistrum Ricardum Berner, Rectorem ecclesie de Rothelan, Procuratorem suum, qui procuratorium suum legitime probavit; et Walterus filius Reginaldi filii Petri, porcionarius ecclesie ipsius, personaliter comparuit. Cum dicte partes essent requisite in jure an scirent super quibus deberent respondere de plano, respondebant et super editis sufficienter esse instructos, et quod habebant copiam articulorum propositorum contra eos. Nos itaque, idem Michael, prefigimus et assignamus terminum peremptorium ipsi Ricardo in personam domini sui, et eidem David in personam Procuratoris sui, et Waltero personaliter comparenti, apud Sugwas, die Martis proximo post Festum supradictum, de eorum consensu expresso, ad procedendum ulterius, etc.; salvis tamen partibus comparentibus suis defensionibus contra articulos sibi prius editos in omnibus.

Oct. 2.—Licence of non-residence to study for one year granted to Thomas de Brompton, in charge of the Rectory of Worthen.

LICENCIA RECTORIS DE WORDYN.—Memorandum quod apud Etone, juxta Leominstre, vj Nonas Octobris, anno Consecracionis nostre quarto, concessimus Thome de Bromptone, clerico, custodi ecclesie de Wordyn, quod a Festo Sancti Michaelis, anno predicto, per unum annum possit vacare scolasticis disciplinis.

Oct. 2.—Mandate to the Dean of Pontesbury to allow Thomas de Brompton to dispose of a fourth part of the fruits of the Church; the Bishop will give directions as to the residue before the next Ordination.

RELAXACIO SEQUESTRI DE WORDYN.—Item dictis die, et loco, ac anno, mandavimus Decano de Pontesbury quod permitteret ipsum custodem et suos[1] administrare de quarta parte fructuum ipsius ecclesie, et quod citra nostros proximos Ordines celebrandos ordinabimus aliud de eisdem.

Oct. 4.—Richard Berner, appearing as Proctor for David, portionist of Pontesbury, produced a letter from the Dean of Eastrington to the effect that David had only the custody of Londesborough. The Bishop requiring fuller evidence adjourned the case.

CONTRA DAVID PORCIONARIUM DE PAUNCEBURY.—Acta coram nobis die Martis proximo post Festum Sancti Michaelis, anno Domini supradicto, apud Sugwas, in negocio quo ex officio contra David, porcionarium ecclesie de Pauntesbury, per magistrum Ricardum Berner legitime comparentem, etc.; videlicet, cum idem Procurator, hujusmodi scripturam monstraret,—" Universis Sancte Matris Ecclesie filiis presentes literas inspecturis Ricardus, Decanus

1—In MS. *suis.*

de Estringe, eternam in Domino salutem. Noveritis quod ego, ad mandatum Venerabilis Patris Domini W[alteri], Dei gracia Eboracensis Archiepiscopi, Anglie Primatis, domino David, comporcionario de Pontesbury, custodiam ecclesie de Lonesboruh tradidi, ac ipsum David in corporalem possessionem ejusdem ecclesie ex causa custodie misi, ita quod de fructibus ejusdem ecclesie disponere valeat pro libito sue voluntatis, donec canonicam institucionem in ecclesia memorata per Venerabilem Patrem antedictum meruerit optinere. Datum apud Lawnesburuh die Lune proximo ante Festum Sancti Barnabe, Apostoli, anno Domini M°CC°LXX° quinto;"—nec de commendacione premissa nobis plenarie per ipsam constiterit; assignavimus eidem Procuratori, et domino suo predicto per eum, proximum diem juridicum post quindenam Pasche coram nobis, etc.

Oct. 4.—Walter de Maurthy, acolyte, presented by the Prior and Convent of Llantony prima, is instituted to the Church of Stretton, to which he had been admitted by Bishop John. Licence of non-residence to study for a year is granted.

INSTITUCIO RECTORIS DE STRETTONE.—Thomas, etc., Waltero de Maurthy, acolito, salutem, etc. Admissionem tuam per felicis recordacionis Dominum Johannem, predecessorem nostrum, ad ecclesiam de Strettone, ad presentacionem religiosorum virorum Prioris et Conventus Lantonie prime, verorum patronorum ipsius ecclesie, ratam habentes, te Rectorem canonice instituimus in eadem. In cujus rei, etc. Datum apud Sugwas, iiij Nonas Octobris, anno Domini M°CC°LXX° octavo.

QUOD IDEM POSSIT STUDERE PER ANNUM.—Et idem Rector habet licenciam quod possit studere per unum annum, et secundum eandem datam.

Oct. 4.—Licence of non-residence to study for two years, and letters dimissory for the subdiaconate, granted to James, Rector of Hope Mansel.

DIMISSORIA ET LICENCIA STUDENDI CONCESSE RECTORI DE HOPEMALOYSEL.—Memorandum quod iiij Nonas, anno Domini M°CC°LXX° octavo, apud Sugwas, Jacobus, Rector ecclesie de Hope Maloysel, optinuit litteram Domini quod possit per biennium vacare scolasticis disciplinis, et integre percipere fructus ecclesie sue; ita quod debitis obsequiis, etc. Et dictis die, anno, et loco, concessit ei Dominus et fecit quandam litteram dimissoriam, etc., ad Ordinem subdiaconatus.

Oct. 4.—Walter, portionist of Pontesbury, promised to pay a fine of one hundred shillings, when required to do so, for his repeated contumacy.

WALTERUS PORCIONARIUS DE PONTESBURY.—Item memorandum est quod iiij Nonas Octobris, anno Domini supradicto, concessit et repromisit Walterus, porcionarius ecclesie de Pontesbury, Domino solvere, quandocumque idem Dominus voluerit, C solidos pro multiplicibus contumaciis in Ordinibus et aliis, prout in retroactis continetur.

Oct. 9.—Dispensation granted to Peter de Llanrothal by the authority of a Bull of Pope John to enable him to take Orders and obtain a benefice, notwithstanding the defect of illegitimacy.

DISPENSACIO PETRI DE LANROTHAL.—Thomas, etc., Petro de Lanrothal, clerico, salutem, etc. Mandatum Apostolicum dudum recepimus in hec verba; Johannes, Episcopus, etc., sicut in Bulla in primo folio hujus quaterni scripta plenius continetur (p. 124). Hujus igitur auctoritate mandati inquisicionem super tuis meritis et articulis consuetis fieri fecimus diligentem; et, cum nichil receptum fuerat in eadem quin graciam quam postulas valeas optinere, eadem auctoritate tecum super defectu natalium, etc., misericorditer dispensamus. Ita tamen quod ad Ordines, etc., te facias statutis temporibus promoveri, etc. Alioquin, etc. Datum apud Bosebury, vij Idus Octobris, anno Domini M°CC°LXXviij°.

Oct. 10.—Robert de Mudle, presented by the Prior and Convent of Wenlock, is instituted to the Chapels of Middleton and Deuxhill. Mandate of induction.

MITLETONE ET DEUKESHULLE.—Thomas, etc., Roberto de Mudle, capellano, salutem, etc. Ad capellas de Mitlctone et de Deukeshulle, ad presentacionem religiosorum virorum Prioris et Conventus de Wenlake, verorum patronorum ipsarum, te caritative admittimus, et canonice Rectorem instituimus in eisdem. In cujus rei, etc. Datum apud Ledbury vj Idus Octobris, anno Domini

M°CC°LXX° octavo. Et ipsis die, loco, et anno, scriptum fuit Officiali quod predictum Robertum induceret, etc.

Oct. 10.—Robert Basset, presented by Robert de Tureville, Master of the Knights Templars in England, is instituted to the vicarage of Cardington. Mandate of induction.

CARDYNTONE.—Item eisdem die, loco, et anno, dominus Robertus Basset, capellanus, fuerat institutus in vicaria de Cardingtone, ad quam presentabatur per religiosum virum, fratrem Robertum de Tureville, Militum Templi in Anglia Magistrum, verum patronum ipsius. Et tunc Officiali demandabatur quod poneret eum, etc.

Oct. 4.—Proceedings against the portionists of Bromyard are postponed for two years, at the instance of their uncle, the Chancellor. They may be non-resident meantime, and not take Holy Orders, on condition of a yearly payment of forty shillings to the poor of the parish. Sealed duplicates of this ordinance are deposited with the Bishop and the Chancellor.

CONTRA PORCIONARIOS DE BROMYARD.—Acta coram nobis, Thoma, etc., die Martis proximo post Festum Beati Michaelis, anno Domini M°CC°LXX°viij°, in negocio quo ex officio proceditur contra Poncium et Petrum qui se gerunt pro porcionariis ecclesie de Bromyard, personaliter comparentes; videlicet, cum ex recitacione retroactorum apparuisset dictum diem eisdem porcionariis esse prefixum, ad eorum peticionem expressam, ad docendum se porcionarios ecclesie prelibate, ac de titulis quorum auctoritate easdem porciones retinere contendunt; necnon ad respondendum articulis sibi oblatis, etc., per quos iidem Poncius et Petrus, etsi essent porcionarii ut se gerunt, suis porcionibus essent privandi, vel pocius ipso jure privati, ut videtur; nos, ad instanciam Cancellarii Herefordensis, eorum avunculi, dictum processum suspendimus usque ad biennium continuum et completum. Et prefiximus eisdem Poncio et Petro diem juridicum proximum post dictum completum biennium coram nobis, etc. Indulsimus eciam eisdem Poncio et Petro quod, durante dicto biennio, ad Ordines et residenciam nullatenus compellentur; proviso tamen quod singulis annis de bonis eorum quadraginta solidi in usus parochianorum pauperum convertantur.

MEMORANDUM.—Et memorandum quod Dominus habet penes se ista acta proximo prescripta, signata sigillo Cancellarii Here-